Misa Sanada

—

Unendlichkeit und Maß

EPISTEMATA

WÜRZBURGER WISSENSCHAFTLICHE SCHRIFTEN

Reihe Philosophie

Band 629 — 2024

Misa Sanada

Unendlichkeit und Maß

Das Zustandekommen des Aufbaus der *Lehre vom Sein* in Hegels *Wissenschaft der Logik*

Königshausen & Neumann

Misa Sanada, geboren 1989 in Fukuoka, Japan; Studium der interkulturellen Studien, der Sozialwissenschaften und der Philosophie in Fukuoka, Tokyo und Heidelberg; 2024 Promotion in Heidelberg.

Die vorliegende Arbeit wurde im Wintersemester 2023/24 von der Philosophischen Fakultät der Ruprecht-Karls-Universität zu Heidelberg als Inaugural-Dissertation zur Erlangung der Doktorwürde im Fach Philosophie angenommen.

Die Deutsche Nationalbibliothek verzeichnet diese Publikation in der Deutschen Nationalbibliografie; detaillierte bibliografische Daten sind im Internet über http://dnb.d-nb.de abrufbar.

Gedruckt auf säurefreiem, alterungsbeständigem Papier
Umschlag: skh-softics / coverart
Umschlagabbildung: Pieter Bruegel der Ältere (fraglich): »Landschaft mit dem Sturz des Ikarus« Wikicommons: https://commons.wikimedia.org/wiki/File:Landschaft_mit_Sturz_des_Ikarus_Pieter_Breughel_d_%C3%84.jpg
(Letzter Zugriff: 06.03.2024)

Printed in Germany

ISBN 978-3-8260-8781-3
eISBN 978-3-8260-8782-0

www.koenigshausen-neumann.de

www.ebook.de
www.buchhandel.de
www.buchkatalog.de

Unendlichkeit und Maß

Für Chen

Vorwort

Das vorliegende Buch ist die nur leicht überarbeitete Fassung einer Dissertation, die 2023 von der Philosophischen Fakultät der Ruprecht-Karls-Universität Heidelberg angenommen wurde. Die Promotion wurde vom Jahr 2017 bis Jahr 2021 mit einem DAAD-Stipendium unterstützt.

Ganz besonders bedanken möchte ich mich an dieser Stelle bei meinem Doktorvater, Herrn Prof. Dr. Anton Friedrich Koch, für die wissenschaftliche Betreuung, die Anregungen und sein kritisches Lesen. Ferner danke ich dem zweiten Gutachter Herrn Dr. Sebastian Ostritsch für die kritische Diskussion. Ferner möchte ich Herrn Prof. Dr. Taiju Okochi für die wissenschaftliche Beratung und sein kritisches Lesen der Vorstufe der Dissertation bedanken. Dr. Thorsten Paprotny und Dr. Georg Oswald danke ich für ihr Korrekturlesen. Ich danke meiner besten Freundin Dr. Yufang Yang für die Diskussion und ihre freundliche Resonanz durch unsere Hegel-Forschung.

Meinen Eltern, meiner Schwester und meinen Schwiegereltern möchte ich auch für ihr Verständnis für meine Arbeit bedanken.

Mein besonderer Dank gilt meinem Mann Chen Li, der seit Beginn des Forschungslebens an der Universität Heidelberg mich anspornte und ständig unterstützte. Ohne seine Unterstützung hätte dieses Buch nicht entstehen können. Gewidmet ist das Buch ihm.

Heidelberg, Februar 2024

Inhalt

Einleitung

Das Thema und die Methode

Diese Untersuchung zielt darauf ab, die Begriffe der Unendlichkeit und des Maßes in Hegels *Wissenschaft der Logik* in Bezug auf andere zeitgenössische Werke klar darzustellen. Hegels Unendlichkeitsbegriff galt in Bezug auf Spinozas Begriff der Substanz als wichtig, deshalb wurde er in bisherigen Forschungen auch auf verschiedenste Weise behandelt. Die vorliegende Untersuchung, in der der Begriff des Maßes neben den Begriff der Unendlichkeit gestellt wird, vermag aber in den Augen der Leser ungewohnt zu scheinen. Der Begriff des Maßes galt in der Geschichte der Untersuchungen über Hegels Philosophie keineswegs als ein wichtiger Begriff, der zentral zu behandeln wäre. Im Vergleich zu Aristoteles' Kategorien respektive Kants Kategorientafel gibt der dritte Abschnitt »Maß« der Seinslogik der *Wissenschaft der Logik*, der den Abschnitten der Qualität und Quantität folgt, zuerst einen verwirrenden Eindruck, trotzdem war dieser bisher noch nicht ein aktiver Untersuchungsgegenstand geworden. Die kurze Erwähnung des Grundes für diese Untersuchung beider Begriffe in dieser Einleitung soll helfen, einen Überblick über diese Untersuchung zu erhalten.

In Hegels erstem Entwurf der Seinslogik ist der dritte Begriff der Seinslogik nicht das Maß, sondern die Relation unter dem Einfluss von Kant. Im Jenaer Systementwurf II (1804/05) ist der letzte Teil von Abschnitt »I. Einfache Beziehung«, der der Seinslogik entspricht, die Unendlichkeit. Erst im Manuskript der Logik für die Mittelklasse (1810/11) tritt das Maß als der dritte Abschnitt der Seinslogik auf.[1] Die Begriffe der Unendlichkeit und des Maßes haben deshalb eine Gemeinsamkeit, weil beides den letzten Platz der Seinslogik in der Geschichte des Zustandekommens der Seinslogik eingenommen hat. Die Unendlichkeit und das Maß sind aber eigentlich die entgegengesetzten Begriffe, da der erste die Grenzlosigkeit und der zweite die Grenze und die Schranken bedeuten soll. Warum beides die letzte Stelle der Seinslogik eingenommen hat, ist deshalb natürlich eine große Frage.[2]

Die allgemeinen Begriffe der Unendlichkeit und des Maßes, d. h. der Unendlichkeitsbegriff als die Grenzlosigkeit und der Maßbegriff als die Grenze, sind zwar entgegengesetzt. Wenn aber Hegel sie bestimmt und entfaltet, zielt er nicht nur auf die allgemeine Erklärung des Begriffs ab, sondern geht dabei auch auf zeitgenössische Diskussionen ein und kritisiert sie. Die Komplexität der Probleme verursacht deswegen einen Zwiespalt mit den uns vertrauten Begriffen. Wenn man aber versucht, sie zu verstehen, indem man Hegels Analyse und Dis-

1 Jaeschke weist auf diese Veränderung des Aufbaus der Seinslogik im Manuskript der Logik für die Mittelklasse (1810/11) hin. Vgl. Jaeschke 2010, 235.

2 Vgl. Kapitel 4.

kussion über Begriffe nachvollzieht, würde man seine über die trockene Begriffsanalyse hinausgehende kritische Einsicht in die Zeit, in der er selbst lebte, verstehen. Werden nicht nur der Begriff der Unendlichkeit, sondern auch der des Maßes ausführlich betrachtet, zeigen sich aus ihnen, dass Hegels Interesse am Maß sich bereits in der Bewegung der Rückkehr zu sich selbst als der wahrhaften Unendlichkeit finden lässt und dass ebenso sein Interesse an der Maßlosigkeit und der nicht wahrhaften Unendlichkeit sich in der absoluten Indifferenz als dem Ende des Begriffs des Maßes finden lässt: Die Unendlichkeit und das Maß stehen in einer untrennbaren, ineinander eindringenden Beziehung. Der Interpretation über die Folge beider Begriffe nach liegt Hegels Interesse nicht in der Darstellung des Strebens nach dem Unendlichen als der Vollständigkeit, die nichts Äußeres ermöglicht, sondern vielmehr in der Darstellung, dass, während das unbestimmte, unendliche Streben nach der Vollständigkeit zwar als notwendig und unvermeidbar gilt, dieses Streben, das niemals vollständig erfolgreich wird, negiert wird, es stattdessen zur Selbstheit der individuellen Existenz des Menschen zurückkehrt, es aus dem Selbstverlust im unendlichen Objekt sich selbst weckt und das eigene, aber gleichzeitig absolute Maß wiederherstellt.

Indem diese Untersuchung auf diese Aufklärung abzielt, fokussiert sie sich nicht nur auf die Begriffe der Unendlichkeit und des Maßes in Hegels *Wissenschaft der Logik*, sondern versucht auch Hegels Absicht zu verdeutlichen. Diese Untersuchung analysiert beides in Bezug auf Begriffe, die in Hegels anderen Werken und in anderen zeitgenössischen Werken entfaltet sind. Neben Hegels Werken behandelt diese Untersuchung besonders die Begriffe in Jacobis Werken. Da Hegel wiederholt von seinem Standpunkt der spekulativen Wissenschaft Jacobis Philosophie des Glaubens kritisiert und seine Kritik daran besonders stark war, wurde Jacobis Einfluss auf Hegels Philosophie unterschätzt. Jacobis Werke werfen aber ein Licht auf Hegels Text von verschiedenen Seiten und zeigen, wo sich Hegel von Jacobi abgegrenzt und was er heimlich von Jacobi übernommen hat. Deswegen versucht diese Forschung, anhand des Textes über die Begriffe der Unendlichkeit und des Maßes bei beiden Philosophen, basierend auf vielen Textstellen, die verschiedenen Phasen beider Begriffe in Jacobis Werken und die Gemeinsamkeiten bzw. die Unterschiede zu Hegels Begriffen zu analysieren.

Der Überblick über die Geschichte der Begriffe der Unendlichkeit und des Maßes

Bevor wir mit dem Hauptteil beginnen, sollte vorher der philosophiegeschichtliche Hintergrund der Begriffe der Unendlichkeit und des Maßes dargestellt werden. Der Begriff der Unendlichkeit ist in Platons *Philebos* als Begriff der Unbestimmtheit (Apeiron) entwickelt, dem der Begriff der Grenze (Peras) entgegengesetzt wird.[3] Während die Lust ohne Grenze unbestimmt ab- und zunimmt, begrenzt der zweite Begriff diese Unbestimmtheit, dadurch wird der dritte Begriff als Gemisch (Koinon) von beiden hervorgebracht.[4] Außerdem wird die Ursache (Aitia) von diesem Gemisch als vierter Begriff angenommen, der gleichzeitig als die Vernunft (Nous) gilt. Indem so die Grenze in die Unbestimmtheit gemischt wird, entsteht der mäßige Zustand.

Das Thema der Unendlichkeit und des Maßes wird von Aristoteles in der *Nikomachischen Ethik* um die Mitte (Mesotes) entwickelt.[5] Diese Mitte ist dieselbe zwischen zwei Lastern und wird Tugend (Arete) genannt, die gleichzeitig als Gipfelpunkt (Akrotes) der Güte gilt.[6] Die Heldentugend, die bei Hegel und seinen Zeitgenossen auch von Bedeutung ist, wird von Aristoteles für göttlich gehalten.[7] In diesem Begriff ist ein philosophisches Problem der Unendlichkeit im Maß versteckt, weil die Annährung zur Mitte selbst wie die Hyperbel mit der Asymptote wird und darin das Problem der Unerreichbarkeit zur Mitte entstehen kann und weil die Mitte selbst die Maßlosigkeit als Eigendünkel enthalten kann. Bei Aristoteles treten sie aber nicht deutlich hervor.

Daneben ist der Begriff der Liebe, welche die Homogenität voraussetzt, auch für das Verständnis von Hegels Unendlichkeit wichtig, denn Hegel hat den Begriff der Liebe in seiner frühen Philosophie zum Begriff der Unendlichkeit entwickelt. Der Erklärung von Aristophanes im *Symposion* nach war der Mensch einst das Ganze, die Sehnsucht und das Streben nach diesem Ganzen werden Liebe (Eros) genannt; d. h., der Mensch liebt das, was ihm ähnlich ist, als ob es ein Teilstück von ihm selbst wäre.[8] Dieses Verständnis des Eros von Aristophanes ist zwar im *Symposion* vom Begriff des Eros, der bei Sokrates und Diotima thematisiert ist und die Selbsterzeugung der wahren Tugend bedeutet, unterschieden.[9] Aber in Rücksicht darauf, dass es bei der Rezeption von Platons Philosophie mittels Hemsterhuis' Philosophie um die Homogenität des Subjekts

3 Vgl. Platon, *Philebos*, 25c-d. Über Platons *Philebos* vgl. Kapitel 3.1.

4 Vgl. Platon, *Philebos*, 25d-26b.

5 Vgl. Aristoteles, *Nikomachische Ethik*, 1107a.

6 Vgl. ebd.

7 Vgl. ebd., 1145a. Hegel nennt in seinem *Naturrechts*-Aufsatz die Heldentugend bei Epameinondas die lebendige Gestalt der absoluten Sittlichkeit. Vgl. Kapitel 2.4.4.3. Diese Tugend lässt sich in derselben von Kleomenes III in Jacobis Roman *Woldemar* und bei Hölderlin in der Opferung des Empedokles finden. Vgl. Kapitel 2.3.3, JW7.1, 437 f., Kapitel 2.4.3.2, StA 4.1, 157.

8 Vgl. Platon, *Symposion*, 191d, 192a, 193a.

9 Vgl. ebd., 209c, 212a.

und Objekts geht, könnte man nicht außer Acht lassen, dass Aristophanes die Homogenität des liebenden Subjektes und des geliebten Objektes betont.[10]

Hemsterhuis' Philosophie hat indirekt mittels Herder, Jacobi und Hölderlin das Zustandekommen der Philosophie Hegels beeinflusst: z. B. seine Schrift *Lettre sur les desir* hat durch Herders deutsche Übersetzung Zeitgenossen wie Hölderlin weitreichend beeinflusst. Seine Theorie des Verlangens behauptet, dass die Vereinigung mit dem Objekt des Verlangens unmöglich ist, insofern das Verlangen durch die Organe vermittelt wird, und dass Menschen, welche die Homogenität haben, durch die Liebe die Vereinigung ermöglichten.[11] Was die religiöse Liebe Gottes und des Menschen trifft, ist die Homogenität beider vorausgesetzt, und dabei ist die Vollständigkeit der Vereinigung angedeutet. Hingegen gilt die durch die Organe vermittelte Vereinigung wegen der Niedrigkeit des Grades der Homogenität als unmöglich wie in der Beziehung der Hyperbel mit der Asymptote.

Diese Theorie der Unvereinbarkeit Hemsterhuis' ist in Herders Schrift *Liebe und Selbstheit* seiner Interpretation nach weiterentwickelt.[12] In dieser Schrift handelt es sich um die Grenze und das Schicksal gegen die unendliche Tendenz nach der Vollständigkeit, d. h. um die Überlegenheit des Maßes. Die unmittelbare Vereinigung des Menschen und Gottes wird bei Herder als Mystizismus abgelehnt, vielmehr werden die Individualität und die Selbstheit, die der Grund des Verlangens ist, nämlich das Maß von ihm zu einem Prinzip der Philosophie aufgehoben. Er findet in der Nemesis, die das Übermäßige zugrunde gehen lässt, eine Harmonie bringende Wirkung, warnt vor dem Selbstverlust in das Andere und markiert die Selbstheit als den wichtigsten Grund. Im Thema der Annährung nach der Vollständigkeit und der Unmöglichkeit der vollständigen Vereinigung in Herders *Liebe und Selbstheit* erscheint bereits die Beziehung zwischen dem unendlichen Streben und der es hindernden Schranke. Diese Thematik sollte stark die Zusammenarbeit der Vereinigungsphilosophie Hölderlins und Hegels neben Fichtes Wissenschaftslehre befördern.

Jacobis frühe Beschäftigung mit dem Problem der Unmöglichkeit der Vereinigung, dem des unendlichen Strebens und der Schranke, ist auffällig nicht in seinen *Spinoza-Briefen*, sondern in seinen Romanen *Allwill* und *Woldemar*. Er findet in seinen Romanen diese Beziehung des unendlichen Strebens und der Schranke nicht in der religiösen Beziehung zwischen Menschen und Gott, sondern in der Beziehung der Liebe und der Freundschaft. Die Zugabe für den *Allwill*, Jacobis fiktionaler Brief »An Erhald O**«, enthält seine Deutung von Apeiron, Peras, Koinon und Aitia in Platons *Philebos*, welche in Bezug zu All-

10 Über die Homogenität der Seele und des Gegenstandes bei Hemsterhuis vgl. Kapitel 1.2.2.1.

11 Vgl. Kapitel 1.2.2.1.

12 Vgl. Kapitel 1.2.2.4.

wills Unmäßigkeit und Kritik an seinem Egoismus steht.[13] Jacobi versteht darin unter Koinon das Maß und legt seine eigene Deutung dar, dass dieses Maß gleichzeitig Aitia auch ist. Für ihn ist das Maß Gott als Schöpfer, wie er in seinen anderen Schriften auch wiederholt äußert. Sein Standpunkt, dass das Maß Gott ist, ist als die Antithese gegen Spinozas Philosophie zu verstehen, dass das Maß nur die Hilfsmittel des Vorstellens ist und dass das Unendliche Gott ist.[14]

Um Spinozas Philosophie geht es in Jacobis *Spinoza-Briefen*. Während Lessing, wer bereits Spinozist war, diesen Briefen nach in Hemsterhuis' *Aristée* den Spinozismus gefunden hat, hat Jacobi behauptet, dass Hemsterhuis' Philosophie keineswegs Spinozismus ist. Er stellt Hemsterhuis als Feind des Spinoza im fiktiven Gespräch mit Spinoza dar. Spinozas Philosophie ist für ihn zwar unwiderlegbar, unterliegt aber dem Fatalismus und Determinismus. Jacobi findet in Spinozas Philosophie keine wahrhafte Freiheit, sondern die sklavische Unterordnung zu unendlichen Vermittlungen, die durch das Prinzip der Selbsterhaltung verursacht wird.

Jacobi kritisiert deswegen Spinozas System, das Gott bzw. Substanz für das Unendliche hält, als das, was die Unbestimmtheit und die unendlichen Ketten verursacht. Daher geht es in Jacobis Philosophie erkennbar nicht um die Unendlichkeit, sondern um das Maß. Aber sein Maßbegriff ist kein blindes Ungefähr, welches das Übermäßige zugrunde gehen lässt, woran im Zusammenhang zwischen dem Maß und der Notwendigkeit bzw. dem Schicksal erinnert wird, sondern wird mit dem göttlichen, persönlichen Schöpfer, der das Chaos in die Ordnung bringt, identifiziert. Hegels Begriffe der Unendlichkeit und des Maßes haben die obigen Hintergründe.

Die Zusammenfassung dieser Untersuchung

Die vorliegende Untersuchung betrachtet Jacobis Maßbegriff als wichtigsten Hintergrund für das Zustandekommen von Hegels Begriff des Maßes und zeigt die Möglichkeit der Deutung auf, dass Hegels Begriffe der Unendlichkeit und des Maßes eine Erweiterung der Jacobi'schen Kritik an der Unendlichkeit und des Begriffs des Maßes als des auf der Selbstheit basierenden, aufs Neue bildenden Schöpfers ist. Bei Hegel ist Spinozas Philosophie zwar der wichtigste Bezugspunkt, denn insbesondere von 1801 bis 1802, während er Schellings philosophischem Standpunkt nahe war, z. B. in der *Differenzschrift* und seiner Vorlesung, ist seine Philosophie spinozistisch. Der Unendlichkeitsbegriff in *Glauben und Wissen* ist nicht als die Rückkehr zu sich selbst, um die es in der Definition der wahrhaften Unendlichkeit in der *Wissenschaft der Logik* geht, sondern

13 Vgl. Kapitel 3.3 und 2.3.2.

14 Vgl. Ep. 12, Kapitel 1.5.2.

als spinozistische Identität geprägt.[15] Während er im Prozess, in dem er sich an der Wissenschaft der Erfahrung des Geistes in der *Phänomenologie des Geistes* orientiert, weiter noch seinen Spinozismus erhält, begibt er sich in den zu sich selbst zurückkehrenden Geist und in die Subjektivität, die mit dem Prinzip der Selbsterhaltung nicht erklärbar ist und die wie Sokrates, der bereit ist zu sterben, sich frei entschließt. Der Unendlichkeitsbegriff in seinem Jenaer Systementwurf II (1804/05) ist durch die doppelte Negation, welche die Bewegung der Rückkehr zu sich selbst ausprägt.[16] Hegel nennt im gleichen Systementwurf die numerische Eins nicht das Unendliche, sondern »absolutes Maaß« (GW7, 14).[17] In 1804/05 wird der Geist bereits durch die Bewegung des Kreislaufs die Rückkehr zu sich selbst, dabei achtet Hegel nicht auf Spinozas Unendlichkeit, sondern auf das Maß; d. h., sogar die Bewegung der Rückkehr zu sich selbst durch die Negation der Negation in der Unendlichkeit gibt einen Einblick in Hegels Interesse am Maß als das Zurückgehen zum Genuss der Selbstheit, was später weiter zu erklären sein wird. Hegel konstruiert schließlich seine Seinslogik nicht aus den Abschnitten der Qualität, Quantität und Unendlichkeit, sondern aus denselben der Qualität, Quantität und des Maßes. Der fundamentale Nachdruck der vorliegenden Untersuchung liegt auf dem obigen Punkt.

Danach ist es notwendig, auf ein Problem zu achten, dass Hegels Begriff des Maßes selbst den Begriff der spinozistischen absoluten Indifferenz enthält. Es ist dennoch nicht anzunehmen, dass Hegel immer noch nach dem Nachdruck des Maßes auch den Begriff der spinozistischen absoluten Identität als Prinzip unterstützt hätte. Er sieht vielmehr im Begriff der absoluten Indifferenz als der Erweiterung der Identität des Denkens und der Ausdehnung eine Gefahr des gegenseitigen maßlosen Selbstverlusts zwischen Subjekt und Objekt. Deshalb stellt er im Schritt von der Seinslogik zur Wesenslogik die Phase dar, worin bemerkt wird, dass die dem Eigendünkel gleichende Identität nur Illusion, Wahn und Täuschung war, indem er die absolute Indifferenz den Schritt zum Schein tun lässt; d. h., sogar das Maß als die Tugend kann keineswegs absolut werden, deshalb muss das übermäßige, maßlose Maß zu sich selbst zurückkehren; das Maß muss auch Maß haben. Hegels Achtung des Maßes, Anliegen an die Kritik an dem Eigendünkel des Selbstverlust im Anderen, ist deswegen trotz der Integrierung des Begriffs der absoluten Indifferenz in den Abschnitt des Maßes als konsequent zu verstehen.

15 Düsing diskutiert, dass Hegels Philosophie in seiner Jenaer Zeit stärker als in seiner späteren Zeit durch den Einfluss von Spinozas Philosophie geprägt ist. Die vorliegende Untersuchung versucht, seine Behauptung unterstützend, zu diskutieren, dass der Begriff der Unendlichkeit in Hegels Projekt der Überwindung von der spinozistischen Philosophie selbst weniger wichtig wurde, stattdessen der Begriff des Maßes wichtiger geworden ist. Vgl. Düsing 1995, 134.

16 Vgl. GW7, 34.

17 Vgl. Kapitel 4.3.

Der Aufbau

Die vorliegende Untersuchung lässt sich in vier Kapitel gliedern. Die ersten beiden Kapitel sind der Analyse der Begriffe der Unendlichkeit und des Maßes gewidmet. Die ersten vier Abschnitte von Kapitel 1, Unendlichkeit, diskutieren die drei Stufen des Begriffs der Unendlichkeit in der *Wissenschaft der Logik* und die damit verbundenen zeitgenössischen Philosophien von Hemsterhuis, Herder, Jacobi, Hölderlin und anderen. Kapitel 1.5 befasst sich mit Hegels Begriff der Unendlichkeit von 1801 bis 1807, und Kapitel 1.6 befasst sich mit Hegels quantitativer Unendlichkeit bzw. mathematischer Unendlichkeit und behauptet, dass die Wiederherstellung von Qualität in der mathematischen Unendlichkeit als eine Rückkehr zu sich selbst verstanden werden kann, welche die Negation und Aufhebung der Äußerlichkeit als des Jenseits ist.

Kapitel 2 konzentriert sich auf Hegels Maßbegriff, aber anstatt der systematischen, detaillierten Darstellung zu folgen, die sich in Hegels *Wissenschaft der Logik* entwickelt und auch naturphilosophische Darstellungen einschließt, beleuchtet es auch insbesondere den Begriff des Maßes, des Maßlosen und der absoluten Indifferenz als des Endes des Maßes, um hervorzuheben, warum das Maß zu einem Anliegen in Hegels Philosophie werden könnte. Bis etwa 1807 wurde der Begriff des Maßstabs häufiger verwendet als der Begriff des Maßes, daher wurden in Kapitel 2.2 der Unterschied zwischen den beiden Begriffen und die Bedeutung des Begriffs des Maßstabs auch anhand der Darstellung der *Phänomenologie des Geistes* untersucht. Kapitel 2.3 beginnt mit dem Fokus auf der Verwendung des Begriffs der Übermäßigkeit in Hegels *Phänomenologie des Geistes* und anhand Hegels und Jacobis Verständnis, dass das Streben nach Tugend und Ehre als eine Übermäßigkeit verstanden werden kann, wird die Untrennbarkeit zwischen dem Maß, das mit Tugend und Altruismus verbunden ist, und der Übermäßigkeit des Egoismus betrachtet, und für das ausreichende Verständnis betrachten wir Jacobis Begriff des Maßes. Kapitel 2.4 und 2.5 konzentrieren sich auf den Begriff der absoluten Indifferenz, die am Ende des Abschnitts des Maßes der Seinslogik positioniert ist. Kapitel 2.4 versucht über die absolute Indifferenz besonders in Bezug auf die Sittlichkeit aufzuklären. Kapitel 2.5 zeigt, dass der Schritt von der absoluten Indifferenz zum Schein als ein Prozess des Verlusts des allgemeinen Status des Maßes verstanden werden kann.

Kapitel 3 befasst sich mit dem Problem der Rekonstruktion der Kategorien, die Hegels Aufbau der Seinslogik von Qualität, Quantität und Maß zugrunde liegt. In diesem Kapitel wird bestätigt, dass vier Begriffe in Platons *Philebos*, d. h. Apeiron, Peras, Koinon und Aitia, in Bezug auf Kants Triplizität in der Kategoriengruppen und Reinholds Vorstellungsvermögen von Schelling diskutiert wurden. Schellings Deutung des *Philebos* wird außerdem mit Tennemanns, Jacobis und Hegels verglichen.

Kapitel 4 konzentriert sich auf den Zeitraum von Hegels Jenaer Systementwurf II (1804/05) bis zur ersten Ausgabe der *Wissenschaft der Logik* (1812). In der Umwandlung vom Aufbau aus den Abschnitten der Qualität, der Quantität, des Quantums und der Unendlichkeit im Abschnitt, der »die einfache Beziehung« genannt wird, im Jenaer Systementwurf II zum neuen Aufbau aus den Abschnitten der Qualität, der Quantität und des Maßes in der Seinslogik der *Wissenschaft der Logik* verfolgen wir den Prozess, in dem der Begriff des Maßes bei Hegel allmählich an Bedeutung gewann.

1. Die Unendlichkeit

1.1 Der Begriff der Unendlichkeit in der *Wissenschaft der Logik*

Das Thema des Kapitel 1 ist Hegels Begriff der Unendlichkeit. Hegels Unendlichkeitsbegriff ist anders als die Sehnsucht nach dem Unendlichen bei den frühen deutschen Romantikern wie bei Novalis oder Schlegel, zeigt die Rückkehr zu sich selbst als den wahrhaften Erreichungspunkt der Unendlichkeit auf. Diese Rückkehr zu sich selbst impliziert den Prozess, wo das, was von sich selbst herausgegangen ist, durch das Zurückkehren vom Selbstverlust zur Selbstheit die Vollständigkeit der Selbstheit wiederherstellt. Wie später in Kapitel 1.4 diskutiert wird, ist die Rückkehr zu sich selbst mit einem anderen Wort die Negation der Negation; d. h. die Selbstreflexion durch die doppelte Negation gegen Spinozas Substanz und das innere Selbsterkennen. Aber der Grund dafür, dass Hegel die Rückkehr zu sich selbst markiert hat, findet sich über Erklärungen innerhalb des philosophischen Systems Hegels hinaus auch in den zeitgenössischen Diskussionen von Herder, Jacobi und anderen. Wie später festgestellt wird, kann diese Rückkehr zu sich selbst sowohl dieselbe des Unendlichen (Weg 1: das Unendliche→das Endliche→das Unendliche) als auch dieselbe des Endlichen (Weg 2: das Endliche→das Unendliche→das Endliche) bedeuten.[1] Die Rückkehr zu sich selbst, welche Spinozas Substanz als den Anfangspunkt hat, kann nur der ersten Rückkehr zu sich selbst entsprechen.[2]

Aber wenn man sieht, dass Hegel die erste Stufe des Unendlichkeitsbegriffs als die Aufgehen des Endlichen zum Unendlichen versteht, sollte Weg 2 ebenso

1 Vgl. Koch 2002, 43.

2 E5p35 und E5p36 mit c nach liebt Gott mit der unendlichen geistigen Liebe sich selbst, deshalb liebt er Menschen, insofern er sich selbst liebt. Deswegen hat die Liebe Gottes zu sich selbst die Liebe des Menschen zu Gott als einen Teil. In Rücksicht darauf scheint es einen Raum geben, dass man, abweichend von Hegels Verständnis, Spinozas Philosophie als eine Emanation zu verstehen, die Rückkehr zu sich selbst und das Selbstbewusstsein in Spinozas Philosophie entdeckt. Wie aber Schelling den Selbstverlust des Menschen mit der Liebe bei Spinoza kritisch darstellt, ist die spinozistische Rückkehr Gottes zu sich selbst bei Jacobi, Hegel und Schelling nicht ausreichend. Besonders bei Jacobi wird diese spinozistische Liebe Geistes zu sich selbst kritisch als Eigenliebe verstanden, die nur sich selbst im anderen liebt, um das andere nicht sich selbst im anderen selbst (sich selbst im Menschen), sondern nur sich selbst (Gott) lieben zu lassen. Vgl. JW6.1, 209, Kapitel 2.3.2, GW11, 170, AA1.2, 103 f. Alle Verweise auf die *Ethik* [E] von Spinoza in deutscher Übersetzung beziehen sich auf Spinoza, *Ethik in geometrischer Ordnung*, herausgegeben und übersetzt von Wolfgang Bartuschat, 4. Auflage, Hamburg 2015. Ich folge einem der Standardformate zum Zitieren der Definitionen (d), Axiome (a), Lehrsätze (p), Beweise (dem), Folgesätze (c) und Anmerkung (s) der *Ethik*.

wie der Weg 1 auch wichtig oder wichtiger als der Weg 1 sein.[3] Indem Hegel konstatiert, dass durch die Rückkehr zu sich selbst in der dritten Stufe der Unendlichkeit das Unendliche im Endlichen ist[4], negiert er den Selbstverlust und die Selbstvergessenheit, in der die Existenz des Menschen sich selbst durch etwas anderes bestimmt und vermittelt, und deutet die Bedeutsamkeit an, dass sie eben zu ihrer Selbstheit zurückkommt und darin die Unendlichkeit als die Vollständigkeit findet. Diese Rückkehr zu sich selbst des Unendlichkeitsbegriffs impliziert dieser Untersuchung zufolge nicht nur das Interesse am Maß, welches das Urbild der Schöpfung werden kann, sondern auch das Interesse an der Kritik an der Unbestimmtheit durch die Verwicklung von sich selbst in das unendliche Streben, und deshalb das Interesse am Genuss der Selbstheit.

Von Kapitel 1.2 bis 1.4 werden daher die drei Stufen des Unendlichkeitsbegriffs in Hegels *Wissenschaft der Logik* interpretiert und der Kontext zeitgenössischer philosophischer Diskussionen im Zusammenhang mit jeder Stufe geklärt. Kapitel 1.5 analysiert Hegels Begriff der Unendlichkeit, wie er von 1801 bis 1807 beschrieben wurde, und in Kapitel 1.6 geht es um die Rückkehr zu sich selbst in der mathematischen Unendlichkeit.

Am Anfang der Textstelle über die Unendlichkeit im Abschnitt zur Qualität versteht Hegel unter dem Begriff des Unendlichen »eine neue Definition des Absoluten« (GW21, 124). Der Begriff des Absoluten wird eigentlich in der Wesenslogik thematisiert. Mit Rücksicht darauf kann man verstehen, dass die Unendlichkeit als ein erneuerter Begriff gezeigt wird, der dem Absoluten als der Substanz bei Spinoza entgegengesetzt ist.[5] Hegel unterscheidet erstens den Unendlichkeitsbegriff vom schlechten Unendlichen und »das Unendliche der Vernunft von dem Unendlichen des Verstandes« (ebd.). Dieses Unendliche der Vernunft entspricht dem wahrhaften Unendlichen, das Unendliche des Verstands hingegen dem schlechten Unendlichen als dem verendlichten Unendlichen.

Der Unendlichkeitsbegriff teilt sich nach Hegel in drei Stufen auf. In der ersten Stufe ist das Unendliche eine einfache Bestimmung, die noch nicht als Prozess, der die Bewegung enthält, erfasst ist. Es ist »das Affirmative als Negation des Endlichen« (ebd.). Hegel gibt explizit folgende Definition des Unendlichen: »Das Unendliche ist die Negation der Negation, das Affirmative, das *Sein*, das sich aus der Beschränktheit wiederhergestellt hat« (GW21, 125). Dass das Endliche, das die Bestimmung hat, eine Negation ist, basiert auf Spinozas Satz: »*Omnis determinatio est negatio.*« (GW21, 101).[6] Dagegen ist Hegels Begriff des

3 Vgl. Kapitel 1.4, besonders Fußnote 91.

4 Vgl. GW21, 133, Kapitel 1.4.

5 Vgl. Kapitel 1.4.1.

6 Vgl. Spinoza, Ep. 50; E1p8s. Jacobi bezieht sich in seinen *Spinoza-Briefen* auf diesen Satz. In Jacobis Erwähnung geht es um die Einsicht, die »in allen endlichen Naturen der beste Theil«

Unendlichen das, was das Endliche als die Negation wieder negiert hat und dadurch zum Affirmativen erhoben wird. Das Unendliche der ersten Stufen ist die Negation des Endlichen, d. h., das Endliche ist zum Unendlichen erhoben. Das Unendliche selbst setzt aber nicht diese Erhebung voraus, sondern es ist »die Natur des Endlichen selbst, über sich hinauszugehen, seine Negation zu negieren und unendlich zu werden« (GW21, 125).

In der »*Wechselbestimmung* mit dem *Endlichen*« (GW21, 124) geht das Unendliche in die zweite Stufe über, es wird »das abstrakte, einseitige Unendliche« (ebd.). Das Unendliche wurde in der ersten Stufe als die Negation des Endlichen und als die Erhebung vom Endlichen zum Unendlichen verstanden. Hegel enthüllt aber, dass das Unendliche in dieser Erklärungsmethode immer noch als »*Nichtsein*« (GW21, 126) aus der Art des Etwas und des Endlichen nicht heraustreten kann. Insofern das Unendliche in diesem Rahmen bleibt, kommt es nicht aus der Form vom »Nicht-Endliche[n]« (ebd.) heraus, und es wird durch »das unbestimmte Leere, das Jenseits des Endlichen« (ebd.) bezeichnet. Dieses leere Unendliche, das erst durch den Gegensatz zum Endlichen verstanden wird, wird »das *Schlecht-Unendliche*, das Unendliche des *Verstandes*« (GW21, 127) genannt. Diese Beziehung zwischen dem Unendlichen und dem Endlichen hat beide Seiten, dass sie getrennt sind und dass sie gleichzeitig beide zueinander gezogen und untrennbar sind.[7] Das Endliche geht in das Unendliche, in dem aber wieder die Grenze gefunden wird: »das Unendliche ist verschwunden, sein Anderes, das Endliche, ist eingetreten.« (GW21, 128) Und diese Beziehung geht ins Unendliche. Diese Beziehung wird »die *Wechselbestimmung des Endlichen und Unendlichen*« (GW21, 129) genannt. Da das Unendliche und das Endliche nicht unter der quantitativen Bestimmung, sondern unter der qualitativen Bestimmung erfasst ist, hat jedes »das Andere seiner an ihm selbst« (ebd.)

Wenn es unter der quantitativen Bestimmung um das schlechte Unendliche geht, wird es als ein Prozess verstanden, in dem das Endliche zum Äußeren geht und dieses trotzdem immer zum Endlichen wird. Wenn aber es um das Unendliche unter der qualitativen Bestimmung geht, wird es zu einer unmittelbaren Beziehung von zwei Begriffen des Unendlichen und des Endlichen, in der es keine Vermittlung gibt, die den zeitlichen bzw. räumlichen Abstand immer überquert. Deswegen wird das schlechte Unendliche als die qualitative Bestimmung »eine und dieselbe langweilige *Abwechslung* dieses Endlichen und Unendlichen« (ebd.).

(JW1.1, 22) ist, »weil sie derjenige Theil ist, womit jede endliche Natur über ihr Endliches hinausreicht.« (ebd.) Die Seele, der die Unsterblichkeit gegeben ist, bezieht sich auf das Ganze »mittels des Körpers, der [...] allgemeine unveränderliche Eigenschaften und Beschaffenheiten, die Natur und den Begriff des Unendlichen enthalten muß.« (ebd.) Unter diesem Körper versteht Jacobi vermutlich die Augen des Geistes. Vgl. E5p23s; JW1.1, 30.

7 Vgl. GW21, 127 f.

In der dritten Stufe wird die Aufmerksamkeit darauf gelenkt, dass das schlechte Unendliche wieder in der Beziehung zwischen dem Unendlichen und dem Endlichen erscheint. Hegel richtet seine Aufmerksamkeit darauf, dass das falsche Verständnis der Einheit des Endlichen und des Unendlichen zum Zustand des Verlustes der qualitativen Natur von beidem hinleitet.[8] Die einfache Einheit des Endlichen und des Unendlichen, »ein *verendlichtes Unendliches*« und »das *verunendlichte Endliche*« (GW21, 132), sind auch die falsche Einheit.

Hegel findet die affirmative Unendlichkeit nicht in dieser falschen Einheit, sondern darin, dass die Unendlichkeit in der Endlichkeit, die Endlichkeit in der Unendlichkeit enthalten ist.[9] Sie wird als »Negation der Negation« (GW21, 133), »Beziehung auf sich selbst« (ebd.), »die Affirmation« (ebd.) und »Rückkehr zu sich selbst« (ebd.) verstanden. Hegel sagt, dass es sie bereits im unendlichen Prozess gab. Es bedeutet aber nicht, dass die Rückkehr zu sich selbst ein schlechtes Unendliches wäre, sondern es ist entscheidend wichtig, dass der ganze Prozess, in dem das Unendliche aus dem unmittelbaren Wechsel hervorgeht und durch die Negation der Negation zu sich selbst zurückkehrt, zum Affirmativen erhoben wird, dessen Bild ein Kreis ist.[10]

1.2 Die erste Stufe der Unendlichkeit

1.2.1 Das Unendliche selbst: Das Aufgehen des Endlichen zum Unendlichen

In der ersten Stufe der Unendlichkeit wird ein grundlegendes Ziel der Philosophie der Erhebung des Endlichen zum Unendlichen mit dem Wort ›Licht‹ angedeutet.[11]

> Bei dem Namen des Unendlichen *geht* dem Gemüt und dem Geiste sein Licht *auf*, denn er ist darin nicht nur abstrakt bei sich, sondern erhebt sich zu sich selbst, zum Lichte seines Denkens, seiner Allgemeinheit, seiner Freiheit. (GW21, 125)

8 Vgl. GW21, 132.

9 Vgl. Kapitel 1.4.

10 Vgl. GW21, 136.

11 Wie in Platons Philosophie die Sonne das Symbol der Vollständigkeit und der Wahrheit ist und als das Ziel der Philosophie gestellt ist, muss der Geist sich auf das Licht richten, das auf dem Kopf leuchtet. Vgl. Platon, *Politeia*, 514a-518d; DK28B1. Über die Entwickelung der Bedeutung des Lichtes bei Kant und Fichte vgl. die nächste Fußnote.

Dieser Vergleich vom Licht deutet ein Verhalten an, welches das endliche Wesen in der Religion und Moral zum Unendlichen zeigt.[12] Das hier angenommene Endliche ist tatsächlich der Geist des Menschen. Dieser Geist erhebt sich aber nicht zu Spinozas abstrakter Substanz, sondern zu sich selbst. In dieser Erhebung zu sich selbst lässt sich ein Jacobi'sches Thema finden, dass der Geist außer sich wieder sich selbst zu finden versucht.[13] Bei Jacobi geht es im religiösen Kontext darum, dass dann, wenn der Mensch Gott außer sich liebt, der Mensch aus sich herauskommt und im Leben Gottes außer sich lebt.[14] Hegel sagt aber mit einer impliziten Kritik an Jacobi, dass diese Erhebung dieselbe »zu sich selbst, zum Lichte seines Denkens« ist, dadurch zeigt er auf, dass diese Erhebung nicht auf die unmittelbare Jacobi'sche Überzeugung des Gefühls bezogen wäre. Hegels Absicht der Distanzierung von Jacobi ist aber hier nicht explizit, sondern das Herausgehen des Endlichen zum Unendlichen wird von ihm betont.

> Insofern aber das Endliche selbst in die Unendlichkeit erhoben wird, ist es ebensowenig eine fremde Gewalt, welche ihm dies antut, sondern es ist dies seine Natur, sich auf sich als Schranke, sowohl als Schranke als solche wie als Sollen, zu beziehen und über diese hinauszugehen oder vielmehr als Beziehung auf sich sie negiert zu haben und über sie hinaus zu sein. [...] So ist das Endliche im Unendlichen verschwunden, und was ist, ist nur das *Unendliche.* (GW21, 125)

Hegel sagt, dass das Endliche im Unendlichen verschwunden ist, weil diese Erhebung des Endlichen zum Unendlichen keine einfache Ausdehnung des Endlichen wäre, sondern es sich selbst verlässt, im Unendlichen sich selbst findet und dadurch darin verschluckt wird. Diese Versunkenheit zum Unendlichen läuft auf den Verlust des eigenen Ausgangspunkts und des Grunds hinaus, deshalb gilt sie noch nicht als die wahrhafte Unendlichkeit.

12 Das Verhalten des Endlichen zum Unendlichen lässt sich als Sollen verstehen. Der Bezug zwischen dem Unendlichen als Ziel des Sollens und der Vorstellung des Lichtes kann in der Darstellung der *Kritik der praktischen Vernunft* über »[den] *bestirnte*[n] *Himmel über mir, und das moralische Gesetz in mir*« (KpV, A288), die das Gemüt mit »Bewunderung und Ehrfurcht« (ebd.) erfüllen, gefunden werden. Fichte erklärt den unendlichen Prozess der Wechselbestimmung der Tätigkeit und des Leidens mit dem Beispiel von Licht und Finsternis. Vgl. GA1.2, 301. Über das Sollen bei Kant und Fichte vgl. Kapitel 1.3.2.

13 Vgl. Kapitel 1.2.2.2 und 1.2.2.3.

14 Vgl. JW5.1, 245; Kapitel 1.2.2.2.

1.2.2 Der Begriff der Liebe als Vorform der Unendlichkeit

1.2.2.1 Die Liebe und die Überzeugung des Gefühls bei Hemsterhuis

Für das ausführliche Verständnis der ersten Stufe der Unendlichkeit ist es nützlich, Hegels Begriff der Liebe als Vorform der Unendlichkeit zu verstehen, denn der Zustand, dass das endliche Wesen aus der eigenen Endlichkeit herausgeht und im Anderen sich selbst findet, nimmt im religiösen Kontext die Form der Liebe des Menschen zu Gott an, dieselbe des Strebens nach dem Unendlichen. Die Erhebung zum Unendlichen lässt sich deshalb als eine Form der Liebe verstehen. Dieses Verständnis geht von Jacobis und Herders Rezeption von Hemsterhuis' Philosophie aus. In Hemsterhuis' Gedanken geht es um die Liebe des Menschen zu Gott bzw. Gottes zum Menschen und die Vereinigung der Seele und des Gegenstandes des Verlangens bzw. der Liebe. Bei Hemsterhuis und Jacobi wird eine Homogenität zwischen Menschen und Gott angenommen, in welcher die Möglichkeit der vollständigen Vereinigung aufgezeigt wird. Herder sieht hingegen vielmehr in dieser Beziehung die Unmöglichkeit der vollständigen Vereinigung.

Hemsterhuis hat den *Lettre sur les desir, à M. T.D.S.* (1770) verfasst, und Herder hat diese Abhandlung ins Deutsche übersetzt und seinen eigenen Nachtrag dazu mit *Liebe und Selbstheit* betitelt. Hemsterhuis' Schrift *Lettre sur les desir* beeinflusste nicht nur direkt Jacobi, sondern auch durch Herders Gedanken Hölderlin und Hegel.[15] In *Lettre sur les desir* geht es darum, dass die Seele darauf abzielt, dass sie unmittelbar mit dem Gegenstand des Verlangens eins wird und dass die Vereinigung durch das Verlangen aber unmöglich ist.[16] Der die Vereini-

15 Hemsterhuis' Einfluss in Hegels Philosophie ist besonders deutlich in seiner gemeinsamen Entwicklung der Vereinigungsphilosophie mit Hölderlin in seiner Frankfurter Zeit. Im Tübinger Stift beschäftigten Hegel, Hölderlin und Schelling sich durch Friedrich August Boeck mit Hemsterhuis' Deutung von Platons Philosophie. Besonders Hölderlin hatte die Übersetzung von Hemsterhuis' Werken und kannte Herders Übersetzung. Aber Hegel erwähnt nur einmal Hemsterhuis, wie man in Suhrkamp-Ausgabe feststellen kann, und in dieser einmaligen Erwähnung geht es darum, dass Jacobi Hemsterhuis verehrte, aber Hemsterhuis für Hamann verdächtig war. Vgl. TW11, 346. Über Hemsterhuis' Einfluss in Hegel vgl. Henrich 2010, 13 f.; Jamme 1983,106 ff.; Melica 2007, 143 ff. Henrichs Verständnis beruht auf Herders Hemsterhuis-Interpretation in der *Liebe und Selbstheit*, die das Schicksal und die Grenze markiert, deswegen übersieht Henrich Hemsterhuis' Theorie der Erreichung zur Vollständigkeit durch die Erwerbung des neuen Organs. Über die Rolle, die Boeck bei der Rezeption der Hemsterhuis-Philosophie spielte, vgl. Drees 1995, 535; Whistler 2022, 51, 56.

16 Hemsterhuis' Verständnis der Seele und des Verlangens basiert auf seiner Forschung Platons. Eros in *Symposion* und die Sehnsucht der Seele in *Phaidros* ist entscheidend wichtig. Vgl. Fresco 1995, 43 f., 57 f. Hammacher findet eine Nachwirkung von Descartes darin, dass die

gung verhindernde Faktor liegt in der »Nothwendigkeit [...], Organe und Mittelwerkzeuge gebrauchen zu müssen, [...] und nicht anders, als durch Zeitfolge und Folge der Theile, afficirt werden zu können.« (OP, 153)[17] Die Vermittlungen der Seele und des Gegenstandes des Verlangens selbst, Organe und Mittelwerkzeuge, verhindern diese Vereinigung. In dieser Notwendigkeit der Vermittlungen ist die »Begierde der Seele [...] ein Streben [...] nach vollkommener und inniger Vereinigung mit dem Wesen des Begehrten« (OP, 159), dabei muss die Vereinigung unmöglich sein.[18] Dieses Abzielen auf die Vereinigung wird daher mit »Hyperbel mit ihrer Asymptote« (OP, 179) ausgedrückt.

Da in seinem Argument die vollständige Vereinigung durch die Vermittlung der Organe verhindert wird, wird der Zustand grundsätzlich abgelehnt, dass in dem Fall, in dem es keine Störung des Verlangens gibt, die Seele vollständig den Gegenstand genießt.[19] Auch im Fall, dass die Vereinigung möglich zu sein scheint, z. B. wenn man oft eine schöne Statue sieht, wird »Ueberdruß« (OP, 157) erweckt. Deshalb gilt es keineswegs als die vollständige Vereinigung, denn der Grad der Gleichartigkeit bzw. der Homogenität zwischen der schönen Statue und dem Betrachter ist niedrig, deshalb kann der Betrachter sich selbst nicht in die Statue versetzen. Hemsterhuis zufolge ist der Grad der Homogenität der Seele und des Gegenstandes derselbe der Möglichkeit der vollständigen Vereinigung.[20]

Leidenschaft des Verlangens mit der Erwartung der Erwerbung des Gegenstandes in der Zukunft verbunden ist. Vgl. Hammacher 1995a, 616. Es wird auch aufgewiesen, dass das neuplatonische Verständnis der Anschauung der Schönheit in Shaftsburys *The Moralists* Hemsterhuis und Herder beeinflusste. Vgl. Henrich 2010, 13; Jamme 1983, 104.

17 Frescos Auffassung nach sind diese Organe nicht »die Organe des Körpers«, sondern »Auge und Licht zusammen, Ohr und Luftschwingungen zusammen und so weiter« (Fresco 1995, 46). Er deutet an, dass dieser Terminus an Hemsterhuis' Terminus ›organe moral‹ festhalten kann, und hält es für »das Instrument, das dem Menschen erst ermöglicht, Mensch zu sein, und [...] sich Gott anzunähern und zu philosophieren« (ebd.). ›Organe moral‹ sei aber, wie Fresco aus Hemsterhuis' Brief vom 10.11.1786 zitiert, die Vermittlung, die hinzukommen muss, wenn die rein verstandsmäßige Überzeugung vollkommen sein will. Vgl. Fresco 1995, 55. Es wird am Ende von dem geometrischen Beweis, »der trockenen, faden Arbeit des Verstandes« (ebd.), affiziert. Hemsterhuis hält diese Aufgabe, wie einen ganzen Euklid zu bearbeiten, für eine Überforderung.

18 Vgl. OP, 159.

19 Wenn die Seele »ohne Mittelwerkzeug und ohne einige Zeit- und Theilfolge, von der ganzen Wesenheit eines Gegenstandes afficirt werden könnte, dergestalt, daß er unmittelbar, daß er ganz, auf die innigste und vollkommenste Weise mit dem Wesen der Seele Eins würde: so könnte man alsdenn sagen, nun genießt die Seele! Nun genießt sie diesen Gegenstand völlig!« (OP, 155)

20 Dieses Thema der Homogenität ist bereits sowohl bei Platon als auch bei Aristoteles entfaltet. Vgl. Müller 1965, 177–190. Platon, *Nomoi* 757a-b, 837a; *Lysis*, 214a-b; *Politeia*, 425c; *Symposion*, 195b; *Gorgias*, 510b; Aristoteles, *Nikomachische Ethik*, 1155a-b, 1166a.

> Die Gegenstände, nach welchen die Seele verlangt, können mit ihr, entweder von Einer, oder, in Ansehung ihrer, von fremder Art seyn. Diesem gemäß steht die Lebhaftigkeit des Verlangens, oder vielmehr der Grad von Anziehungskraft der Seele immer im Verhältnis mit der Gleichartigkeit des verlangten Gegenstandes; und dieser Grad der Gleichartigkeit ist wieder nichts, als Grad der Möglichkeit ihrer vollkommenen Vereinigung. Man liebt, z. B. eine schöne Statue weniger, als seinen Freund, den Freund weniger, als die Geliebte, die Geliebte weniger, als das höchste Wesen; und aus diesem Grunde macht dann auch die Religion größere Enthusiasten, als die Liebe, die Liebe größere, als die Freundschaft, die Freundschaft größere, als die Begierde nach materiellen Dingen. (OP, 155)

Er sieht zwischen Menschen und dem höchsten Wesen die Religion als den höchsten Grad der Homogenität und in der Liebe zwischen den Menschen den niedrigeren Grad derselben. Beiden folgen in dieser Reihenfolge die Freundschaft und die Beziehung zwischen materiellen Dingen, in der er die niedrigste Homogenität findet.[21] Deswegen wird die vollständige Vereinigung der Seele und der materiellen Dinge verweigert, aber was die Beziehung zwischen der Seele und Gott betrifft, so gilt dies nicht.

> In der Liebe Gottes, das heißt, in der Anschauung dieses höchsten, vollkommensten Wesens, dürfte eigentlich kein Ueberdruß Statt finden, weil wir uns da in keiner absoluten Unmöglichkeit finden, uns mit ihm vollkommen zu vereinen. Das Einartige scheint hier vollkommen. Wir erkennen das Daseyn dieses Wesens, entweder, durch die innere Empfindung seiner, die er in unsre Seele gelegt hat, oder doch durch völlige und sichere Beweise. (OP, 157)

Der hiesige Ausgangpunkt ist die Liebe Gottes, aber sie gleicht der Liebe des Menschen zu Gott. Die Methode des Erkennens von Gott durch den Menschen ist »die innere Empfindung seiner, die er in unsre Seele gelegt hat« oder »völlige und sichere Beweise« (ebd.).[22]

21 Sein Verständnis von Freundschaft und Liebe widerspricht dem folgenden Satz. »In der Freundschaft scheint das Unmögliche gegenseitiger Vereinigung sich zu vermindern, und in der Liebe weiß uns die Natur sogar Einen Augenblick zu betrügen.« (OP, 157) Dieses Verständnis der Freundschaft und der Liebe wird in Herders *Liebe und Selbstheit* übernommen und ausführlicher entfaltet.

22 Der Unterschied der inneren Empfindung und der völligen und sicheren Beweise entspricht dem Jacobi'schen Unterschied zwischen dem unmittelbaren Wissen bzw. dem Glauben und der Beweise durch Vermittlung. Fresco deutet an, dass dieser Unterschied aus dem ›esprit de géométrie‹ und dem ›esprit de finesse‹ bei Blaise Pascal stammt. In Pascals Unterscheidung zwischen dem Geist der Geometrie und dem Geist des Feinsinns sind Menschen mit einem

Sein Standpunkt in dem Dialog *Aristée ou de la divinité* (1779) ist aber ein wenig anders als im *Lettre sur les desir*. Die Überzeugung des Gefühls ist im *Aristée* viel wichtiger als alle strengen Beweise.[23]

> Der Mensch, Aritäus, ist dem Anschein nach, zweyerley Arten von Ueberzeugung fähig; die eine, ist ein inneres, in dem gut beschaffenen Menschen, unauslöschliches Gefühl; die andre ist das Werk des Raisonnements, das heißt, einer, mit Ordnung geführten Arbeit des Verstandes. Die zweyte kann nicht bestehen, ohne die erstere zur einzigen Grundlage zu haben; denn wenn man bis den ersten Principien aller unserer Kenntnisse, von welcher Art sie seyn mögen, hinauf steigt: so kommt man endlich auf Axiomata, das heißt, auf bloße Ueberzeugung des Gefühles. (OP, 477)

Wie in diesem Zitat erkennbar, ist die Überzeugung des Gefühls das erste Prinzip, das die Grundlage für die Überzeugung durch das Räsonnement wird. Der Mensch geht von dieser Grundlage zur zweiten Überzeugung durch den Beweis, aber das, was der Mensch schließlich erlangt, sind die Axiomata als die Überzeugung des Gefühls. Dem Zutrauen des Gefühls des Menschen liegt der Gedanke zugrunde, dass die Göttlichkeit den Menschen von Gott gegeben ist, derselbe Gedanke, der sich auch bei Platon und Aristoteles finden lässt.[24] Diese Göttlichkeit ermöglicht Hemsterhuis zufolge das moralische Urteil des Menschen, dieses Vermögen des Urteils über Recht und Unrecht sei nichts anderes als »der natürliche Hang eines Individuums zu andern Individuen« (OP, 491). An der letzten Stelle vom *Aristée* wird die Homogenität des einzelnen Menschen mit der Göttlichkeit wie folgt dargestellt:

Geist der Geometrie nicht daran gewöhnt, mit feinen Sachen umzugehen, die nur gefühlt, aber nicht bewiesen werden können; hingegen habe der Mensch, der daran gewohnt ist, eine feine Sache auf einen Blick ohne Begründung zu beurteilen, Pascal zufolge nicht die Geduld, das erste Prinzip spekulativer Dinge zu erforschen. Vgl. PPC 21. Im anderen Fragment wird gesagt, dass das erste Prinzip, das die Wahrheit ist, durch die Gesinnung, den Geist des Feinsinnes gewusst wird und dieses erste Prinzip nicht nur Raum, Zeit, Bewegung und Zahl, sondern auch die religiöse Überzeugung enthält, und es nicht durch den Beweis geschlossen wird, sondern durch die Gesinnung intuitiv erkannt wird. Vgl. PPC 479. Fresco findet eine gelungene Synthese der Geister der Geometrie und des Feinsinns im Anfang von Hemsterhuis' *Sophyle*. Vgl. Fresco 1995, 42 f.; OP. 337 ff.

23 Vgl. Fresco 1995, 50.

24 Vgl. OP, 489. Platon, *Politeia*, 589d, 590d; *Timaios* 90a; Aristoteles, *Nikomachische Ethik*, 1168b29–31. De Vogel weist darauf hin, dass Platons Darstellung, dass Gott jedem die maßgebliche Form der Seele als Schutzgeist verliehen hat, dem aristotelischen, moralisch hochstehenden Menschen nahe zu stehen scheint und dass Platon hingegen »ein Gut, das ihn selbst und die menschliche Welt weit übersteigt« (De Vogel 1985, 412), sucht.

> Sieh den Adler, der in den Lüften schwebt, indem er seinen Flug dem Hauche des Aelus gemäß einrichtet; er fliegt sonder Beschwerlichkeit; seine Flügel scheinen unbeweglich; er ist das vollkommenste Sinnbild des tugendhaften, des glücklichen Menschen, der auf kein Hinderniß stößt, und dessen Flug, obgleich endlich und beschränkt durch seine Natur, unaufhörlich, durch den unendlichen Strom des höchsten Willens, auf die wahre Glückseligkeit, geleitet wird. [...] Es ist uns genug zu wissen, daß wir, in diesem Leben schon, unsern Flug antreten, daß der Tod unsre genommene Richtung nicht ändert, und daß er nur die Bewegungen der Seele in dieser Richtung, welche gänzlich von der Energie des freyen Wesens abhängt, beschleunigt. (OP, 493 ff.)[25]

Diese Homogenität des freien und tugendhaften Menschen mit der Göttlichkeit scheint umgekehrt zu der Betonung der Unmöglichkeit der vollständigen Vereinigung in *Lettre sur les desir* zu sein.[26] Denn die Notwendigkeit der Vermittlung, welche die Vereinigung unmöglich macht, tritt im *Aristée* hinter der Bedeutsamkeit des freien Willens des Menschen zurück, der »Hindernisse wider die bestimmte Willenskraft« (OP, 471) überwinden kann. In *Lettre sur les desir* wird aber bereits davon ausgegangen, dass die innere Empfindung des höchsten, vollkommensten Wesens durch das Wesen in unsere Seele gelegt wird, deshalb ist es als Theorie konsequent. In Anbetracht dessen lässt sich vermuten, dass im *Aristée* besonders das Räsonnement, welches der Überzeugung des Gefühls gegenübersteht, die Vereinigung verhindert. Zu diesem Bereich des Räsonnements werden Hemsterhuis zufolge »Anstrengung, Arbeit, Bemühung, Schweiß« (OP,

25 Dieser Adler nimmt Bezug auf Jupiter, welcher dem obersten der griechischen Götter entspricht. Vgl. Hammacher 1995a, 619. Aristoteles versteht in der *Geschichte der Tiere* den Adler als das göttliche Tier, das die Sonne sehen und sich auf sie richten kann. »Der Adler ist sehr scharfsichtig und zwingt seine Jungen, wenn sie noch ungefiedert sind in die Sonne zu blicken; wenn eines nicht will, gibt er ihm Schnabelhiebe und dreht es. Wem von den beiden Jungen die Augen zuerst tränen, tötet er, das andere zieht er groß.« (Aristoteles, *Historia Animalium*, IX, 619b.) Hemsterhuis setzt in seinem unvollendeten Schrift *Alexis II ou du Militaire* voraus, dass der Adler die Sonne sehen kann und dass diese aristotelische Darstellung sich auf die Umdrehung zur Sonne als das Kind des Guten in Platons Höhlengleichnis bezieht. Vgl. Hemsterhuis 1924, 121; Platon, *Politeia*, 518b-d.

26 In Rücksicht auf diese Stelle im *Aristée* übergeht Henrich, dass Hemsterhuis eine Ausnahme über die Unmöglichkeit der vollständigen Vereinigung macht und über die Beziehung der Menschen und Gottes eine Möglichkeit der Vereinigung andeutet. Henrich konstatiert: »Er [d. h. Hemsterhuis; M. S.] meinte, das Verlangen sei nicht zu fassen als enthusiastische Verehrung höchster Schöpferkraft. [...] Hemsterhuis hat Gott nicht mehr als die Macht der Liebe gefaßt, sondern nur noch als die Kraft, welche einer Welt, in der alles zum Ganzen strebt, das unbegreifliche Schicksal der Vereinzelung auferlegt.« (Henrich 2010, 13 f.) Henrichs Auffassung von Hemsterhuis scheint auf Herders Nachtrag zu basieren.

491) zurückgeführt.[27] Dem werden »Leichtigkeit, Natur, Simplicität« (OP, 493) entgegengesetzt.[28] Die Letzten gelten als »sicherer Beweis für die ununterbrochene Harmonie ihres Ganzen« (ebd.).[29] Diese Leichtigkeit und die Simplizität der Überzeugung des Gefühls lässt sich nicht auf die von Pascal angenommene Ungeduld zurückführen, sondern darauf, dass das sehr große Streben, das lange Zeit braucht, für den Mensch mit dem göttlichen Organ und der Göttlichkeit entbehrlich ist. Und solange ein Teil des Menschen mit dem Göttlichen ausgestattet ist, nähert sich Hemsterhuis' Philosophie bereits fast der dritten Stufe der Unendlichkeit bei Hegel, der Rückkehr zu sich selbst, die eine Beziehung zu sich selbst darstellt.

Wir haben bereits gesehen, dass in der Philosophie von Hemsterhuis eine direkte und vollkommene Beziehung zwischen Mensch und Gott entweder durch Liebe oder durch den Tod erreicht werden kann, aber die letztere direkte Beziehung durch den Tod ist unumgänglich ein wichtiger Bezugspunkt. Hemsterhuis zeigt, wie bereits ausgeführt, am Ende des *Aristée* sein Konzept der Beschleunigung der Bewegung der Seele auf. Als Hintergrund für dieses Konzept gibt es erstens Sokrates' Philosophie, dass das Wissen nach dem Tod auch zunimmt und die Seele reinkarniert.[30] Ebenso wie Sokrates in *Des Sokrates Apologie* an den Erwerb neuen Wissens nach dem Tod glaubt, unterstützt Hemsterhuis das Erreichen der Vollkommenheit des Wissens durch den Erwerb neuer Organe nach dem Tod. Für diese neue Organ wird die Vorstellung des Flügels verwendet, er deutet am Ende seiner Schrift *Lettre sur l'homme et ses rapports* Folgendes an: »[...] die Organe des Gewissens und des Herzens vermögen vielleicht nicht sich unter unserer groben Hülle zu entwickeln; es sind noch ungebildete Flügel, verborgen unter der Haut der Nymphe.« (OP, 303)[31] Wenn wir dies gemeinsam verstehen, wird klar, dass der Flug des Adlers mit dem großen Flügel zur Sonne, welche die Vollständigkeit ist, gerade durch den Tod möglich ist.

Angesichts der Bedeutung, die *Aristée* in Jacobis *Spinoza-Briefen* einnimmt, scheint die Vermutung nicht sehr selten zu sein, dass das Todesmotiv von Hemsterhuis Jacobis *Salto mortale* leitete, nämlich die Idee, dass er von Spinozas System auf die sokratische, antispinozistische Weise, die bereit zu sterben ist

27 »[...] nous trouvons, dans celles des premiers, de la grandeur à la vérité, mais des efforts, des peines, du travail, de la sueur [...].« (OP, 490)

28 »[...] aisance, nature, simplicité [...].« (OP, 492)

29 Dieser hohen Schätzung der Leichtigkeit und der Simplizität liegt Hemsterhuis' Verständnis der Schönheit zugrunde. Im *Lettre sur la sculpture* (1769) wird auf das zeitlich Kurze und die Schönheit Bezug genommen: »Folgt hieraus nicht, und beynahe mathematisch gewiß, daß die Seele das, als *Schön*, beurtheilt, wovon sie sich, in dem möglichst kürzesten Zeitraum, einen Begriff machen kann?« (OP, 103)

30 Vgl. Platon, *Phaidon*, 68d.

31 Vgl. Platon, *Phaidros*, 248b-c, 249c-e, 251b-252b, Moenkemeyer 1975, 84 ff.

und nicht dem Prinzip der Selbsterhaltung folgt, zum Glauben an Gott als Schöpfer springt. Und dies ermöglicht auch einen Vergleich mit der Beziehung des Ende und des Anfangs in Kreislauf des System des Hegels, d. h. mit der Hegel'schen Konsequenz der Vermittlung der Aufhebung der Vermittlung.[32] Mit anderen Worten: Hemsterhuis' Erlangung der Vollkommenheit durch den Tod wird durch die Vermittlung der Aufhebung der Vermittlung und die Vermittlung des neu erworbenen Organs ermöglicht, wohingegen der Anfang der Wissenschaft bei Hegel zwar durch die Vermittlung der Aufhebung der Vermittlung möglich ist, aber das erste Wahre nur hypothetisch und problematisch sein muss.[33] Anders als Hegel sieht Jacobi aber keine Vermittlung im Akt des Wegwerfens der Vermittlung.

1.2.2.2 Die Liebe und der Glaube bei Jacobi

Hemsterhuis' Gedanke der inneren Empfindung und der Überzeugung des Gefühls beeinflusst entscheidend Jacobis Schriften und Romane. Jacobi äußert in seinen *Spinoza-Briefen*, dass er seinen eigenen Standpunkt zu Spinoza deutlich in Hemsterhuis' Werk findet.[34] Während Lessing Hemsterhuis' *Aristée* gelesen und dieses Werk spinozistisch verstanden hat, verstand Jacobi, dass Hemsterhuis wesentlich der Lehre von Spinoza widerspricht, und er beruft sich wiederholt auf den *Aristée* im fingierten Gespräch mit Spinoza im Brief an Hemsterhuis (7. August 1784).[35] Dabei geht es ihm darum, dass »ein einziges Verlangen der Seele, welches in ihr von Zeit zu Zeit sich nach dem Bessern, dem Zukünftigen und Vollkommenen offenbaret, mehr als ein mathematischer Beweis der Gottheit ist.« (JW1.1, 85)

32 Mitchell weist darauf hin, dass bei Hemsterhuis die unmittelbare Beziehung mit Gott durch die Vermittlung des neunen Organs möglich wird, das durch Tod erworben wird. Dieser Hinweis ist wichtig in Bezug auf die Untrennbarkeit zwischen der Vermittlung und der Unmittelbarkeit bei Hegel. Vgl. Mitchell 2022, 108 f.; Sanada 2020, 55 f.

33 Vgl. GW21, 56 f.

34 Nachdem Jacobi erst in Münster den *Aristée* erhalten hatte, hat er Lessing ihn ungern überlassen, obwohl Jacobi noch nicht ihn gelegen hatte, und Lessing war Jacobi zufolge vom *Aristée* bezaubert. Vgl. JW1.1, 36.

35 Jacobi sagt zu Hemsterhuis: »Nicht um Sie zu unterrichten, sondern Unterricht von Ihnen zu begehren, nahm ich die Feder in die Hand. Möchten Sie die Belehrung, die ich wünsche, mir gewähren, und mit Gründen mich versehen, welche denen des Spinoza gegen den Verstand und die Persönlichkeit der ersten Ursache, gegen den freyen Willen und die Endursachen gewachsen wären. Ich habe, mit reiner Metaphysik, nie den Vortheil über sie gewinnen können.« (JW1.1, 87) Jacobi dachte aber, dass »die Materie der Gewissheit« (ebd.) bei Hemsterhuis noch nicht genug ergründet worden ist.

Jacobi kritisiert auch Mendelssohn in seinem Brief (21. April 1785) an ihn, in dem der Gottesbeweis dargestellt wird, und behauptet, dass es nicht um die Gewissheit durch Beweise geht, sondern um den Glauben.[36] Im Glauben wird Jacobi zufolge bereits die Gewissheit ohne Beweis gewusst: »Wie können wir nach Gewißheit streben, wenn uns Gewißheit nicht zum voraus schon bekannt ist [...].« (ebd.) Für Jacobi unterrichtet die Religion der Christen den Menschen, »wie er Beschaffenheiten annehmen könne, wodurch er Fortschritt in seinem Daseyn gewinne; zu einem höheren Leben, mit demselben zu einem höheren Bewußtseyn, und in ihm zu einer höheren Erkenntniß sich hinaufschwinge.« (JW1.1, 117) Seine Betonung liegt darauf, dass der Mensch auf Grundlage der Freiheit innerhalb des Lebens sich nach dem persönlichen Gott als dem höheren Leben, das bereits bewusst ist, richtet. Dies wird als »der Genuß und das Anschauen einer unbegreiflichen Liebe« (ebd.) bezeichnet.[37]

> Liebe ist Leben; *sie ist das Leben selbst*; und nur die Art der Liebe unterscheidet jede Art lebendiger Naturen. Er, der Lebendige, kann im Lebendigen allein sich darstellen; Lebendigem sich zu erkennen geben, nur – durch erregte Liebe. (ebd.)

Jacobis Verständnis der Liebe nach sind sowohl Gott als auch der Mensch das Lebende. Sein Gedanke über die Liebe wird in »Vorbereitende Sätze über die Gebundenheit und Freyheit des Menschen« ausführlicher erklärt. Der Gegenstand der reinen Liebe ist »das θειον im Menschen« (JW1.1, 167) und »die Richtung auf das Ewige ist [...] das Prinzip reiner Liebe« (ebd.). An dieser Stelle unterscheidet die Liebe sich von der Begierde, denn das Prinzip der Begierde ist der sinnliche Trieb nach dem Endlichen. Wenn der Affekt der Freude, der durch diese Begierde gebracht wird, sich nur auf »ein vergängliches Daseyn« (JW1.1, 168) bezieht, wird er selbst auch vergänglich. Wenn der Gegenstand der reinen Liebe hingegen unvergänglich und ewig ist, ist er »die Kraft der Gottheit selbst« (JW1.1, 169). Dadurch kann man Jacobi zufolge »Unsterblichkeit« (ebd.) erlangen.

Auf diese Weise gilt bei Jacobi die unmittelbare Anschauung Gottes zwar als möglich, aber wie er in seinen Bruchstücken *An Schlosser über dessen Fortsetzung des Platonischen Gastmahles* (1796) ausführt, dass die Liebe »nur in der Unvollkommenheit des Genusses« (JW5.1, 243) stattfindet, erfasst er die voll-

36 Vgl. JW1.1, 115.

37 Jacobis Auffassung der Liebe setzt Hammacher zufolge die Theorie der reinen Liebe von François Fénelon auch voraus, die aus der cartesianischen Affektenlehre entwickelt wurde. Diese besagt, dass »man nichts anderes lieben kann, als was man schon hat« (Hammacher 1997, 185; vgl. Schlosser 1796, 24) und dass die Liebe bereits der Genuss ist. Vgl. Schlosser 1796, 22. Aber in Platons *Symposion* gibt es auch diese Diskussion. Vgl. Platon, *Symposion*, 200b-c.

ständige Vereinigung des einzelnen Wesens und des höheren Wesens nicht unbedingt einfach nur als möglich.[38] Jacobi konstatiert in den *Spinoza-Briefen*, dass die Gewissheit bereits beim Glauben vorhanden ist und dass man, sie voraussetzend, nach dergleichen streben kann, was in diesen Bruchstücken als »Ahnung« (JW5.1, 244) ausgedrückt ist. Sie ist aber nicht der Gewissheit darüber gleich, dass der vollständige Genuss möglich wäre.

> Genuß und Vollkommenheit widersprechen sich. Sich selbst genießen ist wie die Ursache seiner selbst seyn. Leerer Schulwitz. Genuß ist nur im Uebergange von einem geringeren Zustande zu einem besseren. (ebd.)

Das Genießen verursacht wieder einen anderen Mangel des Genusses, dadurch gerät es in den unendlichen Prozess. Dieser Zustand wirkt bei Jacobi keineswegs negativ, sondern affirmativ, denn die Liebe ist dabei nicht das Streben nach dem Gegenstand, sondern vielmehr das, was das Ideal schafft: »Liebe ist vorbildende schöpferische Kraft, d. h. nicht schaffend nach einem Ideal, sondern schaffend das Ideal. Darum ist Gott selbst das absolute Maß, das Urbild von allem.« (ebd.)[39] Dieses absolute Maß als das Urbild bzw. die Schönheit muss im Prozess der Schöpfung bereits mehr oder weniger begriffen sein.[40] Ohne dass es vorher bewusst ist, lässt es sich weder wahrnehmen noch lieben. Deswegen ist das Maß als das Urbild vom blinden Ungefähr unterschieden, welches das Übermäßige zugrunde gehen lässt: »Wir können nichts Schönes wahrnehmen, ohne daß der Gedanke wenigstens dunkel in uns entsteht: Liebe hat es geschaffen und Wohlwollen. Schönheit und blindes Ungefähr widersprechen sich.« (JW5.1, 245)

In den *Spinoza-Briefen* wurde zwar die enge Verbindung zwischen den Begriffen der Liebe und des Lebens gesehen, aber in diesen Bruchstücken scheint

38 Jacobi nennt folgende Beispiele von der Liebe. »Ich liebe über alles die Jagd, heißt: ich finde meinen höchsten Genuß im Jagen. Ich werde aber nie sagen, daß ich jetzt liebe. Dasselbe gilt vom Spiele, vom Kriege u. s. f. Die Liebe findet nur in der Unvollkommenheit des Genusses Statt. Die Jagd lieben, heißt wünschen, immer auf der Jagd zu seyn zu können. […] Die Liebe fängt an, weder mit einer Begierde, noch mit einem Genusse, sondern mit Ahnung.« (JW5.1, 243 f.)

39 Über den Begriff des Maßes bei Jacobi, besonders vgl. Kapitel 2.3.5. und 3.3. Die Gottheit ist Platons *Nomoi* nach das Maß aller Dinge, und dieser Deus-mensura-Satz ist »weit mehr als etwa, wie manche sagen, als irgend so ein Mensch.« (Platon, *Nomoi*, 716c) Über die Wirkung der Dichtung als Poiesis im Eros vgl. *Symposion*, 205b-c. Über die Doppelsinnigkeit des Prozesses und des Produktes im Begriff des Maßes in Platons *Philebos* 26b und 26d vgl. Kapitel 3.3.

40 Worin bei Jacobi das Maß und Gott unterschieden sind, ist zu fragen. Obwohl Jacobi Gott als übernatürlich und unbegreifbar ausprägt, paraphrasiert er wiederholt Gott als das Maß. Jacobis Maß ist ein Gemeinbegriff, den man nicht nur für Gott, sondern auch für Dinge benutzen kann (vgl. E2p38, E2p40c2, E2p44 mit c2, E4p36s), hingegen ist Gott bei Jacobi mit dem Wort Spinozas das, was durch intuitive Erkenntnis (vgl. E2p40s2) gesehen wird.

der Begriff der Liebe deutlicher zu werden. Die Liebe bei Jacobi ist sowohl das Streben nach dem Gegenstand außerhalb von sich selbst als auch das Opfer von sich selbst und das Leben im Gegenstand der Liebe.[41] Diese Liebe wird an der letzten Textpassage von diesen Bruchstücken unter der Beziehung zwischen Menschen und Gott erfasst.

> Wir können im Grunde nichts anderes lieben als unser Leben; alle endliche Wesen aber haben ihr Leben außer sich. Gott, um zu lieben, muß gewissermaßen aus sich herausgehen und Mensch werden. Wenn er nicht geschaffen hätte, ließe sich in ihm keine Liebe denken. (ebd.)

Die Liebe des Menschen zu Gott und Gottes zu Menschen werden hier ausgedrückt, dabei wird die Liebe Gottes als sein Menschwerden verstanden, in dem er aus sich herausgeht und endlich wird. Indem Gott Mensch wird, findet er darin sich selbst und liebt sich selbst.[42] Dass Mensch und Gott einander und außerhalb von sich selbst das eigene Leben finden und darin leben, wird bei Jacobi als die Liebe verstanden.

1.2.2.3 Die Freundschaft und die Täuschung des Einheitsgefühls in Jacobis *Woldemar*

Jacobi hat in seinem Roman *Woldemar* die Freundschaft zwischen einem jungen Mann namens Woldemar und einer jungen Frau namens Henriette dargestellt,

41 »Was ich liebe, dem opfere ich mich auf. Man lebt nur in dem, was man liebt. Was vor der Liebe war, stirbt und die Seele sucht sich ein neues Wesen.« (JW5.1, 245)

42 Hegel versteht die innere Erkenntnis Gottes, die sich selbst vermittelt, als die Menschwerdung und das Wissen des Menschen in Gott, aber man kann hier sehen, dass es bereits in Jacobis Begriff der Liebe kurz dargestellt ist. Hegel konstatiert in den *Enzyklopädien*: »Bedenkt man die Schwierigkeit der Erkenntnis Gottes als Geistes, die es nicht bei den schlichten Vorstellungen des Glaubens bewenden lassen [kann], sondern zum Denken, zunächst zum reflektierenden Verstande fortgeht, aber zum begreifenden Denken fortgehen soll, so mag es fast nicht zu verwundern sein, daß so viele, besonders die Theologen, als näher aufgefordert, sich mit diesen Ideen beschäftigen, darauf verfallen sind, leichter damit abzukommen, und so willig das aufgenommen haben, was ihnen zu diesem Behufe geboten worden; das allerleichteste ist das angegebene Resultat: daß der Mensch von Gott nichts wisse. Was Gott als Geist ist, dies richtig und bestimmt im Gedanken zu fassen, dazu wird gründliche Spekulation erfordert. Es sind zunächst die Sätze darin enthalten: Gott ist nur Gott, insofern er sich selber weiß; sein Sichwissen ist ferner sein Selbstbewußtsein im Menschen und das Wissen des Menschen *von* Gott, das fortgeht zum Sichwissen des Menschen *in* Gott. – Siehe die gründliche Erläuterung dieser Sätze in der Schrift, aus der sie genommen: *Aphorismen über Wissen und Nichtwissen usf.* von C. F. G. . . . .[Carl Friedrich Göschel; M. S.] l, Berlin 1829.« (TW10, 373 f.)

in dem der Zustand am ausführlichsten visualisiert wird, dass man sich selbst außerhalb seines Selbst findet und es liebt. Hegel hat sich mit Hölderlin u. a. in diesen Roman vertieft eingelesen, deshalb lassen sich Woldemars Motive in Werken sowohl von Hegel als auch von Hölderlin oft finden.[43] Der Aufriss dieses Romans ist wie folgt: Woldemar hat den leidenschaftlichen Charakterzug, nicht innerhalb seiner selbst, sondern im Anderen sich selbst zu finden, und heftig nach einer Vereinigung mit dem Anderen zu streben.[44] Er findet sich selbst in einer Freundin, nämlich in Henriette. Sie kannte auch in ihrer Freundschaft zu Woldemar weder Maß noch Ende.[45] Henriettes Vater Hornich schätzt hingegen die Überlegung, Meinung, Tugend und den Beweis, deshalb kann er Woldemars hitziges Temperament nicht ausstehen.[46] Daher lässt er seine Tochter *sub rosa* versprechen, dass sie Woldemar auf keinen Fall heiratet. Nach seinem Tod wird Woldemar von ihrem Geheimnis verwirrt und er bemerkt, dass das Einheitsgefühl mit ihr nur seine Eigenliebe und dass sein Gefühl deshalb nur eine Täuschung war.[47] Henriette, die seine Verwirrung und Enttäuschung bemerkt hat, entschuldigt sich für das Geheimnis mit ihrem Vater und bekennt, dass sie böse war, so versöhnt sie sich mit Woldemar.

In dieser Geschichte läuft die Unbestimmtheit von Woldemars Charakter auf Übermäßigkeit hinaus, und er empfindet einen Ekel vor der Unbestimmtheit seiner Lage, aber dadurch erfährt er, dass sein Gefühl eine Täuschung war, dass er und Henriette eine Seele wären, und dass Henriette ihm letztendlich nur eine Andere war.[48] Henriette wird auch aufgrund von Woldemars Verstimmung nachdenklich.[49] Diese Geschichte zur Reife, dass der übermäßige Charakter zur Einsicht des Maßes kommt, lässt sich als ein Prozess verstehen, der aus vier Begriffen in Platons *Philebos* besteht. Jacobi hat die Unbestimmtheit (Apeiron),

43 Vgl. Rosenkranz 1844, 40.

44 »Ich erfuhr, daß ich ein Herz im Busen trug, welches mich von allen Dingen schied, von sich selber mich schied, weil es zu heftig mit allen Dingen sich vereinigen strebte. Jedermann liebte mich darum, daß ich alles so liebte […].« (JW7.1, 61) Hegel versteht später in seinem Schrift *Glauben und Wissen* (1802) diese Absolutsetzung des eigenen Selbst in den Anderen in Jacobis *Allwill* und *Woldemar* als »diese Qual der ewigen Beschauung ihrer selbst« (TW2, 387), »diese Unzucht mit sich selbst« (ebd.).

45 Vgl. JW7.1, 79.

46 Vgl. JW7.1, 212 f., 343.

47 Vgl. JW7.1, 86, 385. Die Unterscheidung zwischen der Eigenliebe und dem Egoismus bei Jacobi ist ein von Aristoteles stammendes Thema. Vgl. Aristoteles, *Nikomachische Ethik*, 1168b-1169b; JW6.1, 136 f. Kapitel 2.3.2.

48 Vgl. JW7.1, 101, 385.

49 Vgl. JW7.1, 373.

die Grenze (Peras) und das Gemisch (Koinon) von beiden zu einem innewohnenden Prozess der Menschlichkeit umgewandelt.[50]

1.2.2.4 Die Liebe und Selbstheit bei Herder

Herder hat Hemsterhuis' *Lettre sur les desir* übersetzt und im Nachtrag, der mit *Liebe und Selbst* betitelt ist, seine Deutung ausgeführt, dass die Liebe Grenzen und eine negative Seite hat und dass Freundschaft besser als die Liebe ist.[51] Herder zufolge lautet der traditionelle Hauptsatz über die Liebe wie folgt: »Liebe vereinige die Wesen, wie Haß sie scheide: in Liebe und Vereinigung gleichartiger Dinge bestehe aller Genuß der Götter und Menschen [...].« (FHA 4, 407). Er versucht aber, die andere Seite der Liebe sichtbar zu machen, dass »diese Liebe Grenzen habe, daß eine völlige Vereinigung der Wesen in unsrem Weltall selten oder gar nicht statt finde [...].« (ebd.)[52]

> [...] freilich auch über die Liebe, sagten die Griechen, herrscht das *Schicksal*; und *Notwendigkeit*, die älteste der Gottheiten, ist mächtiger als die *Liebe*. Nach Platons Ideen ward diese von *Dürftigkeit* und Überfluß in den Gärten Jupiters geboren: sie hat also die Natur beider und ist immer abhängig von ihren Eltern. (FHA4, 408)[53]

Der Genuss ist einerseits die Vereinigung, aber andererseits wird der Gegenstand des Begehrens durch den Genuss »verschlungen, zerstöret« (FHA4, 409). Im Vergleich zu dieser Liebe ist die Freundschaft, in der die Ehe enthalten ist, in der es den gemeinschaftlichen Zweck gibt, Kinder zu erziehen, mächtiger als die Liebe.[54]

50 Vgl. Kapitel 3.3.

51 Während Liebe und Freundschaft bei Hemsterhuis anders als Herder ungefähr die gleiche Bedeutung haben (vgl. OP, 167), ist die Freundschaft bei Herder von der Liebe deutlich unterschieden. Herders Auffassung der Freundschaft, dass Liebe die innigste Freundschaft werden soll, ist die Lehre von Rousseaus Roman *Julie ou la Nouvelle Héloïse*. Vgl. Hammacher 1995a, 618. Herder hat aber in seinem Schrift *Vom Erkennen und Empfindungen der menschlichen Seele* Hemsterhuis' Deutung der Liebe akzeptiert. Vgl. Heinz 1995, 434.

52 Jamme findet in Herders *Liebe und Selbstheit* »dritte synthetische Tendenz neben dem begehrenden Verlangen und der einschränkenden Selbstheit« (Jamme 1983, 106) als den Begriff der Liebe. Aber wenn, wie Herder konstatiert, das Schicksal über die Liebe herrscht, so markiert er die Selbstheit und ihre Schranken. Deswegen ist Herders Begriff der Liebe anders als Hölderlins Liebe, welche die Vereinigung des Strebens und der Schranken ist. Vgl. FHA4, 408.

53 Vgl. Platon, *Symposion*, 203, Kapitel 1.1.2.5.

54 Vgl. FHA4, 412.

> Diese [Freundschaft; M. S.] ist reiner und also gewiß auch mächtiger als die Liebe: wenn diese sich zur Stärke und Dauer der Ewigkeit erheben will, muß sie erst von der groben Sinnlichkeit geläutert, echte und wahre Freundschaft werden. Wie selten gelangt sie dahin! Sie zerstört sich selbst oder zerstört ihren Gegenstand mit durchdringenden fressenden Flammen, und Beide, das Liebende und das Geliebte, liegen sodann wie ein Häufchen Asche da. Aber die Glut der Freundschaft ist reine erquickende Menschenwärme. Die beiden Flammen auf Einem Altar spielen in einander, heben und tragen frohlockend einander, und oft noch in der Stunde der traurigsten Scheidung schweben sie fröhlich und einig ins Land der reinsten Vereinigung, der treuesten, untrennbaren Freundschaft. (FHA4, 413)

Herder zufolge gibt es verschiedene Grade der Freundschaft, »von der leichten Geselligkeit bis zur erhabenen stillsten dauerndsten Aufopferung, die freilich nur sehr auserlesenen Seelen unter sehr seltenen Umständen und Verbindungen, aber auch solchen als das höchste Privilegium, als echter Vorschmack einer künftigen höhern Existenz zu Teil ward […].« (ebd.) Er nennt gleichzeitig die Liebe der Eltern zu ihren Kindern einen Fall, der nicht als sinnlich gelten kann, weil sie Herder zufolge göttlich ist.[55]

Den Begriffen der Liebe und der Freundschaft liegt zugrunde, dass das einzelne Wesen des Menschen eine Grenze hat und diese nicht verachten soll. Dieser Gedanke ist anders als Hemsterhuis' Auffassung, dass die Verhinderung durch die Organe für den sinnlichen Genuss notwendig ist, denn für Herder geht es nicht darum, dass das einzelne Wesen Organe besitzt, welche die Vereinigung stören, sondern darum, dass das einzelne Wesen des Menschen der Grund des Genusses ist und dass das Streben nach der Vereinigung ohne diesen Grund unmöglich wird. Die Bedeutsamkeit des Grundes des Genusses gilt nicht nur für die Beziehung zwischen Menschen und Gegenständen im sinnlichen Genuss, sondern auch für die Beziehung zwischen Menschen und Gott in der Religion. Wenn der Mensch die Grenze ignoriert und wie im Mystizismus in Gott sich selbst verliert, wird der Genuss unmöglich.

> Wir sind *einzelne Wesen*, und müssen es sein, wenn wir nicht den *Grund* alles Genusses, unser eigen *Bewußtsein*, über dem Genuß aufgeben, und *uns selbst* verlieren wollen, um uns in einem andern Wesen, das doch nie wir selbst sind, wiederzufinden. Selbst wenn ich mich, wie es der Mystizismus will, in Gott verlöre, und ich *verlöre* mich in ihm ohne weiteres Gefühl und Bewußtsein *meiner*: so genösse ich nicht mehr; die Gottheit hätte mich verschlungen und genösse statt meiner. (FHA4, 419)

55 Vgl. FHA4, 417.

Der Mensch, der die Grenze ignoriert und dem räuberischen Genuss nachgeht, ist »ein Tyrann des Weltalls« (FHA4, 420), denn dass er gleichermaßen gibt und nimmt, ist »der wahre Takt und Pulsschlag des Lebens« (ebd.). Dass man über die Grenze hinausgeht, ist gefährlich, deshalb fängt man beim Einzelnen an.[56]

> Aller räuberische Genuß, der den Gegenstand verwüstet, ist uns blos als *Bedürfnis* von der Hand der *Notwendigkeit* gegeben: er reibet sich selbst auf, und erstirbt in sich. Der Mensch ist ein Tyrann des Weltalls; aber wie bald ist auch dieser kleine Tyrann, wenn er in den Grenzen der Natur bleiben will, vom Raube gesättigt! Jeder sinnliche Genuß ist eigentlich nur *mildgemachtes Bedürfnis*; wo die Zerstörung des Gegenseitigen aufhört, fängt erst ein freierer, schönerer Genuß, ein milderes *Nebeneinandersein* vieler Geschöpfe an, die sich *wechselseitig* einander suchen und lieben. Ein Tyrann, der alles allein sein, der alles verschlingen will, wie Saturn seine Kinder, ist weder zur Freundschaft, noch zur Liebe, selbst nicht einmal zur Vaterzärtlichkeit fähig. Er drückt und unterdrückt: neben ihm kann nichts wachsen, geschweige mit ihm zusammen wachsen zu Einer gemeinschaftlichen Krone. (FHA4, 420)

Hier wird dem räuberischen Genuss, der das andere bis zum Äußersten verschlingt und vernichtet, der freie, schöne Genuss gegenübergestellt, der mit dem Maß das Zusammenleben mit anderem Wesen akzeptiert. Die Kritik an der ersten übermäßigen Unterdrückung und Verschlingen muss später wieder im Kapitel über das Maß betrachtet werden. Wenn man Hegels und Jacobis Kritik am Tyrannen auch hier gleichzeitig zusammen betrachtet, ist der räuberisch verschlingende Egoismus eine tyrannische Haltung, die Objekte nacheinander wechselt, erst das eine und dann das andere wegnimmt, immer selbstironisch und nie zufrieden ist.[57] Hingegen kann der freie, schöne Genuss das Zusammenleben akzeptieren, weil er in sich selbst nicht die selbstverachtende Abspaltung hat, sondern sich selbst genießt und weiß, wie er genug hat, d. h., dass er das Maß kennt. Dieser Genuss von sich selbst und das Maß ermöglichen die harmonische Freundschaft.

Herder konstatiert am Ende, dass die religiöse Beziehung jedes Individuum auf das höchste Wesen immer »*Hyperbel mit ihrer Asymptote*« (FHA4, 423) bleibt, d. h., die Hyperbel nähert sich unendlich dem höchsten Wesen an, aber sie kann keinen Punkt erreichen, in dem eine Übereinstimmung realisiert würde. Dieser Vergleich wurde bei Hemsterhuis benutzt, bei ihm traf er zwar das sinnliche Verlangen, keineswegs die Beziehung des Individuums auf Gott. Bei Herder wird diese Beziehung trotzdem in der religiösen Liebe gefunden.

56 Vgl. FHA4, 421.

57 Vgl. Kapitel 2.2.4 und 2.3.2.

Herder scheint zwar auf den ersten Blick die Unmöglichkeit der vollständigen Vereinigung zwischen der Seele und dem Gegenstand des Strebens wie Hemsterhuis zu betonen. Indem Herder aber Hemsterhuis' Verständnis der Liebe zum Traditionellen gehören lässt und die negative Seite der zerstörenden Liebe betont, unterscheidet er seinen Begriff der Liebe von Hemsterhuis' Auffassung.[58] Die vollständige Vereinigung, die bei Hemsterhuis als einzig möglich gilt, die Liebe Gottes, wird bei Herder unmöglich und zur Beziehung der Hyperbel mit ihrer Asymptote umgewandelt.

1.2.2.5 Hölderlins Deutung der Liebe

Hölderlin hat sich in Waltershausen in Herder und Rousseau vertieft und im *Fragment von Hyperion* (1794) »die exzentrische Bahn« (StA3, 163) vom Naturzustand zur höchsten Bildung, ein Streben nach dem Unendlichen, aufgezeigt. In diesem Fragment gibt es zwar ein Motiv der Zurechtweisung gegen Hyperions Bahn im Sinne einer Korrektur der einseitigen Tendenz, aber diese Korrektur seiner Bahn ist nur vorübergehend.[59]

Nachdem Hölderlin sich in Jena mit Fichtes *Grundlage der gesammten Wissenschaftslehre* auseinandergesetzt hat, entsteht *Die metrische Fassung* (1794/95) unter dem Einfluss des Begriffs der Wechselwirkung und Schillers Projekt *Über die ästhetische Erziehung des Menschen.*[60] In der *metrischen Fassung* vereinigt die Liebe das Streben nach dem Unendlichen, die Wirkung vom Menschen zur Welt und die Beschränkung von der Welt zum Menschen. Hölderlin verbindet Fichtes Rahmen mit dem Mythos des Eros in Platons *Symposion.*[61] Dieser mythischen Erklärung Platons nach hielten die Götter ein Festmahl, als Aphrodite geboren wurde. Anwesend waren Poros, der Sohn der Metis, und Penia, die kam,

58 Hammacher versteht, dass Herder Hemsterhuis' Deutung der Liebe in der traditionellen Deutung der platonischen Liebe sieht. Hemsterhuis hat Hammacher zufolge seine Lehre nie gegen Herders Missverständnisse verteidigt. Vgl. Hammacher 1995b, 500.

59 Vgl. Polledri 2002, 89.

60 »Es ist im Menschen ein Streben in's Unendliche, […] die ihrem Triebe nach unendliche unbeschränkte Thätigkeit ist in der Natur eines Wesens, das Bewußtseyn hat (eines Ich, wie Fichte sich ausdrükt), nothwendig, aber auch die Beschränkung dieser Thätigkeit ist einem Wesen, das Bewußtseyn hat, nothwendig, denn wäre die Thätigkeit nicht beschränkt, nicht mangelhaft, so wäre diese Thätigkeit alles, und außer ihr wäre nichts […].« (StA 6, 164)

61 Herder hat sich früher als Hölderlin in *Liebe und Selbstheit* auf Platons *Symposion* bezogen. Vgl. FHA4, 408 und Kapitel 1.2.2.4. Aphrodite lässt sich in diesem Mythos in Bezug auf Göttin im *Philebos* verstehen. Platons *Philebos* 26b nach erhält die Lust, indem sie Gesetz und Ordnung als Selbstbegrenzung einrichtet. Der Geburtsort der Göttin, die das Maß bringt, wird der Ort des Anlasses auch für die Geburt des Eros (Liebe).

um zu betteln. Penia, die wegen ihrer Dürftigkeit darauf sann, sich ein Kind von Poros zu verschaffen, legte sich zu ihm und empfing den Eros. Dieser hat beide Eigenschaften seiner Eltern: Erstens ist er, die Natur der Mutter teilend, immer arm, zweitens stellt er wie sein Vater dem Schönen und Guten nach, ist ein gewaltiger Jäger.[62] Hölderlin konstatiert auf Grundlage dieses Mythos Folgendes:

> Laß mich menschlich sprechen. Als unser ursprünglich unendliches Wesen zum erstenmale leidend ward und die freie volle Kraft die ersten Schranken empfand, als die Armuth mit dem Überflusse sich paarte, da ward die Liebe. Fragst du, wann das war? Plato sagt: Am Tag da Aphrodite geboren ward. Also da, als die schöne Welt für uns anfing, da wir zum Bewußtsein kamen, da wurden wir endlich. (StA3, 192)

Wie Poros als das Unendliche bzw. der Überfluß und Penia als die Schranken begriffen werden können, entsprechen sie dem Ich und dem Nicht-Ich bei Fichte. Durch die Vereinigung vom Überfluss und den Schranken entsteht die Liebe, deshalb ist dieser Begriff der Liebe nicht den Schranken entgegengesetzt. Die Liebe bei Hölderlin ist kein Pol, damit nicht das Streben nach dem Unendlichen, das den Schranken entgegengesetzt wäre, sondern das Ergebnis der Vereinigung beider.

1.2.3 Die Begriffe der Liebe und des Unendlichen in Hegels früher Zeit (1794-1800)

In Hegels früher Zeit sind die Liebe und das Leben die wichtigsten Begriffe, welche die erste Stufe von Hegels Unendlichkeitsbegriff vorwegnehmen. In seiner frühesten Zeit, in der er seine Philosophie noch nicht der Vereinigungsphilosophie Hölderlins zugewendet hat, lässt sich auch eine deutliche Ähnlichkeit zu Jacobis Verständnis der Liebe erkennen. Hegel versteht im Fragment *Volksreligion und Christentum* (1794) in seiner Berner Zeit die Liebe dahingehend, sich selbst im Anderen zu finden und die eigene Existenz zu transzendieren.

> [D]as Grundprinzip des empirischen Charakters ist Liebe, die etwas Analoges mit der Vernunft hat, insofern als die Liebe in anderen Menschen sich selbst findet oder vielmehr sich selbst vergessend sich aus seiner Existenz heraussetzt, gleichsam in anderen lebt, empfindet und tätig ist – so wie Vernunft, als Prinzip allgemein geltender Gesetze, sich selbst wieder in jedem vernünftigen Wesen erkennt, als Mitbürgerin einer intelligiblen Welt. (TW1, 30).

62 Vgl. Platon, *Symposion*, 203.

Hegel ist im Januar 1797 nach Frankfurt gezogen. Sein enger persönlicher Kontakt mit Hölderlin und seinem Bekanntenkreis hatte zur Folge, dass sich Hegel von der kantischen Moraltheologie zur Vereinigungsphilosophie umorientierte.[63] In der ersten Hälfte vom Fragment *Moralität, Liebe, Religion*[64] (1797) diskutiert Hegel auf kantischen Prämissen die Positivität des mächtigen und uns beherrschenden Objekts in der Moralität.[65] In der letzten Hälfte dieses Fragments hingegen geht es um das Göttliche als Prinzip der Vereinigung des Subjekts und des Objekts. Die Liebe wird Hegel zufolge der Betrachtung, dem Begreifen und dem Beherrschen gegenübergestellt.[66] Diese Liebe beseelt die Objekte und macht sie zu Göttern, darin lässt sich die Einheit des Subjekts und des Objekts finden.[67] »Wo Subjekt und Objekt – oder Freiheit und Natur so vereinigt gedacht wird, daß Natur Freiheit ist, daß Subjekt und Objekt nicht zu trennen sind, da ist Göttliches [...].« (GW2, 9) Am Ende dieses Fragments wird Jacobis bzw. Hemsterhuis' Motiv wiedergegeben, dass man sich selbst im Anderen liebt. »Liebe kan nur – statt finden, gegen das gleiche gegen den Spiegel, gegen das Echo unsers Wesens.« (GW2, 9)

Im Fragment *Liebe und Religion* (1797) wird die Frage thematisiert, wie die Liebe den Hass und die Trennung in sich integrieren kann und wie Menschen sich dem Schicksal bzw. der feindlichen Wirklichkeit gegenüber verhalten können.[68] In diesem Fragment lässt sich gleichzeitig eine Ähnlichkeit mit dem Gedanken von Schlosser und Jacobi finden, dass die Liebe die Erfahrung des Genusses des Gegenstands voraussetzt.[69] Dabei aber geht es weder um die jacobische Beschauung auf sich selbst noch um die Eigenliebe, sondern um eine Aufgabe, wie die Grenze der Selbstheit überwunden werden kann.

> [D]a die Vereinigung mit dem Schmerz unmöglich ist, indem er ein Leiden ist so ist auch die Vereinigung mit jener Ursache des Leidens unmöglich und er sezt sie sich als ein feindliches Wesen gegenüber; hätte er nie keine Gunst von ihm genossen, so würde er ihm eine feindliche Natur, die sich nicht ändert, zuschreiben; hatte er schon Freude von ihm gehabt, hat er es schon geliebt, so muß er die feindliche Gesinnung nur als vorübergehend denken, und ist er

63 Vgl. Henrich 2010, 63 f.

64 Der Titel der Fragmente über die Religion und die Lieben in Hegels früherer Zeit basiert auf Hegels theologischen Schriften, die von Herman Nohl herausgegeben wurden. Vgl. TJ, 374 f.

65 Vgl. GW2, 5 ff.

66 Vgl. GW2, 8.

67 Vgl. GW2, 8.

68 Vgl. GW2, 96 f.

69 Vgl. Fußnote 37 im Kapitel 1.2.2.2.

> sich irgend einer Schuld bewust, so erkennt er in seinem Schmerz die strafende Hand der Gottheit, mit der er vorhin freundlich lebte [...]. (GW2, 96)

In diesem Zitat ergibt sich, dass die Schuld nicht von einem externen feindlichen Wesen kommt, sondern vom Wesen, mit dem der Mensch bereits freundlich lebte. Auch wenn das feindliche Wesen dem Menschen wie eine feindliche und unmenschliche Macht vorkommt, kann er sich deshalb der Macht mächtig gegenüberstellen.[70] Während Herder die Mächtigkeit des Schicksals über die Liebe behauptet, lehnt Hegel dies ab. Hegels Verständnis der Liebe endet jedoch nicht in der Beschauung auf sich selbst, sondern zeigt die Schwierigkeit der Vereinigung auf, wie man wie Woldemar sich selbst in das Andere versetzt, aber sich der Täuschung dieser Vereinigung bewusst wird.[71]

Im Fragment *Welchem Zwekke* (1797/98)[72] geht es um den Begriff des Besitzes in Bezug auf den Liebesbegriff. Wenn ein kollektives Ganzes der Endzweck ist, verliert das einzelne Wesen »an seinem Werth, an seinen Ansprüchen, seiner Selbstständigkeit« (GW2, 83). Wenn aber das Individuum an seinem Wert und seiner Selbstständigkeit festhält, gerät die Liebe zum Beharren auf Objektivität und führt zur Trennung, deshalb wird sie dabei Unwille über das Eigentum.[73] Aus dieser Kritik an dem Beharren zum Eigentum resultiert Folgendes:

> Die Liebe ist ein gegenseitiges Nehmen und Geben, aber indem sie nimmt, wird das eine der liebenden nicht reicher, als das andere; es bereichert [sich] zwar, aber um ebensoviel das andere; ebenso dasjenige das gibt, macht sich nicht ärmer; indem es dem andern gibt, hat es um ebensogut sich selbst gegeben, und seine Schäze vermehrt; Julia in Romeo: je mehr ich gebe, desto mehr habe ich, u. s. w. (GW2, 90)

Durch die Liebe können Dinge Hegel zufolge gemeinschaftlich werden, aber die Gütergemeinschaft ist das Recht an Dingen, deshalb täuscht sie »mit einem Schein der völligen Aufhebung der Rechte« (GW2, 94).

In Hegels Schrift *Der Geist des Christentums und sein Schicksal* (1789–1800) wird die Liebe als »die lebendige Beziehung der Wesen selbst« (TW1, 362) betrachtet, welche die Einseitigkeit der Tugend aufhebt. Diese Theorie der Liebe wird durch den Lebensbegriff argumentativ gestützt, wo der Verlust des Le-

70 Vgl. GW2, 97.

71 »[D]ie Religion ist eins mit der Liebe; der geliebte ist uns nicht entgegengesezt, er ist eins mit unsrem Wesen; wir sehen nur uns in ihm – und dann ist er doch wieder nicht wir – ein Wunder, das wir nicht zu faßen vermögen.« (GW2, 97)

72 Vgl. GW2, 83-95; TJ, 378–382; TW1, 244–250.

73 Vgl. GW2, 88.

bens und die Wiederherstellung der Einheit des Lebens erfahren werden. Ein einzelnes Leben ist vom »Leben in der einigen Gottheit« (TW1, 343) nicht getrennt, und auch wenn ein Mensch durch Verbrechen andere Leben vernichtet, bemerkt er alsbald, dass er mit dieser Tat auch sein eigenes Leben vernichtet hat. Dies wird als Strafe und als Schicksal erfahren. Durch den Verlust des Lebens und die Sehnsucht nach demselben versucht er wieder, das Leben zurückzuerlangen. Das Gefühl, das bei diesem Vorgang entsteht, nennt Hegel Liebe.[74]

Im *Systemfragment von 1800* geht es nicht mehr um den Liebesbegriff, sondern um den Begriff des Lebens bzw. des Lebendigen im Sinne einer Organisation.[75] Die lebendige Organisation wird als das unendliche Ganze vorgestellt, das aus einzelnen Lebensformen besteht, die in der lebendigen Organisation die Funktion von Organen einnehmen.

> [Das] denkende Leben hebt aus der Gestalt, aus dem Sterblichen, Vergänglichen, unendlich sich Entgegengesetzten, sich Bekämpfenden heraus das Lebendige, frei vom Vergehenden […] allebendiges, allkräftiges, unendliches Leben, und nennt es Gott […]. (TW1, 421)

Das denkende Leben in der Philosophie reflektiert und trennt auf diese Weise das Endliche und das Unendliche voneinander. Die Philosophie als das denkende Leben muss »das wahre Unendliche außerhalb ihres Umkreises setzen« (TW1, 423). Die wahre Erhebung vom endlichen Leben zum unendlichen Leben wird aber durch die Religion erreicht. Diese Erhebung bedeutet Hegel zufolge, das Verhältnis des Endlichen zu Objekten zu beleben. Aber das Schicksal, »vermöge dessen es auch Objektives als Objektives müsse bestehen lassen oder gar selbst Lebendiges zu Objekten machen« (TW1, 424), hängt sich auch an das religiöse Leben an. Dass der Mensch unter einer Abhängigkeit von Dingen steht, ist sein Schicksal. Indem er deshalb nach Hegel einen Teil vom Eigentum als »Opfer« hingibt, »nimmt er durch Gemeinschaftlichkeit mit Freunden die Besonderheit« (TW1, 425).

1.2.4 Die Erhebung auf sich selbst und der Verlust seiner selbst

Die erste Stufe der Unendlichkeit bei Hegel war die Erhebung des Endlichen auf das Unendliche und die Versenkung und das Verschwinden zum Unendlichen. Die hohe Sichtbarkeit der vielfältigen Arten des Begriffs der Liebe, die seit Hemsterhuis entwickelt wurden, scheinen dem konkreten Verständnis des Hegel'schen Unendlichkeitsbegriffs zu helfen.

74 Vgl. TW1, 346.

75 Vgl. TW1, 419.

Im Fall, dass bei Hemsterhuis und Jacobi die vollständige Vereinigung zwischen sich selbst und dem Anderen gefordert wird, ist eine Homogenität beider vorausgesetzt. Jacobi drückt diese Homogenität durch einen Zustand aus, in dem man sich selbst im Anderen findet. Bei beiden Philosophen ist die Vereinigung erst mit dem Gefühl möglich. Denken, Beweisen und Räsonnement werden hingegen als das verstanden, was diese Vereinigung abbricht, verschiebt und verhindert. Die vollständige Vereinigung wird nur in der Liebe zwischen Mensch und Gott möglich. Deshalb wird vielseitig aufgezeigt, dass der sinnliche Genuss nur die unvollständige Vereinigung erreicht. Jacobis Roman *Woldemar* aber behandelt Freundschaft und Liebe: Die Stufe, auf der Woldemar sich selbst im Anderen findet, ist die erste Stufe seines Auswachsens, in dem er sein naives Einheitsgefühl als Täuschung erfährt, besonnen wird und die Freundschaft mit der Mäßigung erfasst. Herder findet die Ursache der Grenze weder im Denken noch im Beweisen, sondern in der Selbstheit selbst, die gleichzeitig der Grund des Genusses ist. Dass man über die Grenze der Selbstheit hinausgeht, wird als eine geringe Schätzung des Grundes des Genusses verstanden. Auf diese Weise lässt der Gegensatz zwischen dem Verlangen bzw. der Liebe und der Grenze bzw. der Verhinderung sich finden. Bei Hölderlin wird der Gegensatz zwischen der Richtung nach dem Unendlichen und den Schranken zu einer Einheitsform der Liebe gebracht, indem er Fichtes Wissenschaftslehre und den Mythos des Eros in Platons *Symposion* sich treffen lässt. Unter diesem Einfluss von Hölderlins verwickeltem Verständnis der Liebe bildet Hegel den Gedanken, dass, auch wenn das Schicksal dem Menschen als Schranke erscheint, diese durch die Liebe überwunden werden kann. Dieser Gedanke der Überwindung der Grenze und des Schicksals durch die Liebe wird seitdem mit dem Begriff des Besitzes verbunden: Indem man einen Teil seines Eigentums als Opfer hingibt, beseitigt man die eigene Besonderheit und Endlichkeit und erhebt sich damit selbst vom Endlichen zum Unendlichen.

In der ersten Stufe der Unendlichkeit in der Seinslogik erscheint im Hinblick darauf zwar die Phase, in der die Schranke wiederholt anhängt. Jedoch ist sie noch nicht vollständig ausgeprägt. Die Beziehung zwischen dem Endlichen und dem Unendlichen erscheint hier noch als eine einfache Erhebung auf das Unendliche. Dies bedeutet gleichzeitig, dass der Geist sich selbst im Unendlichen findet, darin versinkt, verschwindet und seine Grundlage verliert. Hegel stellt in der ersten Stufe die unreife Art vor der wahrhaften Unendlichkeit dar, diese ist vergleichbar mit der Versenkung des Selbst und dem Verlust des Selbst in Jacobis *Woldemar*. In diesem Roman wird die Vereinigung als Täuschung entlarvt, die erste Vereinigung belegt nur die erste Stufe seines Auswachsens.

Am Ende sollte betrachtet werden, dass die Liebe Gottes zum Menschen bei Jacobi zum Verlust des Selbst im Anderen zurückgeführt werden kann. Die Liebe Gottes bei Jacobi ist die Schöpfung der Welt und sein Menschwerden, d. h. der Übergang vom Unendlichen zum Endlichen, in dem es kein Moment gibt, in dem er sich der Täuschung der Vereinigung bewusst wird, denn die Schöpfung der Welt bei Jacobi besteht nicht in dem Streben nach dem Unendlichen durch die Liebe, sondern darin, dass es in Gott bereits das absolute Maß und das Urbild gibt und dass die Vollständigkeit nicht im Jenseits liegt. In diesem Sinne kehrt das Menschwerden Gottes ohne Erfahrung des Selbstverlusts und des Selbstvergessens immer zu sich selbst zurück. Deswegen lässt sich das Motiv der Täuschung der Vereinigung in Bezug auf die Liebe Gottes zum Menschen nicht finden, und das Thema des Menschwerdens Gottes gehört deshalb nicht zur ersten Stufe der Unendlichkeit Hegels. Schelling entwickelte auch Jacobis Theorie weiter und betrachtet über die Liebe des Menschen zu Gott, dass der Mensch von der Täuschung der Vereinigung erwacht und zu sich selbst zurückkehrt. Dieses Problem muss an einer späteren Stelle ausführlich betrachtet werden.[76]

1.3 Die zweite Stufe der Unendlichkeit

1.3.1 Hegels Begriff des schlechten Unendlichen

Während das Unendliche in der ersten Stufe durch das Verschwinden des Endlichen auf das Unendliche bezeichnet ist, ist das Unendliche mit dem Endlichen selbst behaftet. Wenn das Unendliche das Nichtsein des Endlichen ist, ist das Unendliche dem Endlichen als das Andere gegenübergestellt und fällt in »die Kategorie des Etwas« (GW21, 126), in die Endlichkeit zurück. Obwohl das Endliche bereits in der ersten Stufe der Unendlichkeit ins Unendliche verschwunden ist, wird das Unendliche in der zweiten Stufe wiederholt zum Endlichen. Dieses Unendliche wird deshalb »das *Schlecht-Unendliche*, das Unendliche des *Verstandes*« (ebd.) genannt. Das Endliche und das Unendliche sind untrennbar, jedes hat »ein eigenes *unmittelbares* Entstehen an dem Anderen« (GW21, 128). Im Übergang des Endlichen zum Unendlichen entsteht die Grenze im Unendlichen, deshalb wendet das Unendliche wegen dieser Grenze sich zum Endlichen. Und wieder entsteht der Übergang des Endlichen zum Unendlichen, dabei wendet sich das Unendliche wieder zum Endlichen. Dies geht ins Unendliche. Diese Beziehung wird »die *Wechselbestimmung des Endlichen und des Unendlichen*« (GW21, 129) genannt. Das Hinausgehen des Endlichen und des Unendlichen zu jedem Anderen bleibt unvollständig, diese schlechte Unendlichkeit wird »das perennierende *Sollen*« (GW21, 129). Auch wenn das Endliche das Unendliche erreicht zu haben scheint, ist das Unendliche immer nur das Endliche. Dieser Prozess wird »eine und dieselbe langweilige *Abwechslung* dieses Endlichen und Unendlichen« (ebd.).

76 Vgl. Anhang zu Kapitel 1.4.

Das schlechte Unendliche in der zweiten Stufe der Unendlichkeit unterscheidet sich von der Erhebung und das Verschwinden auf das Unendliche ist ständig mit der Endlichkeit behaftet. Hegels Ansicht des schlechten Unendlichen stimmt aber nicht mit Herders Behauptung überein, dass man in der Unvollständigkeit der Vereinigung verharren soll, um den Mystizismus zu vermeiden, denn hinter Hegels Kritik am schlechten Unendlichen gibt es keine Herder'sche Begründung, dass man nicht die Selbstheit als den Grund des Genusses verlieren soll. Stattdessen sieht Hegel eine negative Schwierigkeit darin, dass der unendliche Prozess immer mit der Endlichkeit behaftet ist. Der Zustand der Unmöglichkeit der Vereinigung gilt bei Hegel als »ein unglückseliges Mittelding« (TW8, 200).

1.3.2 Das Sollen bei Kant und Fichte

Hegel konstatiert, dass »ein unglückseliges Mittelding [...] derjenige Standpunkt der Philosophie [ist; M. S.], welcher in der neueren Zeit in Deutschland geltend gemacht worden ist« (ebd.). Diesem Standpunkt nach soll das Endliche aufgehoben werden, und das Unendliche soll ein Positives werden. Hegel nennt als dessen Repräsentanten Kant und Fichte.

Das Bewusstsein des Sollens ist in Kants *Kritik der praktischen Vernunft* das »einzige Faktum der reinen Vernunft«, das sich als »ursprünglich gesetzgebend (*sic volo, sic iubeo*) ankündigt« (KpV, A56). Kant konstatiert im Beschluss der *Kritik der praktischen Vernunft*, dass »[d]*er bestirnte Himmel über mir, und das moralische Gesetz in mir*« (KpV, A288) das Gemüt mit Bewunderung und Ehrfurcht erfüllen.

> Das zweite [Das moralische Gesetz; M. S.] fängt von meinem unsichtbaren Selbst, meiner Persönlichkeit, an, und stellt mich in einer Welt dar, die wahre Unendlichkeit hat, aber nur dem Verstande spürbar ist, und mit welcher (dadurch aber auch zugleich mit allen jenen sichtbaren Welten) ich mich nicht, wie dort, in bloß zufälliger, sondern allgemeiner und notwendiger Verknüpfung erkenne. [...] Der zweite erhebt [...] meinen Wert, als einer Intelligenz, unendlich, durch meine Persönlichkeit, in welcher das moralische Gesetz mir ein von der Tierheit und selbst von der ganzen Sinnenwelt unabhängiges Leben offenbart, wenigstens so viel sich aus der zweckmäßigen Bestimmung meines Daseins durch dieses Gesetz, welche nicht auf Bedingungen und Grenzen dieses Lebens eingeschränkt ist, sondern ins Unendliche geht, abnehmen läßt. (KpV, A289 f.)

Kant versteht unter der Erhebung unseres Wertes, dass wir von der ganzen Sinneswelt frei werden und ins Unendliche übergehen, indem wir das moralische Gesetz in uns sehen. Aber wie er konstatiert, dass er beide nicht »als in Dunkelheiten verhüllt, oder im Überschwänglichen, außer meinem Gesichtskreise« (KpV, A288) suchen darf, lässt sich die Erhebung zum moralischen Gesetz in der Persönlichkeit nicht unbedingt als das unendliche Herausgehen von sich selbst aus verstehen. In diesem Sinne liegt das moralische Gesetz bereits innerhalb der Persönlichkeit, nach der man strebt, worin man die Rückkehr zu sich selbst finden kann. Diese Rückkehr fordert Hegel für die Definition der wahren Unendlichkeit. Insofern aber das moralische Gesetz als das Affirmative und die Unendlichkeit etabliert ist, muss Hegel zufolge ein unbestimmter und unendlicher Progress entstehen. Die Erhebung zum Unendlichen, in der Kant auf optimistische Weise das Erhabene sieht, erscheint Hegels Analyse der Unendlichkeit zufolge als das, was in einen langweiligen Wechsel des Unendlichen und des Endlichen geraten muss.

In der Synthesis durch die Wechselbestimmung der Tätigkeit und des Leidens in Fichtes Wissenschaftslehre entsteht das Problem des unendlichen Prozesses, Mittelglieder zwischen die Entgegengesetzten einzuschieben.[77] Indem ein Mittelglied in beide eingeschoben wird, scheint der Gegensatz zu verschwinden. Die vollständige Vereinigung wird aber dadurch nicht realisiert, deshalb muss ein neues Mittelglied eingeschoben werden, und es setzt sich ins Unendliche fort. Obwohl die Unendlichkeit der Tätigkeit des Ich und die Endlichkeit durch das Leiden vereinigt werden sollen, ist diese Vereinigung unmöglich, deshalb wird der Streit durch die Vermittlung langfristig geschlichtet.[78] Da die Vereinigung dadurch auch unmöglich ist, wird die Endlichkeit aufgehoben, es bleibt nur das unendliche Ich. Aber es ist keine Vereinigung, sondern nur die Aufhebung der einen Seite.

Hegel beschreibt dieses Problem des Sollens in Bezug auf die Moralität in »a. Die moralische Weltanschauung« in der *Phänomenologie des Geistes.*

> [E]s ist hier um die Moralität als solche zu tun, um eine Harmonie, welche die eigne des tuenden Selbsts ist; das Bewußtsein hat sie daher selbst zu Stande zu bringen, und in der Moralität immer Fortschritte zu machen. Die *Vollendung* derselben aber ist ins *Unendliche hinauszuschieben*; denn wenn sie wirklich einträte, so höbe sich das moralische Bewußtsein auf. (GW9, 327)

Die Vollendung der Moralität ist deshalb unmöglich, Hegel zufolge erscheint sie dem Bewusstsein als Zwischenzustand. Das Fortschreiten in der Moralität ist »vielmehr ein Zugehen zum Untergang derselben« (GW9, 336), denn die Moralität wird dabei nicht ins Unendliche hinausgeschoben, sondern indem der Abstand zur Moralität quantifiziert wird, wird der Fortschritt genossen, wird Zufriedenheit erlangt. Es entsteht das Gefühl, als ob die Aufgabe für die Moralität

77 Vgl. GA1.2, 300.

78 Vgl. GA2.1, 301.

reduziert würde, aber es ist nur eine Selbsttäuschung. Hegel zieht aus dem Problem des unendlichen Prozesses in der moralischen Weltanschauung nicht die Folgerung, dass er die Langeweile brächte. Das Bewusstsein der Moralität setzt sich durch Anerkennung des handelnden Bewusstseins und des beurteilenden Bewusstseins in die Lösung fort, dabei werden im Bewusstsein der Moralität geschickt der unendliche Progress und die Langeweile vermieden.

1.3.3 Die Vermehrung leeren Blendwerks bei Jacobi

Das Sollen bei Kant und Fichte muss Hegel zufolge die »langweilige *Abwechslung* dieses Endlichen und Unendlichen« (GW21, 129) sein. Warum entdeckt er aber die Langweile im Fortschreiten zum affirmativen Unendlichen und dem moralischen Gesetz, d. h. im unendlichen Progress? Das schlechte Unendliche in der Sehnsucht und dem Streben nach dem Unendlichen lässt sich in Novalis' und Schlegels romantischer Ironie finden.[79] Sie bleibt aber wesentlich im Rahmen des Kant'schen und Fichte'schen Sollens. Sowohl bei Schlegel als auch bei Novalis wird der unendliche Prozess als affirmativ erfasst, sie finden darin nicht die Langweile.[80] Bei der Suche nach der Quelle von Hegels Ansicht, im unendlichen Prozess die Langeweile zu finden, ist Jacobis Vorstellung des schlechten Unendlichen anregend. Jacobi zeigt, Hegel vorausgehend, die *Leerheit* auf zugespitzte Weise: Der Versuch des Erreichens des Unendlichen verbleibt ironischerweise nur als Stau im Endlichen. Dabei findet Jacobi die Langeweile nicht im unendlichen Prozess zum moralischen Gesetz, sondern im unbeschränkten Genuss.

In *Der Kunstgarten. Ein Philosophisches Gespräch* (1781) redet der Protagonist Woldemar über die zunehmend luxuriöse Ausstattung von Hornichs Fa-

79 Hegel war Behler zufolge sich des fundamentalen Gegensatzes der Position Friedrich Schlegels zu seiner eigenen voll bewusst, Schlegels Theorie der romantischen Ironie erscheint radikaler als der unendliche Progress bei Kant und Fichte. Er weist darauf hin, dass in Schlegels frühem Aufsatz die Theorie des ewig nicht erfüllten Strebens und der Sehnsucht nach dem Unendlichen in der Annahme der Fähigkeit der Vollendung des Unendlichen ausgedrückt wird und dass dieses Konzept sich aus Condorcets *Esquisse d'un tableau historique des progrès de l'esprit humain* (1795) entwickelt und die Theorie der Ironie mit diesem Werk verbunden ist. Vgl. Behler 1988, 128. Das Motiv der Annäherung an die Vollkommenheit ist aber, wie die vorliegende Untersuchung aufzeigt, bereits in Hemsterhuis' Gedanken entfaltet. Schlegel hat ihn noch vor Condorcets genanntem Werk bereits akzeptiert. Vgl. Grove 2000, 333; Enders 1913, 200–244.

80 Burda kommt zum Schluss, dass bei Hegel die Bewegung des Werdens zwischen dem Endlichen und Unendlichen zu einer ruhigen Einheit aufgehoben wird und dass dies hingegen bei Romantikern nicht der Fall ist. Er ignoriert aber, dass das Resultat des Unendlichkeitsbegriffs die Rückkehr zu sich selbst ist, und vereinfacht die wahre Unendlichkeit zur einfachen Einheit des Endlichen und Unendlichen. Vgl. Burda 2019, 28.

milie.[81] Viele Fremde besuchten das Haus und sandten ihnen Geschenke, dies verursacht aber eine Disharmonie durch die Diskrepanz zum Zustand der Wohnung. Hornichs Familie versucht durch finanziellen Aufwand dieser Disharmonie abzuhelfen, aber dieser Versuch wird allmählich übertrieben, weil eine andere Disharmonie nach der Verbesserung auffällig wird.[82] Woldemar fragt sie nach ihrem Gewissen, ob sie durch das, was sie bereits erlangt haben, um ein Haar glücklicher als vorher geworden sind. Woldemars Predigt nach kann der Mensch nur ein eingeschränktes Vermögen genießen.

> Ein Gefäß, dem man mehr aufgießt als es halten kann, muß, um dem Ueberfluße Raum zu geben, von seiner ersten Fülle in gleichem Maaße von sich laßen. So der Mensch, der sich alles zu verschlingen sehnt: um Neues zu gewinnen, muß er Altes dran geben. Auch soll der noch kommen, der sich rühmte, auf diesem Wege sein Glück gemacht zu haben! Im Gegentheil fühlen alle die ihn wandeln, sich je länger je elender; könnens aber nicht begreifen: ihr Taumel verhindert sie zu sehen, daß jene Freuden die dahinten blieben, die *beßeren* waren. Aber- und abermahls rennen sie nur wieder schneller voran, streben aber- und abermahls nach *mehr*, meynen immer es liege nur daran, daß ihnen dies und das noch *fehle*: und werden so täglich unfähiger zu erkennen, daß sie immer mehr und beßeres zurücklaßen, von allem wahren Genuß sich täglich weiter entfernen, daß sie erkünstelte, elende, von Gott und der Natur verlaßene Undinge werden […]. (JW7.1, 132)

Je mehr man nach dem Genuss strebt, desto auffälliger wird der Mangel. Deswegen wirft man das weg, was man bereits erlangt hat, und genießt etwas Neues. Es ist die Entfernung »von allem wahren Genuß« (ebd.). Dieses Streben nach dem Genuss verursacht »Vermehrungen leeres Blendwerk« (JW7.1, 152). Woldemar äußert Folgendes: »Aber dies Ende, wer hat es je erreicht? Alles kann der Mensch eher, als Maaß halten, als in der Mitte bleiben.« (JW7.1, 141) Er ist aber nicht der unvermeidlichen Übermäßigkeit des Menschen unterworfen, sondern sagt, dass man den Überfluss nicht vorspielen soll.[83]

Jacobis Kritik an den Vermehrungen des Blendwerks wird in *Eduard Allwills Papiere* (1776) mit einer anderen Vorstellung dargestellt.

> Ich habe lange ein Bild alles menschlichen Thuns und Seyns, unserer sogenannten *Laufbahn*, in der Seele; ein ärgerliches, aber richtiges Bild: *den Gang im Kranen*. Mit zugeschlossenem Auge rennt jeder vorwärts in seinem Rade, freut

81 JW7.1, 130–134.

82 JW7.1, 131.

83 Vgl. JW7.1, 153.

> sich der zurückgelegten Bahn; weiß so viel Thorheiten, so viel Jammer hinter sich, und merkt nicht, daß nah an seinem Rücken alles das wieder empor steigt, von neuem über sein Haupt, vor seine Stirne, und unter seine Tritte kömmt. (JW6.1, 15)

Der Vergleich der Laufbahn im drehenden Rad, wie dem Hamsterrad, in dem das, was zurückgelegt wurde, wieder vor Augen kommt, beschreibt die Leerheit, dass man das, was vor Augen steht, verlässt und sich auf den Fortschritt freut. Während mit dem Vergleich vom Gefäß die erste Fülle als gut gilt, wird im Vergleich des drehenden Rades betont, dass das, was für Fortschritt gehalten wurde, nur die Wiederholung von etwas Gleichem ist. Die Person, die in diesem Rad läuft, gibt sich der Zufriedenheit hin, aber, wie von außen ersichtlich, ist es nur eine Täuschung. Diese Vorstellung des Hamsterrads ist keineswegs überspannt, sondern eng verbunden mit seiner Kritik an den notwendigen, unendlichen, einen Kreislauf bildenden Ketten der endlichen Wirkungen und am sklavischen Gehorsam zu diesen Ketten, der in Spinozas System sich finden lässt.[84] Jacobis Kritik an den Vermehrungen des Blendwerks ist mit seiner Behauptung verbunden, dass man den Überfluss nicht vorspielen soll. Es besteht aber nicht in dem Befehl der Tugend, dass man sich zurückhalten soll, sondern darin, dass der Genuss, der zum Ziel gemacht wurde, eigentlich bereits erfahren wurde, dass auch wenn die Liebe in der Unvollständigkeit des Genusses liegt, das Subjekt der Liebe nur mit dem Vergleich zu dem, was es bereits hat bzw. bereits erfahren hat, den Mangel sieht. Wie Jacobi sagt: Dadurch, dass die Liebe mit der Ahnung anfängt, ist die Liebe durch die Ahnung unterstützt, dass der Genuss, der bereits erfahren wurde, aber jetzt abwesend ist, die Vollständigkeit also wiedererlangt werden würde. Wie er konstatiert, dass er mitten im Genuss am stärksten das Gegenwärtige lieben kann, so lässt sich verstehen, dass der wahre Genuss auch die wahre Liebe ist.[85]

84 Jacobi sagt in seinen *Spinoza-Briefen*: »Ich erwiedere: Spinoza läugnet allerdings ein *gewordenes Werden* der einzelnen Dinge, keinesweges aber ein nichtgewordenes, Anfang- und Endloses Werden, ein wahrhaft wirkliches Entstehen und Vergehen derselben, obgleich nur in einem ewigen, in sich selbst kreisenden, Flusse. Die einzelnen Dinge, lehrt Spinoza ausdrücklich, entspringen nicht unmittelbar aus dem Unendlichen, sondern jedes einzelne Ding setzt andere einzelne Dinge voraus bis ins Unendliche. Es entspringen daher die einzelnen Dinge aus Gott nur auf eine ewige und unendliche, nicht auf eine vorübergehende, endliche und vergängliche Weise; *denn so entspringen sie bloß eines aus dem anderen, indem sie gegenseitig sich erzeugen und zerstören*, und in ihrem ewigen Daseyn darum nicht weniger unwandelbar beharren [...].« (JW1.1, 252) Vgl. E1p28dem. Über die Interpretation dieser Stelle im Zusammenhang mit Hegels Kritik an Jacobis Deutung von Spinozas Philosophie vgl. Kapitel 1.5.2.

85 Vgl. JW5.1, 244.

Der Weg von den Vermehrungen des Blendwerks zum wahren Genuss liegt darin, dass das Bewusstsein der Unvollständigkeit im Vergleich zu dem entsteht, was eigentlich bereits im Besitz sein soll, und dass in diesem Sinne, wenn man sich der Unvollständigkeit bewusst wird, man bereits vorher die Vollständigkeit erreicht haben muss. Dies wird von Jacobi in der Erklärung über die Selbstverachtung in der Beziehung zwischen Menschen und Gott wie folgt ausgeführt:

> Lieber! der Mensch kann sich so nicht wegwerfen, ohne zuvor die ganze Natur mit ihrem Urheber weggeworfen zu haben. Denn beyde, Gott und Natur, sofern sie etwas für den Menschen sind, müssen ja im Menschen – müssen sein eigener Begriff, seine eigene Empfindung seyn. Woher nimmst du die Vorstellungen von einer Wahrheit und Weisheit, einem Daseyn und Vermögen, wogegen menschliche Wahrheit und Weisheit, menschliches Vermögen und Daseyn, dir so verächtlich scheinen? [...] Gefühlter Unwerth setzt gefühlten *Werth* nothwendig voraus; und mir deucht, um sich gering zu schätzen, müßte man an etwas Höheres schon reichen – Mehr als *reichen*! Man müßte es sich *angemessener, natürlicher, näher, eigentümlicher* finden. (JW7.1, 436 f.)

Deswegen müssen der unendliche Prozess und das Streben grundsätzlich abgelehnt werden. Was Jacobis Theorie der Moralität betrifft, geht es deshalb um das Gewissen, in dem Wille und Gesetz bereits übereinstimmen.[86] Das Gewissen entscheidet sich auf Grundlage der Überzeugung und des unmittelbaren Wissens, dieser Entschluss braucht weder Beweis noch Überlegung. Die Vernunft, die beweisen und überlegen will, ist nicht Quelle der Weisheit als des höchsten Guts, sondern kann nur den Durst nach der Weisheit »empfindlicher« (JW7.1, 272) machen und »vermehren« (ebd.). In Jacobis Gewissen, Überzeugung und dem unmittelbaren Wissen scheint die Rückkehr zu sich selbst zwar bereits durchgeführt zu sein. Insofern er aber die Selbstversenkung in das Andere und den Selbstverlust, dass der Mensch im Leben Gottes lebt, für affirmativ hält, ist die Rückkehr noch nicht vollständig realisiert. Deswegen muss die Lösung des schlechten Unendlichen der langweiligen Abwechslung des Endlichen und des Unendlichen erbracht werden, indem Jacobis Rückkehr zu sich selbst von Hegel vervollständigt wird. Die Rückkehr zu sich selbst wird nicht durch die Jacobi'sche Unmittelbarkeit, sondern erst in der Bewegung, welche die spekulative und wissenschaftliche Vermittlung enthält, möglich.

86 Vgl. JW7.1, 270.

1.4 Die dritte Stufe der Unendlichkeit: Die Rückkehr zu sich selbst

In der dritten Stufe der Unendlichkeit geht es darum, dass das Endliche und das Unendliche erstens in der falschen Einheit und zweitens in zwei falschen Einheiten vom verendlichten Unendlichen und dem verunendlichten Endlichen jede qualitative Natur verlieren.[87] In der ersten falschen Einheit ist das Unendliche »*Eines der beiden*« (GW21, 131), dadurch wird es endlich.[88] In der zweiten falschen Einheit vom verendlichten Unendlichen und dem verunendlichten Endlichen verliert sowohl das Endliche als auch das Unendliche jede eigentliche Natur. Hegel wirft mit der Kritik an der zweiten falschen Einheit wieder das Selbstvergessen und den Selbstverlust vor, dass man sich selbst außerhalb seiner selbst findet und außer sich selbst lebt und dass man sich selbst opfert und in Gott lebt. Aus dieser Kritik an der zweiten falschen Einheit resultiert Folgendes:

> Wie früher gezeigt, ist die Endlichkeit nur als Hinausgehen über sich; es ist also in ihr die Unendlichkeit, das Andere ihrer selbst, enthalten. Ebenso ist die Unendlichkeit nur als Hinausgehen über das Endliche; sie enthält also wesentlich ihr Anderes und ist somit an ihr das Andere ihrer selbst. (GW21, 133)

Das Endliche hat in sich sein Anderes, d. h. die Unendlichkeit, deshalb muss es nicht mehr außerhalb sich selbst hinausgehen.[89] Der Vergleich mit Hemsterhuis' Philosophie über die Homogenität des Menschen und Gottes hilft teilweise dem Verständnis von dieser wahrhaften Unendlichkeit, denn Hemsterhuis' Verständnis der Liebe nach ist dem Menschen bereits die Homogenität mit Gott zuerkannt. Da diese Homogenität den Grad der Vollständigkeit der Vereinigung bestimmt, brauchen das Endliche und das Unendliche, insofern diese Homo-

87 Vgl. GW21, 131 f.

88 Schelling konstatiert, dass »die ursprüngliche *Vereinigung von Unendlichkeit und Endlichkeit*« (AA1.4, 86) im Geist ist. Hegels Kritik hier richtet sich auf diesen Ausdruck der einfachen Vereinigung beider.

89 Philipsen versteht unter dem wahren Unendlichen, dass die Endlichkeit getilgt wird. Vgl. Philipsen 2000, 193. Hegels wahre Unendlichkeit besteht aber darin, dass es das Unendliche im Endlichen gibt, dass es das Endliche im Unendlichen gibt. Da Hegel diese Bewegung der Rückkehr zu sich selbst die wahre Unendlichkeit nennt, ist sie nicht Tilgung des Endlichen, sondern die Umfassung des Endlichen und die Rückkehr zu sich selbst, die man als Subjektivität auch verstehen kann. In dem Sinne, dass etwas nicht mehr nach etwas anderem hinausgehen muss, ist sie die Wiederherstellung der Unabhängigkeit der Endlichkeit, die selbst ohne Beziehung auf das Unendliche als das Andere bereits als unendlich verstanden werden kann. Diese Diskussion über das wahrhafte Unendliche ist mit Hegels Schätzung von Spinozas aktualen Unendlichen eng verbunden. Vgl. Kapitel 1.5.2.

genität bereits vorausgesetzt ist, nicht von sich selbst aus herauszugehen. Hegel zielt aber nicht auf »abstrakte, bewegungslose Sichselbstheit« (GW21, 136). Hegel erklärt dieses wahrhafte Unendliche mit folgenden Begriffen: »Negation der Negation« (GW21, 133), »Beziehung auf sich selbst« (ebd.), »Affirmation« (ebd.) und »Rückkehr zu sich selbst« (ebd.), die mit seiner Kritik an Spinozas System verbunden sind, dass es in Spinozas Philosophie keine Rückkehr zu sich selbst gibt.[90] Bei Hegel ist die Affirmation als Rückkehr zu sich selbst gleichzeitig die Negation der Negation, was Spinozas nachfolgend zitierten Satz voraussetzt: »Es sei eine partielle Verneinung, endlich zu sein, es sei die unbedingte Bejahung der Existenz, unendlich zu sein.« (E1p8s1) Indem Hegel die Endlichkeit, die eine Negativität ist, wieder negiert, erhebt er sie zur Affirmation. Dies ist die Rückkehr der Unendlichkeit zu sich selbst durch die doppelte Negation.[91]

90 Baum weist darauf hin, dass der Begriff der wahren Unendlichkeit »derjenige Begriff, in dem das Wesen des Begriffes sich vorzugsweise ausdrücken läßt« (Baum 1976, 89), ist und es im Hintergrund vom Unendlichkeitsbegriff Jacobis Kritik an Spinoza gibt. Da seine Erklärung trotzdem sich an Hegels frühere religiöse Schriften und *Differenzschrift* richtet, bleibt nicht nur der Zusammenhang der wahren Unendlichen und des Begriffs nicht erklärt, sondern auch, worum es sich in seinem Vorwurf gegen Spinozas Philosophie handelt. Außerdem übergeht er den wesentlichen Punkt, dass Hegel über den Begriff der wahren Unendlichkeit den Nachdruck auf die Rückkehr zu sich selbst legt, und gibt keine Erklärung zu dieser Rückkehr zu sich selbst.

91 Frank erklärt den Trick von Hegels wahrer Unendlichkeit, die ihm zufolge Schelling und Jacobi auch betrachtet haben. Vgl. Frank 2019, 142. Er zitiert Jacobis Darstellung in der Beilage VII der *Spinoza-Briefe*, dass das Bewusstsein des Menschen aus den Vorstellungen des Bedingten und des Unbedingten zusammengesetzt ist, und zwar dass die Vorstellung des Bedingten die Vorstellung des Unbedingten voraussetzt. Vgl. JW1.1, 260. Wie Frank konstatiert, dass der Ausdruck ›unbedingt‹ die Eigenschaft ›bedingt‹ negiert, ist diese Beziehung der Negationen die Erklärung vom Trick der wahren Unendlichkeit. Die Bedingtheit ist die erste Negation des Absoluten, deshalb ist der Übergang zum Unbedingten die Rückkehr des Unbedingten zu sich selbst. Er findet die umgekehrte Konsequenz, dass das Unbedingte »eine imaginäre Projektion aus der schlechten Erfahrung mit dem allgegenwärtigen Bedingten« (Frank 2019, 142) ist, viel plausibler. Aber m. E. findet sich dieses Konzept der Projektion in Jacobis Kritik an der Selbstverachtung des Menschen. Vgl. JW7.1, 436 f. Diese Kritik an der Selbstverachtung des Menschen beruht auf der Rückkehr des Menschen als des nach dem Unendlichen strebenden Endlichen zu sich selbst. Jacobis Kritik an der Selbstverachtung des Menschen wird in Hegels wahrer Unendlichkeit, d. h. in der Rückkehr zu sich selbst durchgeführt, die vom Endlichen zum Unendlichen und schließlich vom Unendlichen zum Endlichen zurückkommt. Hegel konstatiert zwar, dass es egal ist, ob das Endliche oder das Unendliche der Ausgangspunkt wird, mit anderen Worten, ob das Selbstbewusstsein des Menschen gebildet oder dasselbe Gottes gebildet wird. Jedoch enthält Hegels neue Definition des Absoluten eigentlich die Seite der Kritik an Spinozas Philosophie, in welcher der Mensch der Natur bzw. der Substanz als dem Unendlichen untergeordnet ist, denn diese neue Definition ist wesentlich vom Gedanken über die Freiheit des sich selbst durch den Begriff erfassenden Menschen motiviert.

1.4.1 Die neue Definition des Absoluten: Hegels Kritik an Spinoza

Hegel versteht den Begriff des Unendlichen als »eine neue Definition des Absoluten« (GW21, 124). Warum er diese neue Definition des Absoluten einführen musste, ergibt sich aus der Anmerkung über das Absolute in der Wesenslogik. An dieser Stelle konstatiert Hegel, dass der Begriff der spinozistischen Substanz dem Begriff des Absoluten entspricht.[92] Hegel äußert anschließend Folgendes: »Der *Spinozismus* ist darin eine mangelhafte Philosophie, daß die *Reflexion* und deren mannigfaltiges Bestimmen ein äußerliches Denken ist« (ebd.), mit anderem Worten ist dies der Mangel am immanenten Erkennen in Spinozas Philosophie. In Hegels affirmativer Unendlichkeit ging es entscheidend um den Prozess der Rückkehr zu sich selbst durch die Negation der Negation. Für Hegel ist Spinozas Satz »*Omnis determinatio est negatio*« (GW21, 101)[93] zwar wichtig, aber er ist unzufrieden damit, dass das Unendliche in Spinozas Philosophie keineswegs durch die Negation der Negation zu sich selbst zurückkehrt. Er konstatiert über diesen Mangel an der Rückkehr zu sich selbst und am immanenten Erkennen in Spinozas Philosophie, auf Jacobis Kritik an Spinoza basierend, dass Spinozas Substanz »das Prinzip *der Persönlichkeit*« (ebd.) fehlt, denn bei Jacobi geht es um den persönlichen Schöpfer und Menschen als freies Wesen, welches ihn fühlen kann, aber in Spinozas Fatalismus und Determinismus wird beides vernichtet: Hegel teilt für seinen eigenen Begriff der Freiheit teilweise mit Jacobi diesen Standpunkt der Kritik an Spinoza.[94]

In Hegels Kritik an Spinoza spielt sein Verständnis über Spinozas Modus auch eine wichtige Rolle. Spinoza versteht unter dem Attribut das, was der Verstand an einer Substanz als deren Wesenheit erkennt, unter Modus die Affektionen einer Substanz, das, was in einem anderen ist, durch das es auch begriffen wird.[95] Hegel konstatiert über den Modus, indem er den Verstand als dem Modus entsprechend versteht.

> Nach der Definition des Attributen *tritt* bei Spinoza ferner die *Definition des Attributes* auf, und [es] wird als dasjenige bestimmt, wie der *Verstand dessen Wesen begreift*. Außerdem daß der *Verstand* seiner Natur nach als später angenommen wird als das Attribut, – denn Spinoza bestimmt ihn als *Modus*, – so

Deswegen ist die Rückkehr des Endlichen selbst zu sich selbst wichtiger als dieselbe vom Unendlichen. Diese Überlegenheit der Rückkehr des Endlichen zu sich selbst erklärt demzufolge den Übergang von der wahren Unendlichen zum Fürsichsein.

92 Vgl. GW11, 376.

93 Vgl. Ep. 50.

94 Vgl. Kapitel 1.4.3.1.

95 Vgl. E1d4; E1d5.

wird das Attribut, die Bestimmung als Bestimmung des Absoluten, *von einem Anderen*, dem Verstand, *abhängig* gemacht, welches der Substanz gegenüber äußerlich und unmittelbar auftritt. (GW11, 377)

Hegels Verständnis nach werden die Attribute des Denkens und der Ausdehnung deshalb vom Verstand begriffen, welcher der Modus außerhalb der Substanz ist.[96] In diesem Sinne ist der Zustand ausgeschlossen, dass die Substanz selbst durch das immanente Erkennen die Attribute begreift. Deswegen konstatiert er, dass dieser Modus »nicht die Negation der Negation, nicht sich negativ auf sich beziehende Negation, wodurch sie *an ihr selbst* die Rückkehr in die erste Identität und diese wahrhafte Identität wäre« (GW11, 378). Nachdem er kritisiert hat, dass es bei Spinoza weder die Rückkehr zu sich selbst noch ein immanentes Erkennen gibt, konstatiert er, dass dieser Mangel »in dem Begriffe der Leibnizischen Monade ergänzt« (ebd.) ist.[97] Diese Monade ist »ein in sich reflektiertes Negatives; [...] die Totalität des Inhaltes der Welt« (ebd.). Aber das Leibniz'sche System wurde noch nicht »zu spekulativen Begriffen« (GW11, 379) erhoben.

1.4.2 Die Vollendung und die Widerlegung des spinozistischen Systems

Hegel versteht in »Vom Begriff im Allgemeinen« in der Begriffslogik die Vollendung und die Widerlegung des spinozistischen Systems als kompatibel. Die Vollendung der Substanz ist die »unendliche Reflexion in sich selbst, daß das An-und Fürsich-sein erst dadurch zustandekommt, daß es Gesetztsein ist« (GW12, 14). Diese Vollendung bleibt aber nicht mehr in der spinozistischen Substanz, welcher die Rückkehr zu sich selbst fehlt, sondern es handelt sich um »ein Höheres, de[n] *Begriff*, das *Subjekt*« (ebd.). Hegel versteht, dass dieses Höhere durch den »Übergang des Substanzialitätsverhältnisses« (ebd.), der »durch

96 Wie von Düsing aufgezeigt wird, gibt es zwei unterschiedliche Deutungen von Spinozas Philosophie, nämlich Hegels Deutung, dass das Attribut nur von einem der Substanz äußeren Verstand gedacht wird, und eine gegenüber Hegel kritische Interpretation, welche die Realität des Attributes in der Substanz markiert ist. Diese vorliegende Untersuchung geht nicht auf diese Diskussion, aber zumindest muss festgehalten werden, dass Hegels Kritik an Spinoza nicht als selbstverständlich angesehen werden kann. Vgl. Düsing 1983, 163, 165.

97 Jacobi konstatiert in der Beilage VI von seinen *Spinoza-Briefen*, dass der Spinozismus durch Monaden umgestoßen wird und »von der Seite seiner *Individuationen*« (JW1.1, 233 f.) angegriffen werden kann. Die Widerlegung des Spinoza ist bei Hegel die Ergänzung von Spinozas System, deswegen wird die Widerlegung durch Monaden bei Hegel zur Ergänzung durch Monaden verändert.

seine eigene immanente Notwendigkeit« (ebd.) geführt wird, möglich wird, dass der Begriff als die Wahrheit dieser Notwendigkeit sich ergibt und dass »das Reich der *Freiheit*« (GW12, 15) sich im Begriff eröffnet. Die Notwendigkeit in Spinozas System und die Freiheit als ihre Wahrheit scheinen durchgängig entgegengesetzt zu sein, denn das Reich der Freiheit scheint die Notwendigkeit zu widerlegen. Diese Ansicht ist aber Hegel zufolge nicht richtig, weil eine Kritik an einem Mangel in Spinozas System nicht unbedingt eine Widerlegung des Systems darstellt.[98]

Hegel erklärt über die Widerlegung selbst in der *Phänomenologie des Geistes*: Wenn das Prinzip der Philosophie wahr ist, gilt es auch als falsch, weil es ein Prinzip ist.[99] Die wahre Widerlegung muss vom Prinzip selbst entwickelt werden und »nicht durch entgegengesetzte Versicherungen und Einfälle von außenher bewerkstelligt« (ebd.) werden. Deswegen muss die Widerlegung »die Ergänzung seiner Mangelhaftigkeit« (ebd.) sein. Dahinter steht Hegels Verständnis des Wahren und des Falschen.

> So fest der Meinung der Gegensatz des Wahren und des Falschen wird, so pflegt sie auch entweder Beistimmung oder Widerspruch gegen ein vorhandenes philosophisches System zu erwarten, und in einer Erklärung über ein solches nur entweder das eine oder das andere zu sehen. Sie begreift die Verschiedenheit philosophischer Systeme nicht so sehr als die fortschreitende Entwicklung der Wahrheit, als sie in der Verschiedenheit nur den Widerspruch sieht. (GW9, 10)

Die Wahrheit ist weder etwas Absolutes noch das, was exklusiv besessen wird, sondern muss ein Ganzes des diskursiven Prozesses sein, der die Negationen enthält. Hegel versteht unter dem Begriff der Wahrheit einen Übergang vom Niedrigen zum Höheren. Er ist aber nicht das Ausschließen vom Niedrigen, sondern die Ergänzung vom Vorausgehenden. Wenn das Subjekt als die Wahrheit der Substanz gilt, befinden sich die Substanz und das Subjekt nicht in der Beziehung des Wahren und des Falschen, sondern in einer Beziehung, in der das Subjekt die Substanz ergänzt. Der Gegensatz der Meinung, die ihren eigenen Standpunkt und Gerechtigkeit behauptet und alles ihr Entgegengesetzte ablehnt, wird bei Hegel als die Trennung des Wahren und des Falschen nicht akzeptiert.

Das System, das den Standpunkt der Substanz des Spinoza einnimmt, ist »ein *notwendiger Standpunkt*, auf welchen das Absolute sich stellt« (GW12, 14), es ist »vollkommen wahr« (ebd.). Aber nachdem Hegel das spinozistische System auf affirmative Weise beschrieben hat, betont er, dass es nicht der höchste Standpunkt ist:

98 Vgl. GW12, 14.

99 Vgl. GW9, 21.

> […] insofern ist das System vollkommen wahr. Aber es ist *nicht der höchste Standpunkt.* Allein insofern kann das System nicht als *falsch*, als der *Widerlegung* bedürftig und fähig angesehen werden; sondern nur dies daran ist als das *Falsche* zu betrachten, daß es der höchste Standpunkt sei. Das *wahre* System kann daher auch nicht das Verhältnis zu ihm haben, ihm nur *entgegengesetzt* zu sein; denn so wäre dieses entgegengesetzte selbst ein einseitiges. Vielmehr als das höhere muß es das untergeordnete in sich enthalten. (GW12, 14)

Beim wahren System gilt Hegel zufolge nicht die Annahme des Standpunkts, welcher außerhalb des Systems ist. Die Widerlegung der Philosophie des Spinoza soll auch nicht von außen her durchgeführt werden, sondern dieser Standpunkt des Spinoza muss »als wesentlich und notwendig« (GW12, 15) anerkannt »*aus sich selbst* auf den höheren gehoben« (ebd.) werden. Die Exposition der Substanz, der Übergang des Substantialitätsverhältnisses zum Begriff sei deshalb »die einzige und wahrhafte Widerlegung des Spinozismus« (ebd.).

Nach der Darstellung der Widerlegung des Spinozismus wird aufgezeigt, was Hegel unter dem Begriff versteht. Hegel konstatiert, dass im Begriff, welcher im Unterschied des Allgemeinen und des Einzelnen aufgezeigt wird, »das Reich der *Freiheit*« (GW12, 15) sich eröffnet. Die Erklärung dieses Begriffs wird »der *Begriff des Begriffes*« (GW12, 16) genannt. Unter der Allgemeinheit des Begriffs ist der Begriff das Ich bzw. das reine Selbstbewusstsein, das »alles Bestimmtsein in sich aufgelöst enthält« (GW12, 17). Unter der Einzelheit des Begriffs hingegen ist das Ich »absolutes Bestimmtsein, welches sich anderem gegenüberstellt und es ausschließt« (ebd.). Die »absolute Allgemeinheit, die ebenso unmittelbar absolute Vereinzelung ist […][,] macht ebenso die Natur des *Ich* als des *Begriffes* aus« (ebd.). Hegel betont hier besonders den Begriff, weil bei Jacobi die Überzeugung des Gefühls unbegreifbar ist und weil Hegel dagegen die Freiheit des Menschen nicht durch die Überzeugung des Gefühls garantiert, sondern versucht, die Freiheit als das aufzuzeigen, was durch wissenschaftliche Begriffe artikulierbar ist.

1.4.3 Glaube und Wissenschaft bei Jacobi

1.4.3.1 Jacobis Verständnis des Spinoza

Hegels komplexes Verhalten zu Spinozas System liegt, wie die bisherigen Forschungen aufzeigen, unter dem Einfluss von Jacobis Spinozismus und Anti-Spinoza.[100] Auch wenn er zwar unter diesem Einfluss steht, lässt sich Hegels Standpunkt natürlich nicht als epigonal zu Jacobis Gedanken verstehen, insofern

100 Vgl. Sandkaulen 2019, 15 f.

er deutlich den Unterschied zu Jacobi aufzeigt, indem er dem unmittelbaren Wissen, das bei Jacobi das Prinzip ist, die spekulative Wissenschaft entgegensetzt. Insofern er aber viele Elemente von Jacobis Einschätzung und Kritik über Spinoza bereits akzeptiert, kann man Hegels Verhalten zu Spinozas Philosophie nicht als vollständig eigenständige Idee aufnehmen. Um Hegels Verständnis von Spinoza zu verstehen, hilft es deshalb, zu sehen, was Jacobi zufolge bei Spinoza unwiderleglich sei und woran es dem System mangelt.

Jacobi kritisiert in seinen *Spinoza-Briefen* die geistlose Notwendigkeit der spinozistischen Substanz und den Fatalismus und versucht, die Freiheit des einzelnen Menschen, die dem Mechanismus widersteht, durch einen »*Salto mortale*« zu retten.[101] Er erinnert sich im Gespräch mit Lessing an Lessings Behauptung, dass es keine andere Philosophie als die Philosophie des Spinoza gibt. Dabei zeigt Jacobi einerseits auf gewisse Weise seine Zustimmung, andererseits behauptet er, dass sein *Credo* nicht in Spinozas Philosophie steht und dass er an eine verständige persönliche Ursache der Welt glaubt und durch den *Salto mortale* sich aus der Sache heraushilft.[102] Er betont dabei das Problem, dass der Spinozismus zum Determinismus und Fatalismus gerät, dass man darin den freien Willen nicht garantieren kann und dass er selbst »aus dem Fatalismus unmittelbar gegen den Fatalismus, und gegen alles, was mit ihm verknüpft ist« (JW1.1, 20), schließt.[103] Jacobis Standpunkt selbst enthält einen Widerspruch, dass er Spinozas Philosophie die Unwiderleglichkeit zuweist und dass er davon ausgehend aber sowohl den freien Willen des Menschen als auch die Möglichkeit des persönlichen Urhebers sichern möchte.[104] Er vertraut dem *Salto mortale* die Lösung dieses Problems an und äußert dies wie folgt:

> Weil sie [die Spekulation; M. S.] aus sich selbst zu einer geistlosen Nothwendigkeit, einer Substanz, gelangt, so ist nur über sie vermittelst eines Sprunges, den ich *Salto mortale* genannt habe, hinwegzukommen; es ist aber die geistlose Nothwendigkeit und Substanz die Schwungfeder, welche mich hebt, vermöge eines festen und kräftigen Auftretens auf dieselbe. Der Geist widerspricht allmächtig dem Urtheil, daß die geistlose Substanz Alles und daß außer ihr Nichts sey. (JW1.1, 348)

Das Ziel, auf das er mit der Schwungfeder der Substanz abzielt, ist »das System der Endursachen, oder der vernünftigen Freyheit« (JW1.1, 230). Jacobi sieht in Spinozas System den Begriff »eines nothwendigen, *von Ewigkeit her* wir-

101 Vgl. JW1.1, 348, 18 ff., 164.

102 Vgl. JW1.1, 18, 20.

103 Vgl. JW1.1, 18, 21.

104 Vgl. JW1.1, 347, 262 f.

kenden, *blos mechanischen Naturprinzips«* (JW1.1, 251). Im System der Freiheit bzw. der Endursache hingegen gibt es nicht eine mechanistische Verkettung, sondern »eine Verkettung nach Absichten oder vorgesetzten Zwecken« (JW1.1, 230). Jacobi konstatiert, dass »bey ihr [der Verkettung nach vorgesetzten Zwecken; M. S.] das Resultat des Mechanismus, *als Begriff* vorhergeht, und die mechanische Verknüpfung *durch den Begriff*, und nicht, wie in dem andern Falle, der Begriff *im* Mechanismus gegeben wird« (ebd.). Jacobi stellt aber nicht unmittelbar den freien Willen des Menschen als Begriff fest, sondern bejaht die Existenz Gottes als eine des Übernatürlichen, des Schöpfers.[105] Und er schreibt weiter, dass der Mensch ungeachtet der Endlichkeit und Natursklaverei bei der Ausübung des Willens *»ein Analogon* des Uebernatürlichen« (JW1.1, 262) zu besitzen scheint.

Neben Jacobis Gedanke, dass der Mensch den freien Willen zu besitzen scheint, geht es darum, dass die allerhöchste reale Intelligenz, die als ein durchaus unabhängiges, supramundanes und persönliches Wesen gedacht werden muss, als die eigene Kausalität des menschlichen Lebensprinzips, »als das erste und einzige Prinzip, als das wahre Urwesen« (JW1.1, 263) zu sehen ist. Dieses erste Prinzip kann bei Jacobi nicht vom Menschen als dem einzelnen lebenden Wesen getrennt werden, deshalb kann Gott Jacobi zufolge als der Lebendige sich dem Menschen als dem anderen Lebendigen nur durch erregte Liebe zu erkennen geben, die das Leben selbst ist.[106] Der Glaube an Gott basiert bei Jacobi auf der unmittelbaren Gewissheit, die »schlechterdings alle Gründe ausschließt« (JW1.1, 115), und er wird ausgeübt, indem man nach dieser Gewissheit strebt.

1.4.3.2 Das Wahre in der Unphilosophie und die Wahrheit in der Wissenschaft

Während Jacobi die auf dem Gefühl basierende Überzeugung gegen Spinozas System stellt, geht es bei Fichte um das System der Wissenschaft, die von dem Ich ausgeht. Im Hinblick auf das Zustandekommen von Hegels Unendlichkeitsbegriff sind Fichtes Begriffe der Reflexion und das In-sich-selbst-Zurückgehen von Bedeutung. Fichte erklärt besonders in der »Deduktion der Vorstellung« in seiner *Grundlage der gesamten Wissenschaftslehre* diese beiden Begriffe.

> Auf die ins unendliche hinaus gehende Thätigkeit des Ich, in welcher eben darum, weil sie in's unendliche hinaus geht, nichts unterschieden werden kann, geschieht ein Anstoß; und die Thätigkeit, die dabei keinesweges vernichtet

105 Vgl. JW1.1, 261.

106 Vgl. JW1.1, 117.

werden soll, wird reflektirt, nach innen getrieben; sie bekommt die gerad' umgekehrte Richtung. (GA1.2, 369)

Aus diesem Anstoß ergeben sich zwei Richtungen: die Tätigkeit und das Leiden. Die Tätigkeit des Ich ist ein Anschauen, insofern sie zwischen dem Ausgangspunkt A und dem Zielpunkt C liegt, dabei werden das Anschauende als das Tätige und das Angeschaute als Nicht-Ich entgegengesetzt.[107] Dieses Nicht-Ich ist das, was durch das Ich produziert wurde, und dieses produzierende Vermögen wird die Einbildungskraft genannt.[108] Das Anschauen ist »ein Schweben der Einbildungskraft zwischen widerstreitenden Richtungen« (GA1.2, 373). In der Wechselwirkung von beiden ist die Tätigkeit des Angeschauten als »eine in sich selbst zurükgehende Thätigkeit« (GA1.2, 380) bestimmt. Diese Tätigkeit zur Selbstbestimmung wird »ein *Denken*« (ebd.) genannt.

Fichte findet in Jacobis Werken eine Übereinstimmung mit seiner Wissenschaftslehre.[109] Er schreibt in einem Brief an Jacobi am 29. September 1794 Folgendes: »Ist irgend ein Denker in Deutschland, mit welchem ich wünsche und hoffe in meinen besonderen Ueberzeugungen übereinzustimmen, so sind Sie es«.[110] Jacobi versucht dagegen die Übereinstimmung und den Unterschied beider zu verdeutlichen.

Jacobi gesteht in *Jacobi an Fichte* (1799) zu, dass »ein wahrhaftes Vernunft-System [...] auf die Fichtesche Weise allein möglich« (JW2.1, 201 f.) ist und dass das Ich »eine Wissenschaft an sich, und die Einzige« (JW2.1, 202) ist. Dies bedeutet aber nicht, dass Jacobis Standpunkt mit dem Fichtes Standpunkt einig würde. Jacobi erklärt, wie Fichtes Alleinphilosophie und Jacobis Unphilosophie »durch den höchsten Grad der Antiphathie mit einander in Berührung kommen« (JW2.1, 198). Er konstatiert, dass »meine eigentliche wahre Meinung dem *coge intrare* der Wißenschaft offenbar mehr Vorschub als Abbruch thut« (ebd.).[111] Im Anschluss zu seiner Aussage, dass er und Fichte über den Begriff der Wissenschaft einig genug sind, unterscheidet er beide Standpunkte darin, ob es um die Wahrheit in der auf Gründen basierenden Wissenschaft oder um das unmittelbare Wahre außer der Wissenschaft geht.

107 Vgl. GA1.2, 369 ff.

108 Vgl. GA1.2, 371.

109 Vgl. Althof 2017, 12.

110 Vgl. GA3.2, 202.

111 Das Wort »*coge intrare* der Wissenschaft« bezieht sich auf die Kritik am gewalttätigen Zwang der Teilnahme in Luka 13.34. Mit diesem Wort lehnt Jacobi Fichtes Proselytenmacherei zur Wissenschaft ab.

> Beyde wollen wir also, mit ähnlichem Ernst und Eifer, daß die Wißenschaft des Wißens – welche in allen Wißenschaften das *Eine*; die Welt-*Seele* in der Erkenntniß – *Welt* ist – vollkommen werde: nur mit dem Unterschiede: daß *Sie* es wollen, damit sich der Grund aller Wahrheit, als in der Wißenschaft des Wißens liegend zeige; *ich*, damit offenbar werde, dieser Grund: das *Wahre selbst*, sey nothwendig *außer* ihr vorhanden. Meine Absicht ist aber der Ihrigen auf keine Art im Wege, so wie Ihre nicht der meinen, weil ich zwischen Wahrheit und dem Wahren unterscheide. (JW2.1, 199)

Die Frage stellt sich, ob Jacobi unkritisch gegen Fichtes Wissenschaftslehre ist oder nicht, diese ist mit Nein zu beantworten. Jacobis Verständnis von Fichtes »wahrhaft[em] Vernunft-System« (JW2.1, 200) wird durch Jacobis Begriff der Vernichtung ein wenig verwickelt. Das Begreifen ist bei Jacobi die Verwandlung der Sache zu Nichts, die Vernichtung.[112] Diese Vernichtung der Sache durch das Begreifen ist mit anderen Worten das Konstruieren der Sache. Wenn deswegen Jacobi über Fichtes Wissenschaft sagt, dass alle Wissenschaft im und durch das Ich konstruiert werden können, muss die Wissenschaft durch die Vernichtung ausgeprägt werden.[113] Diese Vernichtung ist nicht eine bloße Beseitigung, sondern schließt sich an das Erschaffen der freien Einbildungskraft an. Jacobi stellt wie folgt fest:

> Aller Reflexion liegt Abstraction dergestalt zum Grunde, daß Reflexion nur durch Abstraction möglich wird. Umgekehrt verhält es sich eben so; Beyde sind unzertrennlich und im Grunde Eins, eine Handlung des Auflösens alles *Wesens* in *Wißen*; progreßive Vernichtung (auf dem Wege der Wißenschaft) durch immer allgemeinere Begriffe. Was nun auf diese Weise *involvirerend* vernichtet wurde, kann *evolvirend* auch wieder hergestellt werden: Vernichtend lernte ich erschaffen. Dadurch nehmlich, daß ich auflösend, zergliedernd, zum *Nichts-Außer-Ich* gelangte, zeigte sich mir, daß Alles Nichts war, außer meiner, nur auf eine gewiße Weise eingeschränkten, freyen Einbildungskraft. (JW2.1, 203)

Jacobi vergleicht »das Resultat des Fichtischen Idealismus« (ebd.) mit einem Strickstrumpf, der durch die »Bewegungen *der Reflexion*« (JW2.1, 204) gestrickt wird, die vom Ich ausgeht, zum Nicht-Ich geht und wieder zum Ich sich wendet. Der Faden wendet sich als das Ich zu sich selbst, deshalb befreit es dadurch sich selbst von den ihm anhaftenden Banden des Nicht-Ich.[114] Jacobi stellt aber negativ über diese Wissenschaft fest, welche die Vernichtung durchführt, dass

112 Vgl. JW2.1, 201.

113 Vgl. JW2.1, 203.

114 Vgl. JW2.1, 204.

sie »Spiele, welche der menschliche Geist, zeitvertreibend, sich ersinnt« (JW2.1, 206) seien und dass der Geist »*nur seine Unwissenheit*« (ebd.) organisiert.

Fichtes Wissenschaft, die durch die Reflexion durchgeführt wird, gilt bei Jacobi als ein Mechanismus, wie Spinozas System als ein Naturmechanismus gilt.[115] In der Ergründung der Natur des Ich und des Nicht-Ich in diesem Mechanismus gelangt die Wissenschaft »zu lauter *Ansich-Nichts*« (JW2.1, 214), deshalb behauptet er, dass es unmöglich ist, das Ansich-Nichts »als ein unendliches Nichts, ein *reines-ganz-und-gar-An-und-für-sich*« (JW2.1, 214 f.) zu erfüllen: Jacobi zufolge bringt Fichtes Wissenschaft das unerfüllbare Ansich-Nichts, vor dem er »einen schrecklichen Abscheu« (JW2.1, 214) hat.

1.4.4 Hegels Unendlichkeitsbegriff: eine Antwort auf Jacobi

Hegel entnimmt Jacobis Kritik an Spinoza das Problem der Unwiderlegbarkeit des spinozistischen Systems und das Bedürfnis des Systems der Freiheit durch die wahre Widerlegung von Spinozas System. Jacobis auf Gefühl basierenden unmittelbaren Glauben an den persönlichen Gott lehnt er aber ab. Hegel nimmt vielmehr den Standpunkt der Wissenschaft ein, welche die Bewegung der Reflexion enthält. Während Jacobi die Reflexion in Fichtes Wissenschaftslehre als Vernichtung kritisiert, wird die Rückkehr durch die Reflexion der Wissenschaft von Hegel für affirmativ gehalten.

Hegels Unendlichkeitsbegriff enthält die Betonung der Wichtigkeit des immanenten Erkennens und der Rückkehr zu sich selbst, der Rückkehr zur vernünftigen Selbstheit, deren Anfang in Jacobis Kritik an Spinoza liegt. Aber wie stark man Hegels Begriff des Endlichen die Implikation des Ich oder des einzelnen Wesens entnehmen kann, kann einerseits infrage gestellt werden, denn die Probleme des immanenten Erkennens oder des einzelnen Wesens sollen erst in der Begriffslogik als das Problem der Freiheit behandelt werden und das Entnehmen der Freiheit und des Selbsterkennens innerhalb der Seinslogik führt in die übermäßige Belastung für den einfachen Begriff. Wenn andererseits das Endliche nicht Mensch, sondern nur Ding ist und wie ein Stuhl als das Endliche gedacht werden kann, ist nicht klar, was für eine philosophische Bedeutung die Rückkehr durch die Negation der Negation bei Hegel hat.[116] Hegel hat vermut-

115 Vgl. JW2.1, 214.

116 Koch wendet dem von vielen Interpreten nicht ernst genommenen Begriff der Rückkehr zu sich selbst als der wahren Unendlichkeit sein Augenmerk zu und erklärt den Zusammenhang dieser Rückkehr zu sich selbst und der Selbstbeziehung des Fürsichseins, indem er die Ähnlichkeit des Fürsichseins und des cartesischen Solipsismus andeutet. Im Solipsismus ist die äußere Welt die Widerspiegelung des eigenen Bewusstseins, so ist das Außersichkommen, das die Repulsion des Eins zu vielen Eins ist, von Koch als »eine fortlaufende logische Klonierung«

lich versucht, die Rückkehr zu sich selbst, die eigentlich im Rahmen des Absoluten bei Spinoza nicht möglich ist, in der objektiven Logik zustande kommen zu lassen und sieht meines Erachtens darin die Bedeutsamkeit seines Unendlichkeitsbegriffs. Nicht nur in der subjektiven Logik, sondern auch in der objektiven Logik kann die Logik der Freiheit zustande kommen, die weder eine bloße Reihe noch ein Mechanismus ist. Dieser Unendlichkeitsbegriff kann als eine Antithese gegen Jacobis Standpunkt verstanden werden, der Spinozas System, das die spekulative, rationale und objektive Philosophie ist, die Freiheit in der einzelnen Subjektivität absolut entgegengesetzt hat. Das Einarbeiten der Logik der Freiheit in die objektive Logik ist deswegen eine Leistung von Hegels Unendlichkeitsbegriff. Diese affirmative Unendlichkeit trägt bereits immanent die Logik der Freiheit, deshalb ist sie anders als Spinozas abstrakte Substanz und auch anders als die Jacobi'sche unbegreifbare Beziehung zwischen dem persönlichen Gott und Menschen, sondern die Bewegung der Freiheit, die in der wissenschaftlichen Logik des Seins durch das Zurückkehren zu sich selbst sich auf sich bezieht.[117] In diesem Unendlichkeitsbegriff sind deshalb die Spekulation der Wissenschaft und die Freiheit des Menschen untrennbar miteinander verschmolzen. Jene Freiheit ist bei Jacobi auf unüberwindbare Weise von der Spe-

(Koch 2002, 47) ausgedrückt. Der Zusammenhang mit dieser Selbstbeziehung wird von ihm, auf Fichtes *Aenesidemus-Rezension* (1794) basierend, auch aufgezeigt, worin die Subjektivität des Menschen das Prinzip ist, dass das Vorstellungsvermögen als der Zirkel der Identität in der Subjektivitätstheorie verstanden werden kann. Vgl. Koch 2018, 114; GA1.2, 51. Über den Zirkel hinaus, der von dem Subjekt des Menschen ausgeht, geht es in der vorliegenden Untersuchung darum, dass es durch die Einsicht der Täuschung der Identität und die Rückkehr zu sich selbst klar wird, dass das andere (z. B. Henriette) nur die Projektion von sich selbst war und dass das Ich (z. B. Woldemar) nur sich selbst in dem anderen gesehen hat. Vgl. Koch 2018, 114; GA1.2, 51; JW7.1, 436 f.

117 Martin konstatiert: »Die wahrhafte Unendlichkeit des Daseins ist daher noch blinde Selbstvermittlung, da das, was sich im Übergehen in Anders mit sich vermittelt, an sich weder über Selbstbeziehung verfügt noch sich vernünftig bestimmt.« (Martin 2012, 97) Seiner Deutung nach erreicht der Begriff der Unendlichkeit die vernünftig begreifbare Gestalt erst durch die Erscheinungen des Lebens und Geistes, die sich eigentlich in der Begriffslogik entwickeln. Diese Deutung ist aber m. E. nicht zutreffend, denn Hegels wahre Unendlichkeit als die neue Definition vom Absoluten ist bereits davon motiviert, den Mangel am immanenten Erkennen in Spinozas Substanz als dem Unendlichen, die Unbegreifbarkeit Gottes bei Jacobi und den Selbstverlust des Menschen im Unendlichen zu kritisieren. Deshalb besteht die wahre Unendlichkeit in der Annahme, dass die Selbstreflexion und das immanente Erkennen des Geistes als begreifbar dargestellt werden kann. Sie ist deswegen die vereinfachte Gestalt dieser Bewegung des Erkennens, damit sie als ein Prinzip seiner Philosophie fungieren kann.

kulation der Wissenschaft getrennt und kann nur mit dem *Salto mortale* übersprungen werden.[118]

Hegels Begriff der Unendlichkeit vernachlässigt aber immer noch die Grenze des Endlichen, denn dass man das Unendliche in der Selbstheit des Endlichen sieht, enthält potenziell das Problem der Übermäßigkeit, Eigendünkel, Übermut und Hybris. Mit den begrifflichen Instrumenten, die nur für die Unendlichkeit vorbereitet wurden, lässt die Komplexität des Problems der Maßlosigkeit sich nicht ausreichend fassen. Auch wenn durch die Rückkehr zu sich selbst die Selbstheit wiederhergestellt wurde und das selbstbeschränkende vernünftige Maß sich in ihr findet, ist es nicht möglich, einen verwickelten Sachverhalt in diesem Rahmen zu verstehen, nämlich dass das Maß ein Maßloses werden kann.

Anhang: Schellings Unendlichkeits- und Endlichkeitsbegriff

Ziel dieses Anhangs ist es, Schellings Behandlung von den Begriffen der Unendlichkeit und der Endlichkeit in der Selbstanschauung zu überblicken. Schelling findet das Unbedingte im absoluten Ich in *Vom Ich als Princip der Philosophie oder über das Unbedingte im menschlichen Wissen* (1795). Unter dem Einfluss von Fichtes Wissenschaftslehre stehend behauptet er, dass »das vollendete System der Wissenschaft [...] vom absoluten, alles entgegengesezte ausschliessenden *Ich*« (AA1.2, 100) ausgeht.[119] Dies ist Schellings Interpretation von Fichtes *Grundlage der gesammten Wissenschaftslehre*.[120] Schelling hält das Wesen des Ich für die Freiheit, die nur durch sich selbst ist und das Unendliche

118 Halfwassen stellt eine Frage, »ob Hegels Vorhaben, das Absolute in seiner wahren Unendlichkeit vollständig positiv zu begreifen, ohne es zu verendlichen, selber gelungen ist« (Halfwassen 2016, 111) und kommt zum Schluss, dass es gescheitert ist. »Der Grund für dieses Scheitern ist«, konstatiert Halfwassen, »Hegels Leitgedanke der absoluten Totalität, der eine radikale Transzendenz gar nicht erst in den Blick kommen lässt.« (Halfwassen 2016, 127). In der Reichweite der Kritik bei Hegels Entwurf des Begreifens des Absoluten in der wahren Unendlichkeit ist aber Jacobis Standpunkt belegt, der Gott für unbegreiflich hält. Insofern ist die Frage zu stellen, ob dieses Unternehmen gelingt. Über Hegels Kritik an Jacobi kann die Frage gestellt werden, »*ob Jacobi auch aus Hegels System gesprungen wäre*« (Althof 2017, 7). Auch wenn Hegels System der Wissenschaft das System der Freiheit ist, scheint Jacobi sogar von diesem begrifflichen System aus auszugehen, insofern Hegels System durch das Denken und die Reflexion durchdrungen ist. Die jacobische Unmittelbarkeit ist aber auch bereits an verschiedenen Stellen von Hegels System, z. B. im Entschluss am Anfang der Wissenschaft, in der unmittelbaren Überzeugung des Gewissens usw. umfasst.

119 Vgl. AA1.2, 90.

120 Vgl. Peez 2001, 30. »Schelling's Schrift ist, so viel ich davon habe lesen können, ganz Kommentar der meinigen [...]. Besonders lieb ist mir sein Hinsehen auf Spinoza: aus dessen System das meinige am füglichsten erläutert werden kann.« (Fichte 1925, 481)

umfasst.[121] Er legt außerdem dar, dass der Verlust des Ich durch das Selbstbewusstsein des Ich verursacht wird.

> [S]o wie wir das Ich als *Object* bestimmen wollen, zieht es sich in die kleinst-mögliche, beschränkteste Sphäre, und unter die Bedingungen des Wechsels zurük – seine Freiheit und Selbstständigkeit verschwindet [...]. *Selbstbewußtseyn* sezt die Gefahr voraus, das Ich zu verlieren. Es ist kein *freier* Akt des unwandelbaren, sondern ein abgedrungenes Streben des wandelbaren *Ichs*, das durch Nicht-Ich bedingt seine Identität zu retten, und im fortreissenden Strom des Wechsels sich selbst wieder zu ergreifen strebt [...]. (AA1.2, 103 f.)

Dem Zitat lässt sich entnehmen, dass Schelling in seiner eigenen Interpretation des Selbstbewusstseins und des Ich auf ein Problem stößt, das bei Fichte in dieser Form nicht zu finden ist.[122] Indem das Ich bei Schelling sich unter die Bedingungen zurückzieht, *verliert* das absolute Ich sich, aber es strebt danach, »sich selbst wieder zu ergreifen« (ebd.). Während das Streben des Ich nach dem Unendlichen in der Fichte'schen Wissenschaftslehre ohne Erfahrung des Selbstverlusts in das Nicht-Ich den Anstoß erreicht, sind bei Schelling die Jacobi'schen Motive vom Selbstvergessen und Selbstverlust des Ich in das Objekt eingearbeitet.[123]

In *Philosophische Briefe über Dogmatismus und Kriticismus* (1795) wird im Rahmen der kantischen Triplizität und der Synthesis deutlich das Problem der Deutung des Spinoza bei Jacobi eingearbeitet. Von dieser Warte aus betrachtet ist kein Übergang vom Unendlichen zum Endlichen möglich.

> *Wie kommen wir überhaupt dazu, synthetisch zu urtheilen?* fragt Kant gleich im Anfang seines Werks, und diese Frage liegt seiner ganzen Philosophie zu Grunde, als ein Problem, das den eigentlichen gemeinschaftlichen Punkt *aller* Philosophie trifft. Denn anders ausgedrückt lautet die Frage so: *Wie komme ich überhaupt dazu, aus dem Absoluten heraus, und auf ein Entgegengesetztes zu gehen?* (AA1.3, 60)

121 Vgl. AA1.2, 103 f.

122 Vgl. Peez 2001, 30.

123 Dies weist Parallelen zu Hölderlins Entwurf des Bildungsromans im *Hyperion* auf, der unter dem Einfluss von Rousseau steht, denn sowohl in der »exzentrischen Bahn« vom Naturzustand zur höchsten Bildung als auch in der Einsicht in *Urteil und Sein*, dass die Identität des Subjekts und des Objekts, die ein Resultat der Trennung des Urteils ist, anders als die ursprüngliche Vereinigung als das Sein ist, ist der Ausgangspunkt der wiederherzustellende, ideale Punkt. Die Parallelisierung des Absoluten und des Naturzustandes lässt sich in der Einleitung von den *Ideen zu einer Philosophie der Natur* (1797) finden. Vgl. AA 1.5, 70.

Schellings Antwort darauf ist: »*Kein* System kann jenen Uebergang vom Unendlichen zum Endlichen *realisiren* [...].« (AA1.3, 83). Stattdessen gilt bei Schelling der Übergang vom Endlichen zum Unendlichen als möglich. Er findet in Spinozas System eine Forderung, dass »das Endliche *strebe*, identisch zu werden mit dem Unendlichen, und in der Unendlichkeit des absoluten Objects unterzugehen.« (AA1.3, 84) Der Untergang des Endlichen in das absolute Objekt muss die Vernichtung des Endlichen sein, d. h. das Leben im absoluten Objekt, dem Absoluten. Diese Forderung wird aber zu einem Widerspruch unter der spinozistischen Identität der subjektiven Kausalität und der absoluten Kausalität, unter dem absoluten Leiden des Endlichen: Denn bei Spinoza ist das Subjekt, das die Grundlage des Strebens sein soll, als das schlechthin Leidende aufgehoben. Deswegen ist das tätige Subjekt, das die Vernichtung des Endlichen überleben könnte, nicht möglich. Schelling zufolge wollte Spinoza aber eben diese widersprüchliche Forderung.[124]

Schelling fokussiert sich in Bezug auf diese widersprüchliche Forderung auf die intellektuelle Gottesliebe, die bei Spinoza als dritte Erkenntnisgattung gilt.[125] Diese intellektuelle Gottesliebe ist bei Spinoza Gottes Liebe zu sich selbst, durch die er Menschen liebt.[126] Schelling versteht die Gottesliebe als »Schwärmerei« (AA1.3, 85), weil das anschauende Selbst mit dem angeschauten identisch ist. In seinem Verständnis der intellektuellen Liebe sind der Prozess in Jacobis *Woldemar* eingedrungen, dass das Subjekt sich in den Gegenstand der Liebe versetzt, die Identität fühlt und die Täuschung bemerkt. Deshalb lassen sich in dieser intellektuellen Liebe zwei Themen finden, deren Beziehung bei Jacobi nicht unbedingt deutlich aufgezeigt wurde; erstens die Beziehung des Menschen zu Gott, der unendlich ist, zweitens Woldemars Prozess der Selbstfindung im Anderen und seine Erkenntnis der Täuschung.[127] Schelling hat den Zusammenhang von beiden Themen bei Jacobi durchschaut. Dies lässt sich Schellings folgenden Darlegungen entnehmen:

> Er [Spinoza; M. S.] glaubte, daß er selbst mit dem absoluten Object identisch sei, er glaubte sich selbst in seiner Unendlichkeit verloren.
> Er *täuschte* sich, indem er dies glaubte. Nicht er war in der Anschauung des absoluten Objects, sondern umgekehrt, für ihn war alles, was objectiv heißt, in der Anschauung seiner selbst verschwunden. [...] Diese Nothwendigkeit, überall

124 Vgl. AA1.3, 84.

125 Vgl. E5p32c.

126 Vgl. E5p36c.

127 Jacobi beschreibt durch Luzies Warnung für Clärchen das Problem von Allwills schlechter Eigenliebe vermutlich im Zusammenhang mit Gottes Liebe zu sich selbst bei Spinoza. Vgl. Kapitel 2.3.2.

> noch *sich selbst* zu denken, die allen Schwärmern zu Hülfe kam, kam auch Spinoza zu Hülfe. Indem er sich selbst als im absoluten Object *untergegangen* anschaute, schaute er doch noch *sich selbst* an, er konnte sich selbst nicht als *vernichtet* denken, ohne sich zugleich noch als existirend zu denken. (AA1.3, 88 f.)

Diese intellektuelle Anschauung in der Identität des Subjekts und des Objekts, in der das Endliche sich in der Unendlichkeit verliert, wird »Zustand des Todes« (AA1.3, 94) genannt, denn das Subjekt hat dabei sich selbst verloren.[128] Schelling zufolge sind wir lebendig in der Tätigkeit, die auf Objekte gerichtet ist. Auch wenn wir deswegen durch Schwärmerei und Täuschung uns verlieren, müssen wir daraus erwachen und mit der Reflexion zu uns selbst zurückkehren. Durch diese Rückkehr zu sich selbst ergibt sich, dass das Subjekt nicht in dem Objekt verschwunden ist, sondern dass es nur ein trügerischer Schein war, d. h., dass das Objekt in die Anschauung von sich selbst verschwunden ist; dass das Subjekt die Identität mit dem spinozistischen Absoluten nicht erworben hat, sondern dass sie vielmehr nur eine subjektive Täuschung war. Dies wird als Rückkehr von der Selbstlosigkeit zur Selbstheit, von der Schwärmerei der Vernunft zur Freiheit des Willens verstanden.[129]

In *Allgemeine Übersicht* (1797) wird die Form der Selbstanschauung des Geistes entfaltet. Besonders hervorzuheben ist in diesem Kontext »die absolute Uebereinstimmung des Gegenstandes und der Vorstellung, des Seyns und Erkennens« (AA1.4, 84). Schelling sagt, dass diese Übereinstimmung nur in der »SelbstAnschauung eines Geistes« (AA1.4, 85) besteht: »Man findet sehr leicht, daß sie [Identität des Gegenstandes und der Vorstellung; M. S.] nur in *Einem* Falle möglich wäre, wenn es etwa ein Wesen gäbe, das *sich selbst* anschaute, also zugleich das Vorstellende und das Vorgestellte, das Anschauende und das Angeschaute wäre.« (AA1.4, 84) Es ist besonders bemerkenswert, dass Schelling im Kontext dieser Textstelle auch die Vereinigung der Unendlichkeit und der Endlichkeit im Geist aufzeigt.

> Er [Der Geist; M. S.] *wird* Object nur *durch sich selbst,* durch sein *eignes Handeln.* Was nun Object *ist* (ursprünglich), ist *als* solches nothwendig auch ein *Endliches.* Weil also der Geist nicht ursprünglich Object ist, kann er nicht ursprünglich seiner Natur nach endlich seyn. – Also unendlich? Aber er ist nur in so fern *Geist,* als er *für sich selbst Object,* d. h. in so fern er *endlich* wird. Also ist er weder unendlich ohne endlich zu werden, noch kann er endlich werden (für sich selbst) ohne unendlich zu seyn. Er ist also keines von beiden, weder unend-

128 Dieser Zustand des Todes ist nicht als das Ziel des *Salto mortale* zu verstehen, denn der *Salto mortale* ist vielmehr die Rückkehr vom hier von Schelling gesagten Zustand des Todes zu sich selbst.

129 Vgl. AA 1.3, 110.

lich noch endlich, allein, sondern in ihm ist die ursprünglichste *Vereinigung von Unendlichkeit und Endlichkeit* [...]. (AA1.4, 86)

Die Unendlichkeit und die Endlichkeit des Geistes wird verständlicher im Prozess der Selbstanschauung des Geistes. Das Wesen des Geistes besteht in der »Tendenz, sich selbst anzuschauen« (AA1.4, 107), wie im Abschnitt »Zusammenhang der theoretischen und praktischen Philosophie. – Uebergang von der Natur zur Freiheit« der *Allgemeine[n] Übersicht* aufgezeigt wird. Ein weiteres Wesensmerkmal des Geistes liegt in seiner Selbsterkenntnis und -begrenzung.

> Alle Handlungen des Geistes also gehen darauf, *das Unendliche im Endlichen darzustellen.* Das *Ziel* aller dieser Handlungen ist das *SelbstBewusstseyn,* und die Geschichte dieser Handlungen ist nichts anders, als die *Geschichte* des *SelbstBewusstseyns.* [...] Die Geschichte des menschlichen Geistes also wird nichts anders seyn, als die Geschichte der verschiedenen *Zustände,* durch welche hindurch er allmählig zur Anschauung seiner selbst, zum *reinen* Selbst-Bewusstseyn, gelangt. (AA1.4, 109)

Diese Handlung des Geistes wird als »ein unendliches Bestreben [...], sich selbst zu organisiren« (AA1.4, 113), ausgedrückt. Während in der Schrift *Vom Ich als Princip der Philosophie oder über das Unbedingte im menschlichen Wissen* das Selbstbewusstsein als der Verlust des Ichs konstruiert wird und seine Beziehung der vom Bewusstsein Unterschiedenen opak bleibt, spielt in der *Allgemeine*[n] *Übersicht* die unmittelbare Anschauung zwar eine wichtige Rolle. Der Geist begrenzt sich aber vielmehr durch diese Anschauung selbst und zielt auf das Selbstbewusstsein ab. In dieser Schrift wird dem Selbstbewusstsein ein deutlich affirmativer Sinn abgerungen.

Der *Erste Entwurf eines Systems der Naturphilosophie* (1800) läutet eine neue Phase ein: »Damit aus einer unendlichen (insofern idealen) productiven Thätigkeit eine reelle werde, muß sie gehemmt, *retardirt* werden.« (AA1.7, 67) Auch wenn durch diese Hemmung stets ein endliches Produkt hervorgebracht wird, können diese Produkte »*bloß Scheinproducte*« (ebd.) sein.[130] Die absolute Tätigkeit ist »*nur durch ein unendliches Product darstellbar*« (AA1.7, 79). Des-

130 Als Beispiel vom Scheinprodukt wird der Wirbel von Schelling genannt. »Das Product ist ursprünglich nichts als ein bloßer Punkt, bloße Gränze [...]. (Man denke sich einen Strom, derselbe ist *reine Identität,* wo er einem Widerstand begegnet, bildet sich ein Wirbel, dieser Wirbel ist nichts Feststehendes, sondern in jedem Augenblick Verschwindendes, in jedem Augenblick wieder Entstehendes. – In der Natur ist ursprünglich nichts zu unterscheiden; noch sind gleichsam alle Producte aufgelöst und unsichtbar in der allgemeinen Productivität. Erst wenn die Hemmungspunkte gegeben sind, werden sie allmählig abgesetzt, und treten aus der allgemeinen Identität hervor [...]). Jenes Scheinproduct, das in jedem Moment reproducirt

halb wird »[d]ie *ursprünglich-unendliche* Reihe« (AA1.7, 80) dadurch hervorgebracht. Sie entsteht nur durch die »Evolution *Einer, in ihrem Anfangspuncte* schon *unendlichen* Größe, die durch die ganze Reihe hindurchfließt« (ebd.). Die Aufeinanderfolge in der Reihe enthält »*Hemmungen*« (ebd.). Ohne diese Hemmungen weitet sich die unendliche Reihe »mit unendlicher Geschwindigkeit« aus und es gibt »keine reale Anschauung« (ebd.).

In der *Darstellung meines Systems der Philosophie* (1801) tritt der Unendlichkeitsbegriff zurück, der bisher bei Schelling das absolute Ich, den Geist und die produktive Tätigkeit der Natur bezeichnete. Stattdessen tritt der Begriff der Indifferenz hervor. Die Vernunft wird dort als »totale Indifferenz des Subjectiven und Objectiven« (AA1.10, 116) und »*absolute*[] *Identität*« (AA1.10, 120) bezeichnet. Die Erkenntnis der absoluten Identität wird als »[d]*ie einzige unbedingte Erkenntniß*« (AA1.10, 119) verstanden. Die absolute Identität muss »*sich als Subject und Object unendlich* [...] *setzen*« (AA1.10, 124), um unendlich sich selbst zu erkennen. In der Vernunft ist aber alles Gesetztsein die absolute Identität. Deshalb besteht zwischen Subjekt und Objekt nur eine »quantitative Differenz« (AA1.10, 125). Die quantitative Differenz adressiert die Frage, ob die Identität »in Ansehung des einzelnen Seyns« (AA1.10, 127) außerhalb der Identität »mit einem Uebergewicht der Subjektivität oder Objektivität« (AA1.10, 125) gesetzt wird. Die quantitative Differenz zwischen dem Subjektiven und dem Objektiven ist einerseits »*der Grund aller Endlichkeit*« (AA1.10, 132), andererseits wird behauptet: »*Alles Einzelne ist zwar nicht absolut, aber in seiner Art unendlich*« (AA1.10, 134).[131]

Nun werden Schellings Unendlichkeits- und Endlichkeitsbegriff im Folgenden zusammengefasst. In Schellings frühester Zeit ist das Ich dem Unendlichen gleich. Er zeigt eine Gefahr auf, dass das Ich durch das Selbstbewusstsein verloren wird. Das Ich zielt auf die Identität mit dem Unendlichen ab, welche durch die transzendentale Einbildungskraft erreicht werden kann. In den *Philosophischen Briefen über Dogmatismus und Kritizismus* wird diese Wiedervereinigung mit dem Unendlichen auf die der Erfahrung von Jacobis Woldemar entsprechende Weise als ein Prozess dargestellt, in dem das Subjekt bemerkt, dass das, was ein Verschwinden in das Unendliche zu sein schien, eigentlich nur das Verschwinden des Objekts in die Selbstanschauung des Endlichen war und zu

wird, kann nicht ein wirklich unendliches Product seyn, denn sonst würde die Productivität sich in ihm wirklich erschöpfen [...].« (AA1.8, 45 f.). Vgl. Jacobs 1998, 72.

131 Bei der Erklärung des Begriffs der Potenz wird die Indifferenz als im Ganzen unter der Form des Gegensatzes von unendlichem Sein und unendlichem Erkennen verstanden. Vgl. AA1.10, 135. Unter dem Verständnis der Potenz sind das Denken und die Ausdehnung Spinozas vorausgesetzt. Indem Schelling aber »[d]ie Indifferenz vom Erkennen und Seyn« als »Indifferenz von A = A als Ausdruck des Seyns und A = A als Ausdruck des Erkennens« (AA1.10, 136) bestimmt, wird der Unterschied zu Spinoza aufgezeigt.

sich selbst zurückkehrt. Dies wird sich später als der Prozess abzeichnen, in dem der Geist durch seine Handlung das Unendliche im Endlichen darstellt, die Geschichte des Selbstbewusstseins gestaltet und durch sie allmählich die Selbstanschauung erreicht.

Dem liegt zugrunde, dass das ursprüngliche Unendliche des Ich durch das Selbstbewusstsein verloren wird, dass die Unendlichkeit aber schließlich wiederhergestellt werden muss, dass sie nicht augenblicklich realisierbar ist und dass sie deswegen in der Zeitlichkeit und Geschichtlichkeit allmählich entfaltet werden und die Selbstanschauung erreichen muss. Dieser Prozess wird als Handlung des Geistes verstanden, deshalb äußert sich Schelling direkt wie folgt: »Endlichkeit und Unendlichkeit aber ist nur im *Seyn* einer geistigen Natur *ursprünglich vereinigt.*« (AA1.4, 86) Hegel lehnt in der dritten Stufe der Unendlichkeit die einfache Einheit des Unendlichen und des Endlichen ab, aber diese Absicht liegt in der Kritik des Ausdrucks der abstrakten und einfachen Einheit, der die Bewegung fehlt. Sowohl bei Schelling als auch bei Hegel ist das Verständnis des Unendlichen darin einig, dass es in der Bewegung der Rückkehr zu sich selbst realisiert wird. Die Unendlichkeit, die bei Schelling in der Geschichte entfaltet wird, wird aber bei Hegel in seiner Jenaer Zeit in der Metaphysik als Werden des Geistes entfaltet.

1.5 Die Unendlichkeit (1801–1807)

1.5.1 Das Unendliche und das Endliche in der *Differenzschrift*

In diesem Kapitel versuche ich zu skizzieren, wie Hegel sich durch die Auseinandersetzung mit Schellings Identitätsphilosophie vom Verständnis des Unendlichen und des Endlichen in seiner Frankfurter Zeit entfernt und diese Begriffe weiterentwickelt hat. Zum Zweck des besseren Verständnisses dieser Begriffe möchte ich hier Hegels *Differenzschrift* (1801), *Glauben und Wissen* (1802) und den Abschnitt »Der absolute Geist« in der Metaphysik des Jenaer Systementwurfs II (1804/05) behandeln.

Hegel nennt in der *Differenzschrift* das Bedürfnis der Philosophie bzw. die Voraussetzung. Die erste Voraussetzung ist »das Absolute selbst« (TW2, 24) und die zweite ist »die Entzweiung in Sein und Nichtsein, in Begriff und Sein, in Endlichkeit und Unendlichkeit« (ebd.). Die »absolute Synthese« (ebd.) ist wegen ihrer Unerreichbarkeit ins Jenseits versetzt. Deshalb bezeichnet Hegel dieses Jenseits als »das ihren Bestimmtheiten entgegengesetzte Unbestimmte und Gestaltlose« (ebd.). Das Absolute als die erste Voraussetzung ist nicht von Anfang an selbstständig erkannt, deswegen wird es als »die Nacht« (TW2, 25) ausgedrückt. Die Aufgabe ist: »diese Voraussetzungen zu vereinen, das Sein in das

Nichtsein – als Werden, die Entzweiung in das Absolute als dessen Erscheinung, das Endliche in das Unendliche – als Leben zu setzen« (ebd.).

Hegel sieht es als Aufgabe der Philosophie an, durch den »Übergang [zur] Reflexion« (ebd.) das Absolute für das Bewusstsein zu konstruieren. In sie schleicht sich eine Widersinnigkeit ein: Denn die Selbstproduktion des Absoluten beschränkt das als unbeschränkt geltende Absolute. Dort handelt es sich darum, inwiefern das durch die Reflexion und die Spekulation konstruierte Absolute fähig ist, mit der absoluten Anschauung synthetisiert zu werden.[132]

Hegel stellt erstens dar, wie das Absolute sich selbst in das Endliche setzt und das Endliche zum Unendlichen treibt, wie bei Schelling. Ebenso wie Schelling, der die absolute Identität des Subjekts und des Objekts bzw. die Indifferenz als Vernunft bezeichnet, so nennt auch Hegel das Absolute, das keine Trennung hat, Vernunft. Dagegen wird das Endliche, das durch diese Vernunft zum unendlichen Ganzen getrieben wird, der Verstand genannt. »[S]ie [Die Vernunft; M. S.] verführt ihn [den Verstand; M. S.], eine objektive Totalität zu produzieren.« (TW2, 26). Die Produktion der objektiven Totalität muss ständig bedingt bleiben, deshalb gibt es in ihr kein Ende, und der Verstand kann nicht die Totalität als Ziel erreichen. Die Vernunft muss diesen Gegensatz der subjektiven Unendlichkeit und der objektiven Unendlichkeit durch die Vereinigung von beiden vernichten.[133]

Diese Vereinigung wird dadurch bewerkstelligt, dass »die Reflexion sich selbst zu ihrem Gegenstand macht« (TW2, 28) und sich auf diese Weise selbst vernichtet.[134] Das höchste Gesetz, sich selbst zu vernichten, wird der Reflexion »von der Vernunft« (ebd.) vorgegeben, wodurch die Reflexion zur Vernunft wird.[135] Auch wenn die Reflexion unabhängig von irgendwelchen Vorgaben des Absoluten in eigener Sache den Versuch unternimmt, das Absolute zu konstruieren, muss der Versuch scheitern, weil die Reflexion nur in endlichen Verhältnissen denkt und weil die durch die Reflexion Entgegengesetzten in letzter Konsequenz dem Absoluten entgegengesetzt bleiben. Dennoch scheint in einer solchen Beziehung auf das Absolute die Vernunft in der Reflexion durch: denn nur »insofern die Reflexion Beziehung aufs Absolute hat, ist sie Vernunft [...].« (TW2, 30) Indem durch diese Reflexion das Absolute für das Bewusstsein wird,

132 »Es ist vornehmlich zu zeigen, inwiefern die Reflexion das Absolute zu fassen fähig ist und in ihrem Geschäft, als Spekulation, die Notwendigkeit und Möglichkeit trägt, mit der absoluten Anschauung synthesiert und für sich, subjektiv, ebenso vollständig zu sein, als es ihr Produkt, das im Bewußtsein konstruierte Absolute, als bewußtes und bewußtloses zugleich sein muß.« (TW2, 25 f.)

133 Vgl. TW2, 27.

134 »[D]er Gegenstand dieser Reflexion ist selbst eine Reflexion [...].« (GA1.2, 364)

135 Vgl. TW2, 28.

geht es über in »eine objektive Totalität, ein Ganzes von Wissen, eine Organisation von Erkenntnissen« (ebd.).

Wenn man die Behandlung des Unendlichen und des Endlichen in Hegels *Differenzschrift* mit derjenigen in seinen Werken und Fragmenten *vor* der *Differenzschrift* vergleicht, bleibt die *Differenzschrift* auf dem Standpunkt der Philosophie, von dem die einfache Vereinigung ausgeschlossen wird, die zuerst durch die Liebe und den religiösen Glauben realisiert wird. Indem die Reflexion sich selbst zum Gegenstand macht und sich selbst vernichtet, werden die subjektive Unendlichkeit und die objektive Unendlichkeit vereinigt. Dies bildet einen starken Kontrast verglichen mit Aussagen aus dem *Systementwurf von 1800*, in dem geschrieben steht, dass die Philosophie das wahre Unendliche »außerhalb ihres Umkreises« (TW1, 423) setzen muss.

1.5.2 Vier Unendlichkeitsbegriffe im *Glauben und Wissen*: Hegels Deutung von Beilage VII von Jacobis *Spinoza-Briefen*

Hegel unterscheidet in *Glauben und Wissen* (1802) vier Formen der Unendlichkeit und greift dabei auf diverse philosophische Positionen zurück. Die erste Form der Unendlichkeit ist »[d]as wahrhafte Unendliche«, so Hegel, »als die absolute Idee, Identität des Allgemeinen und Besonderen oder Identität des Unendlichen und Endlichen selbst« (TW2, 352). Sie zeigt die absolute Vernunft als die absolute Indifferenz des Subjekts und des Objekts, die in Schellings spinozistischer Identitätsphilosophie dargestellt wird. Die zweite ist die »reine absolut-formale Identität, reiner Begriff, Kantische Vernunft, Fichtesches Ich« (ebd.).[136] Diese Unendlichkeit ist schlechthin dem Endlichen entgegengesetzt und für dieses ein »absolutes Nichts« (ebd.). Diese »Unendlichkeit der reinen Identität«, d. h. die Unendlichkeit »der Negativität« oder »formalen oder negativen Vernunft«, wird durch »+A–A=0« (ebd.)[137] ausgedrückt. Die dritte Un-

136 Kants Vernunft und Fichtes Ich gilt hier als die zweite Unendlichkeit, die der Negativität. Kant bleibt »mit seinen Postulaten innerhalb ihrer wahrhaften und richtigen Grenze« (TW2, 331) stehen, die Vernunft bei Kant wird als »eine reine Negativität« (TW2, 332), »ein absolutes Jenseits« (ebd.), bezeichnet. In Fichtes Idealismus ist »die reine leere Tätigkeit, das reinfreie Handeln« (TW2, 397) das Erste, aber sie ist unvollständig, deshalb muss sie »zu etwas Anderem fortgegangen werden« (ebd.). Hegel sagt über die Notwendigkeit dieses Fortgangs: »eine Notwendigkeit, die darauf beruht, daß das Prinzip schlechthin Teil und durch seine unendliche Armut die unendliche Möglichkeit des Reichtums ist« (TW2, 398).

137 Hier wird »die Leerheit des Wissens« durch »minus« ausgedrückt, die Sinneswelt durch »plus« (TW2, 299 f.), deshalb wird die Deduktion »die reine Form der Umwandlung des minus in plus« (TW2, 413) als »eine Verwandlung der Zeichen, des minus in plus« (TW2, 400). Außerdem wird gesagt: »die Realität der Unendlichkeit oder des leeren Denkens besteht in dem

endlichkeit ist das, was der zweiten Unendlichkeit entgegengesetzt wird, d. h. das Setzen der Entgegengesetzten in der Realität.[138] Sie ist »Objekt oder Produkt« (TW2, 352) und wird durch »+A–A« (ebd.) ausgedrückt. Die vierte Form der Unendlichkeit ist »die Unendlichkeit der Einbildung oder die empirische« (ebd.). Sie ist die Unendlichkeit, die Jacobi Hegel zufolge fälschlicherweise auf Spinoza zurückführt[139], »das Absolutsein der endlichen Dinge und ihrer Gemeinschaft, der Zeit und der Sukzession und des Kausalzusammenhangs« (TW2, 340).[140] Sie ist aber »in der Ungereimtheit einer ewigen Zeit« (TW2, 343), in der das Gesetzte »in die empirische Unendlichkeit« (TW2, 346) hinausläuft.

Hegel nimmt den ersten Unendlichkeitsbegriff von ihnen aus auf und übt auf diesem Standpunkt die Kritik am vierten Begriff, an der Unendlichkeit der Einbildung, die Hegel zufolge von Jacobi falsch auf Spinoza zurückgeführt wurde. Dieser Abschnitt zielt daher darauf ab, die Gerechtigkeit von Hegels Kritik an Jacobi zu überprüfen.[141] Daher bestätigen wir hier erstens Spinozas zwei Arten der Quantität, d. h. den Unterschied zwischen Vorstellung und Verstand, zweitens Jacobis Kritik an Spinozas Vertrauen auf ein mathematisches Bild, abschließend den Punkt, ob Hegels Kritik an Jacobis kritischer Deutung über die ewige Zeit Gültigkeit besitzen kann.

Erstens ist Spinozas Unterschied zwischen Vorstellung und Verstand festzustellen. Spinoza unterscheidet über die Quantität auch den Fall, wo man sie durch die Einbildung sich vorstellt, und den anderen, wo man sie als Substanz durch den Verstand denkt, im Fall der Vorstellung wird die Quantität als endlich, teilbar und aus Teilen zusammengesetzt erfahren werden. Durch den Verstand begreifen wir hingegen die Quantität, insofern sie Substanz ist, deshalb wird sie in diesem Fall als unendlich, einzig und unteilbar erfahren werden.[142] Spinoza zeigt in seinem zwölften Brief an Meyer auch zwei Arten der Quantität auf, konstatiert, dass Zeit, Maß und Zahl nur Weisen der Vorstellung sind, und kritisiert dabei, Substanz, Ewigkeit und andere mit Hilfsmitteln der Vorstellung zu erklären.[143] Natürlich ist im Vergleich zu Jacobis Maß als Gott der Unterschied zwischen Spinozas Begriff des Maßes und Jacobis demselben entschei-

+1–1 […].« (TW2, 414) Dagegen ist der »Inhalt des Idealismus oder die logischen Formen« (ebd.) als 0 verstanden.

138 Vgl. TW2, 351.

139 Vgl. TW2, 346 f.

140 Vgl. JW1.1, 251 f.; E1p28dem.

141 Zur ausführlichen kritischen Überprüfung der Gültigkeit von Hegels Kritik an Jacobi in *Glauben und Wissen* vgl. Sandkaulen 2012, 239 ff.

142 Vgl. E1p15s.

143 Vgl. Ep. 12.

dend.[144] Spinoza stellt den vielen Philosophen, die auf die falsche Weise Substanz und Ewigkeit durch die Vorstellung entstellen und das aktuale Unendliche leugnen, Mathematiker gegenüber. Spinoza zufolge haben Mathematiker vieles entdeckt, was sich durch keine Zahl erklären lässt, und auch viele Dinge erörtert, die sich mit keiner Zahl vergleichen lassen, sondern jede mögliche Zahl übersteigen. Spinoza führt dann als Beispiel die Gesamtzahl der ungleichen Zwischenräume zwischen zwei nicht konzentrischen Kreisen an. Dieses Beispiel einer mathematischen Figur ist ein wichtiges Beispiel, weil es die Unendlichkeit des Endlichen zeigt und nicht die einfache Unendlichkeit der unendlichen Ausdehnung des Universums.

Jacobis und Hegels Diskussion über das Unendliche bei Spinoza konzentriert sich auf das Verständnis des aktual Unendlichen im Beispiel des mathematischen Bildes. Jacobi konstatiert in der Beilage VII in seinen *Spinoza-Briefen* Folgendes:

> Er mußte eine unendliche Reihe von einzelnen Dingen, deren eins nach dem andern zur Wirklichkeit gekommen war, also, im Grunde, eine *ewige Zeit*, eine unendliche Endlichkeit annehmen. Das Ungereimte dieser Behauptung suchte er durch Gleichnisse aus der Mathematik zu vertilgen, und versicherte, es läge blos an unserer Imagination, wenn wir uns eine unendliche Reihe auf einander folgender, objectiv und wirklich auseinander entspringender einzelner Dinge, als eine ewige Zeit vorstellen. (JW1.1, 251)

Der erste Satz in diesem Zitat scheint die recht irreführende Stelle zu sein, die Hegels Missverständnis von Jacobis Deutung verursachte. Im zweiten Satz ist Jacobis Verständnis bereits klar, dass die Unsinnigkeit der Annahme der ewigen Zeit und der unendlichen Endlichkeit von Spinoza verstanden ist; d. h., Jacobi paraphrasiert nur Spinozas Aufweis, dass die Ewigkeit durch die Vorstellung zur endlichen Zeit gebracht wird und sie durch diese bestimmte Vorstellung der Zeit entstellt wird. Insofern ist hier Jacobis Absicht der Kritik an Spinoza nicht zu finden. Jacobi hält Spinozas Kritik an den vielen Philosophen, die durch die Vorstellung betrogen sind, selbst für positiv, in diesem Punkt sind beide Stand-

144 Wie später zu erklären ist, ist der Begriff des Maßes als Gottes noch nicht in der zweiten Auflage der *Spinoza-Briefe* (1789) aufgezeigt, er wird von Jacobi vermutlich erst in seiner Deutung des *Philebos* Platons in der Zugabe »An Erhald O**« im Roman *Allwill* (1972) aufgezeigt. Vgl. Kapitel 3.3. Nicht nur Jacobi, sondern Hegel auch nimmt den anderen Standpunkt gegenüber Spinozas Standpunkt ein, dass Zahl, Maß und Zeit nicht unendlich, sondern nur Hilfsmittel des Vorstellens ist. Vgl. Ep. 12. Die Überwindung des spinozistischen Begriffes des Maßes scheint deswegen das Bestehen des Maßbegriffs in Hegels Seinslogik zu bestimmen. Vgl. Kapitel 2.4.2.

punkte gleich. Jacobi wendet sich vielmehr gegen Spinozas Weise des Vertrauens auf das mathematische Bild:

> Ich glaube aber, es war vielmehr Spinoza, der sich hier durch seine Imagination betrügen ließ; denn die Folge, welche in den mathematischen Gleichnissen vorgestellt wird, ist keine objective und wirkliche, sondern eine subjective und blos idealische, die auch nicht einmal idealisch vorhanden seyn könnte, wenn ihr nicht eine *wirkliche* Succeßion in dem Subject, welches sie in Gedanken erzeugt, zum Grunde läge, und dadurch das Stehende in ein Fließendes verwandelt würde. (JW1.1, 251)

Jacobi tadelt, dass Spinoza Mathematiker unterstützt, die viele, eine jede mögliche Zahl übersteigende Dinge verstehen, um die Entstellung des Unendlichen durch die Vorstellung von Zeit, Maß und Zahl zu kritisieren, und dass er sich auf das mathematische Bild beruft, um das, dessen Grenzen wir, obwohl wir das Maximum und Minimum haben, nicht mit einer Zahl messen und erklären können (Ep. 12), aufzuzeigen. Jacobi zufolge ist die Gesamtzahl der ungleichen Zwischenräume zwischen zwei nicht konzentrischen Kreisen nur die subjektive, nicht die wirkliche Folge. Aber warum Jacobi die Verwandlung des Stehenden in ein Fließendes erzählt, ist nicht unbedingt klar. Bei Spinoza sind zwar Bewegung und Ruhe die Beispiele von unendlichen Modi (E2p13lem7; Ep. 64). Warum Jacobi hier diese Verwandlung des Stehenden zum Fließenden voraussetzt und die mathematische Folge durch ihre Abhängigkeit von der Verwandlung erklärt, lässt sich daraus erklären, dass bei Jacobi die Zeit als Vorstellung ein Fließendes ist.[145] Jacobis Verständnis über das Problem nach entstehen »Absonderung und Wiedervereinigung« (JW1.1, 251) des Subjektiven durch die Vorstellung und die fließende Zeit und des Objektiven durch den Verstand, der die wirkliche sukzessive Ewigkeit ermöglicht. Aber die Verwechselung der Vorstellung und Verstand ist bereits von Spinoza kritisiert, insofern scheint Jacobi mit dieser Kritik übereinzustimmen.

Eine lange Fußnote für diese Stelle ist von Jacobi in der dritten Auflage der *Spinoza-Briefe* hinzugefügt, aber der Inhalt stimmt im Wesentlichen mit dem Inhalt an anderer Stelle in der zweiten Auflage überein, auf den sich Hegel in *Glauben und Wissen* bezieht, und der gleiche Inhalt ist bereits im Hauptsatz der zweiten Auflage ausgeführt. Im folgenden Hauptsatz handelt es sich um Spinozas unmittelbare Modi der Substanz, Jacobi konstatiert E2p44 und den Folgesätzen nach Folgendes: »[…] so konnten auch die *einzelnen Dinge* keinen Anfang genommen haben. Sie waren also nicht allein dem Ursprunge nach von

145 Vgl. JW2.1, 53. Die Verwandlung von der Ruhe zur Bewegung lässt sich in Bezug auf die Entfaltung der Ruhe zur Bewegung im Kapitel 9 von *Idiota de mente* von Nikolaus von Kues verstehen. Vgl. Nikolaus von Cues, *Idiota de mente*, 58.

Ewigkeit her; sondern auch, ihrer Succeßion unbeschadet, dem Vernunftbegriffe nach, alle *zugleich* vorhanden [...].« (JW1.1, 253) Die Gleichzeitigkeit und Nichtzeitlichkeit der Dinge unter einem Aspekt von Ewigkeit durch Vernunft wird zwar auch bei Spinoza behauptet. Bei Jacobi wird aber »Succeßion« (ebd.) auch als mit dieser Ewigkeit, Gleichzeitigkeit und Nichtzeitlichkeit verbunden im Zusammenhang mit dem »Successive[n]« (JW2.1, 52) aufgezeigt, das in *David Hume* (1787) mit dem affirmativen Sinne als das Unbegreifbare entfaltet ist. Danach erzählt Jacobi über die Zurückführung der »Begriffe von *Zeit*, *Maaß* und *Zahl*« (JW1.1, 253), die bei Spinoza nur Hilfsmittel der Vorstellung ist, zum Wahren, d. h. über das Begreifen unter dem Aspekt der Ewigkeit durch die Vernunft (E5p29).

Wir kommen hier zur oben bereits genannten, in der dritten Auflage hinzugefügten Fußnote zurück. Am Ende dieser Fußnote geht es um die Zurückführung der endlichen Zeit der Vorstellung zur Ewigkeit durch die Vernunft. Jacobis Kritik im Ausgangspunkt dieser Fußnote richtet sich auch darauf, dass der Wirkungszusammenhang der Einzeldinge unvollendet bleibt. Spinoza behauptet durch die Voraussetzung des unendlichen Wirkungszusammenhangs der Einzeldinge (E1p28) und des Produzierens und Zerstörens der Einzeldinge (E4d4; E4a), dass ein Mensch notwendigerweise Formen des Erleidens unterworfen ist (E4p4dem und c). Jacobi wendet sich in dieser Fußnote nicht gegen »ein *gewordenes Werden* der einzelnen Dinge« (JW1.1, 252), das dem Koinon als dem gewordenen Sein in Platons *Philebos* entsprechen würde, sondern gegen die zeitliche Unendlichkeit, die durch die unendliche Kette des Wirkungszusammenhangs der Einzeldinge entsteht, d. h. gegen »ein nichtgewordenes, Anfang- und Endloses Werden, ein wahrhaft wirkliches Entstehen und Vergehen derselben [der einzelnen Dinge; M. S.]« (ebd.).[146] Dieses Werden ist nicht die Ewigkeit, zu der die Vorstellung durch die Vernunft zurückgeführt wird, sondern noch im Prozess des Werdens, deshalb noch unvollendet, in diesem Sinne ist es nur das schlechte Unendliche und der unendliche Progress, der in der Endlichkeit befangen ist. Es ist Jacobi zufolge »nur in einem ewigen, in sich selbst kreisenden, Flusse« (ebd.). Dies ist keineswegs das, was unter dem Aspekt der Ewigkeit begriffen ist, sondern der nur durch die Vorstellung erfasste passive Kreislauf in der unendlichen Zeit, die das Streben der Selbsterhaltung erfährt (E3p8). Jacobi scheint seine gelangweilte Haltung gegen die Unbestimmtheit der empirischen Zeit in diesem Wirkungszusammenhang der Einzeldinge zu äußern.[147] Die Kreisbewegung gilt manchmal als die primäre ewige Bewegung,

146 Über das gewordene Sein vgl. Platon, *Philebos*, 27b8–9, 26d8; *Timaios*, 27d-28c; besonders über *Philebos*, 27b, vgl. Kapitel 3.1. Hegel prägt das Wesen als »das vergangene, aber zeitlos vergangene Sein« (GW11, 241) aus. Vgl. Kapitel 2.5.2.

147 Jacobis negative Ansicht über die kreisende lange Zeit hat erstens den Hintergrund von Hemsterhuis' hoher Wertschätzung der Schönheit, die in der kürzesten Zeit erfasst wird. Sie ist

bei Aristoteles ist sie auch die Bewegung des unbewegt Bewegenden.[148] Hingegen nimmt Jacobi hier die unbestimmte Kreisbewegung an, die der Mensch durch die Vorstellung und Zeit passiv erfährt, denn diese unbestimmte Bewegung schließt den ursprünglichen schöpferischen Zeitpunkt aus, darüber hinaus kann man die ähnliche Kritik an dieser Bewegung auch im Ausdruck »ein ärgerliches, aber richtiges Bild« (JW6.1, 15) von der Kreisbewegung, wie jene der Laufbahn des Krans in Jacobis Roman *Allwill* (1776), finden. Jacobi konstatiert über die Umwandlung der Dimension der Vorstellung und Zeit zur Dimension der Vernunft Folgendes:

> Unwidersprechlich behauptete also Spinoza das wirkliche Daseyn einer *ewigen Zeitlichkeit*, ein Anfangsloses, aber wirkliches und wahrhaftes Entstehen und Vergehen endlicher wirklicher und wahrhafter einzelner Wesen in einer nothwendigen Folge. Den Einwurf aber, daß es eine Ungereimtheit sey, anzunehmen, *es könne eine ewige Zeit auf den heutigen Tag kommen*, entfernte er mit leichter Mühe dadurch, daß er zeigte, wie die Zeit vor der Vernunft nothwendig und von selbst aus dem Zeitlichen verschwinde; womit dieses dann so fort zu einem unveränderlichen Ewigen, zu der leibhaften Gottheit selbst verklärt werde. (JW1.1, 252)

Bei Jacobis Behandlung von Spinozas Annahme des wirklichen Daseins der ewigen Zeitlichkeit handelt es sich darum, dass die ewige Zeit wegen der Vorstellung keineswegs die Endlichkeit aufheben kann, darum nicht, weil die Ewigkeit in der Zeitlichkeit sich fände, denn die wahre Ewigkeit ist natürlich in der endlichen Zeit nicht möglich. Deshalb kritisiert Jacobi hier nicht Spinoza über »das wirkliche Daseyn einer *ewigen Zeitlichkeit*« (ebd.), sondern nimmt vielmehr Spinozas Kritik an der Vorstellung auf. Aber er scheint einerseits Spinozas Theorie der Zurückführung unter dem Aspekt der Ewigkeit durch die Vernunft (E2p44c2; E5p29) zu akzeptieren, andererseits bestätigt er nur die Aufgabe der Zurückführung und stimmt nicht über die Methode mit Spinoza überein. Jacobis Bewertung von Spinozas Zurückführung zum Wahren durch die Vernunft ist schließlich negativ, denn Jacobi zufolge lässt die Aufgabe der Zurückführung zum Wahren sich nicht durch die begreifende Vernunft erreichen.

Wie steht Hegel zu Jacobis Kritik an Spinoza? Er unterscheidet richtig das aktuale Unendliche durch den Verstand und das Unendlichen der Einbildungskraft, ebenso wie in der Erklärung der reinen Quantität in der *Wissenschaft der Logik*.[149] Hegel versteht richtig in *Glauben und Wissen* das Unendliche der Ein-

zweitens mit der Vorstellung der kreisend gezogenen Bahn Gottes der Rache verbunden. Vgl. Platon, *Nomoi*, 716a; FHA4, 570.

148 Vgl. Aristoteles, *Metaphysik*, 1072b10.

149 Vgl. TW2, 345; GW21, 178.

bildungskraft als »die empirische Unendlichkeit« (TW2, 346). Diese empirische Unendlichkeit bezieht sich auf die Unendlichkeit des Wirkungszusammenhangs der Einzeldinge (E1p28). Indem Hegel aber falsch zu stark markiert, dass die endlichen Einzeldinge im Wirkungszusammenhang selbst ohne die Abhängigkeit von der Substanz nicht begriffen werden können (E1p15), leitet er sein falsches und extremes Urteil wie folgt ab: »[...] mit dem nicht Ansichsein der endlichen Dinge fällt unmittelbar solche empirische Unendlichkeit und die Zeit hinweg« (TW2, 347), denn eigentlich geht es nicht um das Sein der Vorstellung, Zeit und der anderen, sondern um den Unterschied der Vorstellung vom Verstand sowohl bei Spinoza als auch bei Jacobi. Auf die Stelle, wo Jacobi nur die Deutung von Spinozas Philosophie aufzeigt und schwer als falsch zu interpretieren ist, reagiert Hegel maßlos:

> Jacobi sagt, Spinoza versichere, es läge bloß an unserer Imagination, wenn wir uns eine unendliche Reihe *aufeinander folgender, objektiv und wirklich auseinander entspringender einzelner* Dinge als eine ewige Zeit vorstellen. Aber wie sollte denn Spinoza eine unendliche Reihe *aufeinander folgender, objektiv und wirklich auseinander entspringender einzelner Dinge als etwas Ansichseiendes*, und nach der Wahrheit betrachtet, haben gelten lassen? (TW2, 347)

Hegel interpretiert Jacobis Paraphrase als Kritik an Spinoza, unternimmt die Verteidigung von Spinoza und vernichtet die Problematik der empirischen Unendlichkeit selbst. In diesem Sinne missversteht Hegel Jacobis Darstellung und entfernt sich sogar vom richtigen Verständnis der Philosophie Spinozas, die von Jacobi richtig interpretiert wurde. Deswegen basiert Hegels dem obigen Zitat folgender Satz auch nur auf seinem Missverständnis.[150]

Wie hat Hegel dann das aktuale Unendliche des mathematischen Bild Spinozas verstanden? Er versteht das aktuale Unendliche anhand des Beispiels der Gesamtzahl der ungleichen Zwischenräume zwischen zwei nicht konzentrischen Kreisen wie folgt:

150 Hegel konstatiert: »Der Fehler liegt schon an dieser Reihe einzelner und aufeinander folgender Dinge, welche Jacobi als ein Absolutes ansieht, und es ist Jacobi, der das Einzelne und die Zeit in die Unendlichkeit des Spinoza hineinträgt. [...] So setzt Jacobi das Abstraktum der Zeit und das Abstraktum eines einzelnen Dinges, Produkte der Einbildung und der Reflexion als an sich seiend und findet, daß, wenn das absolute Zugleich der ewigen Substanz gesetzt wird, das einzelne Ding und die Zeit, die nur sind, insofern sie von ihr weggenommen waren, ebenfalls mitgesetzt werden, – aber reflektiert nicht darauf, daß [sie], indem sie der ewigen Substanz, von der sie genommen sind, wieder gegeben werden, aufhören, das zu sein, was sie nur von ihr abgerissen sind; er behält also, in der Unendlichkeit und Ewigkeit selbst, Zeit und Einzelheit und Wirklichkeit.« (TW2, 347 f.) Die Unangemessenheit von Hegels Kritik an Jacobi ist von Sandkaulen ausführlich diskutiert. Vgl. Sandkaulen 2012, 249.

> Das Beispiel Spinozas ist der Raum, der zwischen zwei Kreisen eingeschlossen ist, welche nicht einen gemeinschaftlichen Mittelpunkt haben, nach der Figur, die er auch als sein echtes Symbol vor seine Prinzipien der Cartesianischen Philosophie setzen ließ, indem er durch dieses Beispiel die empirische Unendlichkeit aus dem endlosen Hinaustreiben des Einbildens zurückgeholt und sie vor sich hingebannt hat. [...] [E]s ist in diesem begrenzten Raume ein *wirkliches* Unendliches, ein *actu* Unendliches. Wir sehen in diesem Beispiel nämlich das Unendliche, das oben als die absolute Affirmation oder der absolute Begriff bestimmt worden ist, zugleich für die Anschauung, also im Besonderen dargestellt, und der absolute Begriff ist *actu* die Identität Entgegengesetzter [...]. (TW2, 349 f.)

Hegels Verständnis des aktualen Unendlichen durch das mathematische Bild ist richtig. Er geht aber über die immanente Interpretation des mathematischen Bild hinaus zur Erklärung der Inkommensurabilität der unendlichen Reihen der Mathematiker über, indem er »die Behauptung des Heraklit von der durchgängigen Coincidenz des Entgegengesetzten« (JW1.1, 204) in der Beilage I der *Spinoza-Briefe* nicht erwähnt, aber darauf aufbaut. »[D]as Unendliche, das [...] als die absolute Affirmation oder der absolute Begriff bestimmt worden ist« (ebd.), findet sich in der mathematischen Figur als dem Besonderen. Wenn wir die unendlichen Reihen sehen, sind diese Reihen nicht mehr in der Identität des Begriffs, sondern im Vergleich und Verhältnis der Teile. Hegel betrachtet in diesem Übergang die Umwandlung der Geometrie zur Analytik. Während sich sein konsequentes Interesse für Analytik in der langen Anmerkung über die mathematische Unendlichkeit in der zweiten Auflage der *Wissenschaft der Logik* auch findet, vermeidet Jacobi, sich mit dem mathematischen Bild oder dem konkreten Problem der Mathematik zu beschäftigen.[151]

Hegel sieht bei der Betrachtung der obigen mathematischen Figur zwar den Übergang von der begrifflichen Identität zum Verhältnis der besonderen Teile, aber er betrachtet den Übergang nicht als eine einseitige Bewegung von der Allgemeinheit zur Besonderheit, sondern sieht die zurückkehrende Bewegung von der Besonderheit zur Allgemeinheit und hält sie für kompatibel mit Spinozas Deutung des aktualen Unendlichen. Da diese Bewegung als das Ganze deshalb einerseits die Negation des abstrakten Begriffs zu unendlichen einzelnen Linien durch die analytische Erkenntnis ist, andererseits die Negation der unendlichen einzelnen Linien zum subsumierenden Begriff durch »intuitive oder

151 Vgl. OrP, 27 f.; GW21, 299 f. Ziche weißt in der Einleitung für *Christoph Friedrich von Pfleiderer, Physik: Nachschrift einer Tübinger Vorlesung von 1804* darauf hin, dass Jacobi privat von Le Sage unterrichtet wurde, dass ihm empfohlen wurde, bei Le Sage Algebra zu hören, dass der Briefwechsel Jacobis mit Le Sage die Mathematik nicht erwähnt, sondern sich auf philosophische und historische Frage konzentriert. Vgl. Ziche 1994, 10.

geometrische Erkenntnis« (TW2, 351) ist, daher beide durchaus von der Bewegung der Negation durchdrungen sind, wird sie »absolute Negation« (ebd.) bzw. »Unendlichkeit, Denken, absoluter Begriff, absolute reine Affirmation« (ebd.) genannt. Wie gezeigt, denkt Jacobi bei der Kritik an Spinozas Zurückführung zum Wahren durch die begreifende Vernunft an die Zurückführung von der maßlosen Inkommensurabilität zum göttlichen Maß. Hegel denkt auch hier anhand Spinozas mathematischer Figur an die Rückkehr zur Einheit, die später von ihm selbst zum Begriff des Maßes entwickelt werden wird, und in diesem Sinne denken beide an die Bewegung der Rückkehr zu sich selbst.[152] Aber insofern Hegel den absoluten Begriff in der absoluten Negation markiert, steht Jacobis Weise, in der er unmittelbar an das Unbegreifbare als das Übernatürliche glaubt, indem er aufhört, zu begreifen, Hegels wissenschaftlich begreifendem absolutem Begriff deutlich gegenüber.[153]

152 In diesem Sinne findet sich in Spinozas Philosophie trotz Hegels Behauptung des Mangels an dem inneren Erkennen und der Persönlichkeit in seiner Wesenslogik nicht nur die einseitige Emanation, sondern auch die Rückkehr der Substanz zu sich selbst. In Troxlers Nachschrift von 1801/02 wird zwar die Beziehung zwischen der Eins und den Vielen als durch Maßstab und Vernunft erfassbar verstanden, aber sie ist noch nicht klar. Aber im Jenaer Systementwurf II wird die Doppelsinnigkeit der numerischen Eins »absolutes Maaß« genannt. Vgl. GW23.1, 7, GW7, 14, Kapitel 3.4.2, Kapitel 4.3.

153 Nachdem Hegel Jacobis Deutung über Platons Verbindung des Mannigfaltigen und Einen in *Über das Unternehmen des Kritizismus* (1802) erwähnte, sagt er über den entscheidenden Unterschied von Jacobis Philosophie, d. h. den Unterschied zwischen der Wissenschaft und dem Glauben: »[A]ls geistreiche Darstellung hütet die Vernunft sich, in [sich] das Unendliche des Begriffs aufzunehmen und Gemeingut und Wissenschaftlichkeit zu werden, sondern bleibt, von der Subjektivität affiziert, ein Eigentümliches und Besonderes. An dem Ring, dem Symbol der Vernunft, den sie darbietet, hängt ein Stück Haut von der Hand, die ihn reicht, das man entbehren will, wenn die Vernunft wissenschaftliche Beziehung und mit Begriffen zu tun hat [...].« (TW2, 356) Hegel kritisiert hier in Bezug auf konkurrierten Besitz des Rings als der Wahrheit in Lessings *Nathan der Weise* daran, dass Jacobis Standpunkt nicht dem Gemeingut des Wissens durch das wissenschaftliche Begreifen offen ist, dass er im Besitz der Wahrheit durch das esoterische, individuelle Subjekt festsitzt. Wenn man sich an Jacobis Verweis auf Platons siebten Brief (341c-d) erinnert, ist Jacobis Ziel zwar nicht exoterisch, aber es hat die Grundlage der gemeinsamen Bemühung und des gemeinsamen Lebens, und zwar beabsichtigt er nicht, es als nicht mitteilbar zu erhalten, sondern das Hindernis wegzuräumen. Vgl. JW1.1, 86. Hegel konstatiert in *Über das Wesen der philosophischen Kritik überhaupt* (1802) anders als im *Glauben und Wissen*: »Dagegen hat eine andere herrschende Manier durchaus nur nachteilige Seiten, nämlich diejenige, welche sogleich die philosophischen Ideen, wie sie hervortreten, *populär* oder eigentlich gemein zu machen bestrebt ist. Die Philosophie ist ihrer Natur nach etwas Esoterisches, für sich weder für den Pöbel gemacht noch einer Zubereitung für den Pöbel fähig [...]. [S]o muß die Philosophie zwar die Möglichkeit erkennen, daß das Volk sich zu ihr erhebt, aber sie muß sich nicht zum Volk erniedrigen.« (TW2, 182) Über Lessings und Hegels Kritik am Besitz der Wahrheit wie Geld vgl. Nuzzo 2009.

1.5.3 Die Unendlichkeit und der absolute Geist im Jenaer Systementwurf II

Der Jenaer Systementwurf II (1804/05) besteht aus Logik, Metaphysik und Naturphilosophie. Hegel handelt den Begriff der Unendlichkeit in der Logik ab.[154] Das Verständnis der Unendlichkeit im letzten Abschnitt der Metaphysik »Der absolute Geist« bezieht sich vor allem auf die Begriffe der Selbstanschauung und der intellektuellen Anschauung, die prominent von Schelling diskutiert werden. In der *Differenzschrift* ist zwar von dem Konstruieren des Absoluten für das Bewusstsein die Rede. Allerdings fehlte der systematische Gedanke einer als Kreislauf zu interpretierenden Rückkehr. Im »absolute[n] Geist« des Systementwurfs tritt der Gedanke des Kreislaufs des Geistes als des Sich-selbst-Gleichen prominent in Erscheinung.[155] Dieses »[S]ichselbstgleiche erkennt das Unendliche als ein Gleiches« (GW7, 173). Durch dieses Erkennen begreift der Geist sich selbst.[156] Dieses Begreifen des Geistes seiner selbst wird von Hegel »der absolute Kraislauff des absoluten Geistes« (ebd.) genannt. Der Geist kehrt durch den Kreislauf zu seinem ersten Moment zurück.[157] Der absolute Geist ist, indem er das Andere als sich selbst setzt, »die in sich zurückkehrende Unendlichkeit« (GW7, 177). Die Metaphysik wird dort als dieses »Werden« (ebd.) des Geistes bezeichnet.

1.5.4 Der Unendlichkeitsbegriff in der *Phänomenologie des Geistes*

Die nähere Betrachtung des Unendlichkeitsbegriffs im Jenaer Systementwurf erfolgt in einem späteren Kapitel.[158] In diesem Kapitel sollte der Begriff der Unendlichkeit an zwei Stellen der *Phänomenologie des Geistes* kurz betrachtet werden. In diesem Werk ist die Unendlichkeit ein wichtiger Begriff und begleitet einige andere Vorstellungen. Die erste Stelle ist »III. Kraft und Verstand, Erscheinung und übersinnliche Welt«, in welcher der Unendlichkeitsbegriff mit der Vorstellung des Blutes verbunden dargestellt wird, die zweite Stelle ist das Ende dieses Werkes, d. h. Hegels abgewandeltes Zitat aus Schillers Gedicht *die Freundschaft* (1782).

An der ersten Stelle, im Kapitel »III. Kraft und Verstand, Erscheinung und übersinnliche Welt«, ist der Verstand der Begriff, der die unterschiedlichen Mo-

154 Über die Unendlichkeit in der Logik des Jenaer Systementwurfs II vgl. Kapitel 4.

155 Vgl. GW7, 173.

156 Vgl. ebd.

157 Vgl. GW7, 176.

158 Vgl. Kapitel 4.

mente der Kraft trägt.[159] Daraus entsteht die Kraft, die »nur als *Gegenstand des Verstandes*« (GW9, 88) ist, und »eine übersinnliche als die *wahre* Welt« (GW9, 89) schließt sich auf. Diese erste übersinnliche Welt wird ins Gegenteil umgekehrt und wird die verkehrte Welt.[160] Diese verkehrte Welt ist »sie selbst, und ihre entgegengesetzte in Einer Einheit« (GW9, 99), »der Unterschied als *innerer*« (ebd.) wird Unendlichkeit genannt. Dieser Unendlichkeitsbegriff nimmt folgende drei Schritte: (α) das Einfache ist erstens ein Sich-selbst-Gleiches, aber es entzweit sich gleichzeitig und verdoppelt sich selbst, (β) zweitens ist es das Entzweite (der Raum und Zeit oder die Entfernung und die Geschwindigkeit als Momente der Schwere), (γ) drittens wird es »ein *Unterschied*, welcher kein *Unterschied* ist« (ebd.). Dieser Prozess, in dem das Einfache sich entzweit und in sich selbst einen Unterschied macht, der kein Unterschied ist, wird mit der Vorstellung des Blutes verbunden.

> Diese einfache Unendlichkeit, oder der absolute Begriff ist das einfache Wesen des Lebens, die Seele der Welt, das allgemeine Blut zu nennen, welches allgegenwärtig durch keinen Unterschied getrübt noch unterbrochen wird, das vielmehr selbst alle Unterschiede ist, so wie ihr Aufgehobensein, also in sich pulsiert, ohne sich zu bewegen, in sich erzittert, ohne unruhig zu sein. Sie ist sich*selbstgleich*. (ebd.)

Das Blut geht vom Herz aus, läuft durch die Trennung durch den ganzen Körper und kommt wieder zum Herz zurück: dies entspricht dem Prozess vom Einfachen zur Trennung, von der Trennung zum Einfachen.[161] Auch wenn das Blut im ganzen Körper sich trennt, ist es an sich das einfache Blut, in diesem Sinne ist es »ein *Unterschied*, welcher kein *Unterschied* ist« (ebd.).

Dieses Motiv des Blutes bzw. der Adern wird am Ende von Hölderlins Hyperion als Bewegung des einigen Lebens bezeichnet: »Es scheiden und kehren im Herzen die Adern und einiges, ewiges, glühendes Leben ist Alles.« (StA3, 160) In Jacobis *Woldemar* ist auch die Bewegung, in der die Freude durch Herz und Adern läuft, mit dem warmen Gefühl beim Wiedersehen von Freundinnen, mit dem Gefühl des Lebens verbunden.[162] Bei Hölderlin und Jacobi ist mit dem Fluss des Blutes die Bewegung der Freundschaft und der Liebe in der menschlichen Beziehung ausgedrückt, dass die frühere ursprüngliche harmonische Einheit

159 Vgl. GW9, 84.

160 Vgl. GW9, 97.

161 Vgl. Empedokles' Fragmente über Blut, DK31B105; DK31A86, B107.

162 »Noch keinmal war ihm die Freude, seine Allwina, seine Henriette wieder zu sehen, so warm durch Herz und Adern gelaufen; es kam ihm vor, als nähme er zum erstenmal wahr, daß er so sehr geliebt sey.« (JW7.1, 367)

sich trennt und sich wiedersieht. Bei Hegel werden aber diese metaphorischen Ausdrücke getilgt und zur Unendlichkeit als dem abstrakten Begriff erhoben.

Am Ende vom Kapitel »VIII. Das absolute Wissen« wird Schillers Gedicht *Die Freundschaft* von Hegel verändert und zitiert. In dem Kapitel des absoluten Wissens erreicht der Geist das Selbstwissen, das als »*Insichgehen*« (GW9, 433) bzw. als »*Er-Innerung*« (ebd.) des Geistes erklärt ist. Diese »*Er-Innerung*« des Geistes nimmt die Form der Geschichte und der Wissenschaft des erscheinenden Wissens an, das, was beides zusammen ist, wird als »die begriffene Geschichte« (GW9, 434) verstanden. Diese begriffene Geschichte wird wie folgt erklärt und darauf folgt das von Hegel veränderte Zitat von Schillers Gedicht:

> [...] beide zusammen, die begriffene Geschichte, bilden die Erinnerung und die Schädelstätte des absoluten Geistes, die Wirklichkeit, Wahrheit und Gewißheit seines Throns, ohne den er das leblose Einsame wäre; nur –
> aus dem Kelche dieses Geisterreiches
> schäumt ihm seine Unendlichkeit. (GW9, 434)

Auf dem Thron des absoluten Geistes ist die Wiedervereinigung von sich selbst im Selbstwissen des Geistes. Deswegen wird der Geist ohne diese Vereinigung sich zerstreuen und die kalte Einsamkeit leiden, in der kein Blut fließt. Aber wenn diese Selbstvereinigung und die Rückkehr zu sich selbst realisiert werden und die begriffene Geschichte geworden ist, wird der Geist des Menschen durch dieses Begreifen von sich selbst zum freien Wesen, und die Unendlichkeit des Geistes schäumt aus dem Kelch.[163]

Am Ende von Schillers Gedicht *Die Freundschaft* aus den Briefen Julius' an Raphael, einem noch ungedruckten Roman, wird die Schöpfung des Geistes als das Ebenbild Gottes in der Erschaffung der Welt dargestellt.

> Freundlos war der große Weltenmeister,
> Fühlte Mangel darum schuf er Geister,
> Selge Spiegel seiner Seligkeit! –
> Fand das höchste Wesen schon kein gleiches,
> Aus dem Kelch des ganzen Seelenreiches
> Schäumt ihm – die Unendlichkeit. (SNA1, 111)

Der Weltenmeister empfindet seine Freundlosigkeit als einen Mangel und erschafft Menschen, welche Geister haben. Sie sind der Spiegel Gottes, aber er kann in den Geschöpfen niemand ihm Gleiches finden. Aber die Seelen, als Geister vorgestellt, welche die Erschaffung der Welt zutage geführt hat, er-

163 Vgl. »[...] der Mensch ist ein Gewand, das oft ein Gott sich umwirft, ein Kelch, in den der Himmel seinen Nektar gießt, um seinen Kindern vom Besten zu kosten zu geben.« (StA3, 73)

scheinen in vielfältigen Gestalten, und der Schöpfer liebt die Geister der Menschen als Freunde. Hassen ist Tod, Liebe ist Göttlichkeit, »Aufwärts durch die tausendfache Stufen/ Zahlenloser Geister, die nicht schufen, Waltet göttlich dieser Drang« (ebd.). Die schäumende Unendlichkeit ist der Drang der Liebe, die über diese unzähligen Geister hinweg sich an Gott richtet: eine Rückkehr Gottes zu sich selbst.

Die Unendlichkeit in Hegels verändertem Zitat ist die Rückkehr zu sich selbst durch das Selbstwissen des Geistes und die Wiederherstellung des Lebens durch die Wiedervereinigung. In Schillers Gedicht hingegen sind die zahlenlosen Stufen der Geister noch ein Zwischenzustand, da, wie im Gedicht ausgedrückt, das höchste Wesen kein Gleiches fand, d. h., Gott findet nur unvollständige Ebenbilder.[164] In diesem Sinne gibt es in Schillers Unendlichkeit keine vollständige Rückkehr zu sich selbst.

1.6 Die Unendlichkeit des Quantums und die Wiederherstellung der Qualität

1.6.1 Die mathematische Unendlichkeit und die Beziehung der Qualität und der Quantität

Wir haben im Kapitel 1 bereits die drei Stufen des Unendlichkeitsbegriffs im Abschnitt der Qualität der Seinslogik betrachtet. Wie aber Hegels relativ langen Anmerkungen über die mathematische Unendlichkeit in der zweiten Auflage der Seinslogik zu entnehmen ist, darf die mathematische Unendlichkeit im Abschnitt der Quantität auch keineswegs unterschätzt werden. Man kann im Hinblick auf die Bedeutung der mathematischen Unendlichkeit auch das Verhältnis im Differentialkoeffizienten als Beleg anführen und sie in dieser Bedeutung weiter untersuchen. In diesem Verhältnis geht es um die Beziehung zwischen Qualität und Quantität, die Hegel, anders als Schelling, im Differentialquotienten lokalisiert und durch die er die logische Wiederherstellung der Qualität und die Rückkehr in sich selbst abgeleitet hat.

Hegels Auseinandersetzungen mit dem Begriff der Quantität und der Größe durchziehen seine gesamte Philosophie. Als sein Ansatz in seiner frühen Zeit

164 In Schillers *Über die ästhetische Erziehung des Menschen* in einer Reihe von Briefen ist der Begriff der Unendlichkeit »der Abstand« bzw. »*ein*[] *mittler*[er] *Zustand*« (SNA20, 366) zwischen Materie und Form, zwischen Leiden und Tätigkeit, zwischen Empfinden und Denken. Er ist gleichzeitig »Vereinigung und Auswechslung« (SNA20, 397) von beiden Seiten, dadurch sei »die Ausführbarkeit des Unendlichen in der Endlichkeit, mithin die Möglichkeit der erhabenen Menschheit« (ebd.) bewiesen.

können ein Auszug aus dem Werk von A. G. Kästner[165] und eine Betrachtung des Maßstabs im Aufsatz *Einige Bemerkungen über die Vorstellung von Größe* (1787) herangezogen werden.[166] In der Tübinger Zeit hat der Unterricht von C. F. Pfleiderer, der ein Euklid-Forscher war, nicht nur Schelling, sondern auch Hegel beeinflusst. Dieser Unterricht hat beide motiviert, mathematische Modelle in ihre philosophischen Untersuchungen einzubeziehen.[167] Deutlich sichtbar wird Hegels Affinität zum Begriff der Quantität und der Größe anhand der Überarbeitung der Seinslogik, der er zwei lange Anmerkungen über die Unendlichkeit des Quantums hinzugefügt hat.[168]

Es ist aber schwer, irgendein durchgängiges Motiv in Hegels Darstellung der Quantität zu finden. Auch im Abschnitt der Quantität der Seinslogik sind die Themen sehr verzweigt. Retrospektiv lässt sich allerdings die Aufgabe des Abschnittes der Quantität durch den Unterschied der Beziehung der Qualität und Quantität im Abschnitt des Maßes ermitteln. Im Rahmen des Maßes gibt es nämlich die qualitative Veränderung, die von der Ab- und Zunahme der Größe abhängt.[169] Diese qualitative Verwandlung im Abschnitt des Maßes ist grundsätzlich unterschieden von der des Abschnitts der Quantität, in dem die Qualität sich nicht verändert.[170] Im Abschnitt der Quantität geht es primär um die Ab- und Zunahme der Größe, sodass der qualitative Unterschied der Größe unberücksichtigt bleibt. Im Maß verändert sich dagegen eine Entität und wird zu einer anderen Entität. So wird z. B. Eis durch die Steigerung der Temperatur zu Wasser, und das Wasser verändert sich wiederum zu Luft. Es gibt im Maß

165 Vgl. B1, 4. Abraham Gotthelf Kästner (1719–1800) ist ein Mathematiker und Epigrammatiker. Seine Werke wurden auch von Novalis, Pfleideler und Schelling gelesen. Vgl. Ziche 1994, 11.

166 Vgl. Kapitel 2.2.2.

167 Vgl. Ziche 1996, 14.

168 Als Hintergrund der Revision des Abschnittes der Quantität lässt sich nennen, dass Hegel mit dem Mathematiker Dirksen (Enne Heeren Dirksen, 1788–1850) in Kontakt gekommen ist. Vgl. Wolff 1986, 202.

169 Die qualitative Verwandlung von Arché bei Thales und Anaximenes ist repräsentativ, und sie lässt sich im Abschnitt des Maßes finden. Die philosophische Betrachtung über die Veränderung des Zustandes des Wassers lässt sich bereits bei Thales und Anaximenes finden. Thales hält Wasser für den Ursprung aller Dinge, und Anaximenes hält Luft für denselben. Nach der letzten Theorie hat die Veränderung des Zustandes der Luft die Stufen der Verdünnung und der Verdichtung. Wenn Luft dünn wird, wird sie Feuer, wenn sie dicht wird, wird sie Wasser, und wenn das Wasser wiederum dicht wird, wird es Erde und Stein. Vgl. Rapp 2007, 49; DK13A5; vgl. A6 und A7.

170 »Wenn wir aber unter Grenze die quantitative Grenze verstehen und z. B. ein Acker diese seine Grenze verändert, so bleibt er Acker vor wie nach.« (GW21, 174)

eine sprunghafte Veränderung der Qualität. Das betrifft vor allem Aggregate wie feste Körper, Flüssigkeiten oder Gase.[171]

1.6.2 Hegels Kritik an der Abstraktion der Qualität und die Metaphysik der Dimensionen

Hegel schreibt in der *Phänomenologie des Geistes*: »[d]aß es der Begriff ist, der den Raum in seine Dimensionen entzweit und die Verbindungen derselben und in denselben bestimmt« (GW9, 33 f.) und dass die Mathematik davon abstrahiert. Seine theoretische Einstellung über die Mathematik bleibt in der *Wissenschaft der Logik* unverändert. Die Länge x, der Flächeninhalt x^2 und der Rauminhalt x^3 verändern sich begrifflich und qualitativ. Sie haben einen kontinuierlichen Prozess der Selbstproduktion und jede von ihnen enthält einen begrifflichen Übersprung. Andererseits ist die kontinuierliche Veränderung des Exponenten 1, 2 und 3 selbst nur mathematisch und quantitativ. Die Mathematik kann diese Veränderung, die durch die Exponenten ausgedrückt wird, nur unter der quantitativen Gleichheit aufzeigen. Hegel kritisiert, dass Schellings Begriff der Potenz durch die Gleichheit der Quantität von dem qualitativen begrifflichen Unterschied abstrahiert. Diese Kritik zeigt sich an der Stelle über das Potenzverhältnis in der *Wissenschaft der Logik*.

> Der Begriff in seiner Unmittelbarkeit wurde die *erste* Potenz, in seinem Anderssein oder der Differenz, dem Dasein seiner Momente, die *zweite*, und in seiner Rückkehr in sich oder als Totalität die *dritte* Potenz genannt. – Hiergegen fällt sogleich auf, daß die Potenz so gebraucht eine Kategorie ist, die dem Quantum wesentlich angehört [...]. Unterschiede, die dem Quantum zukommen, sind oberflächliche Bestimmungen für den Begriff selbst; sie sind noch weit entfernt, bestimmt zu sein, wie sie es im Begriffe sind. (GW21, 321)

Hier wird Schellings Position kritisiert, dass die Begriffe der Unmittelbarkeit, des Andersseins bzw. der Differenz und der Rückkehr in sich quantitativ dargestellt und symbolisiert werden. Da diese Kritik an der Anwendung der quantitativen Bestimmung auf die Bestimmung des Begriffs sich wiederholt, lässt sich ermessen, dass Hegel diesem Problem eine Bedeutung beimaß.

171 Vgl. GW21, 367. Lovejoy weist auf den Widerspruch des Wortes der qualitativen Kontinuität hin. Vgl. Lovejoy 1966, 332. Dieser Hinweis hat eine Gemeinsamkeit mit Hegels Kritik am Verständnis der allmählichen qualitativen Veränderung. Die Veränderung der Qualität ist nicht kontinuierlich. Diese Veränderung wird bei Hegel deshalb als plötzlich und unerwartet verstanden.

Wenn Hegel jedoch die Leistung der modernen Infinitesimalrechnung überprüft, hält er das mathematische Unendliche in der mathematischen Analytik für das wahrhafte Unendliche.[172] Das mathematische Unendliche setzt den Differentialkoeffizienten voraus, der die unendlichen Differenzen dx und dy als seine Momente hat.[173] Der Differentialkoeffizient bestimmt jedes Glied der unendlichen Reihe und Hegel kritisiert mithilfe Lagranges Kritik an Newton, dass »*eine bestimmte Bedeutung*« (GW21, 262) jedes Gliedes der Potenzreihe, d. h. »*das Glied, das die qualitative Bestimmung,* auf die es ankam, *enthält*« (GW21, 263), von Newton unberücksichtigt blieb.[174] Hegel kritisiert auf diese Weise einerseits Newton wegen seiner Abstraktion von der Qualität jedes Glieds der Reihe; andererseits findet er die positive Bedeutung darin, dass der Differentialkoeffizient, welcher der Differentialquotient ist und gleichzeitig als das wahrhafte Unendliche gelten kann, ein Quantum ist und zugleich begrifflich und qualitativ ist.

An die qualitative Bestimmtheit der Quantität zu erinnern, scheint eine Aufgabe der gesamten Anmerkungen zur mathematischen Unendlichkeit zu sein. Dies kann auch von der dritten Anmerkung behauptet werden. Hegel behandelt dort folgende Sätze Cavalieris: »*das Kontinuierliche ist nichts anderes als die Unteilbaren selbst*« (GW21, 305) und »*die Kontinuierlichen folgen nur der Proportion der Unteilbaren*« (GW21, 306). Die Fläche als ein Kontinuierliches besteht aus den Linien als den Unteilbaren, und die Linie als ein Kontinuierliches besteht aus den Punkten als den Unteilbaren. Dies wird in Bezug auf die Potenzlehre dargelegt.

> Die qualitative Bestimmtheit ist aber auch noch in weiterer, sozusagen schwächer Form vorhanden […]. [I]n der Anwendung auf räumliche Gegenstände zeigt sich das analytische Verhältnis ganz in seiner qualitativen Bestimmtheit als das Übergehen von linearen zu Flächenbestimmungen, von geradlinigen zu krummlinigen u.s.f. Diese Anwendung bringt es ferner mit sich, daß die räumlichen, ihrer Natur nach in Form von *kontinuierlichen* Größen gegebenen Gegenständen in *diskreter* Weise gefasst werden, die Fläche also als eine Menge von Linien, die Linie als eine Menge von Punkten u.s.f. (GW21, 300).

172 Vgl. GW21, 241.

173 Vgl. GW21, 251.

174 Klaucke erklärt, welche Aspekte von Lagrange für Hegel wichtig war: »Für Hegel sind drei Aspekte der Lagrangeschen Konzeption wichtig: 1. Die Bestimmung jedes Koeffizienten der Potenzreihe läßt sich auf die des ersten reduzieren. 2. Die Koeffizienten der Potenzreihe werden mit dem Differentialquotienten identifiziert. 3. Der Potenzreihenformalismus wird in der Geometrie und Mechanik angewendet. Diese konkrete Anwendung macht es Hegel möglich, die Glieder der Potenzreihe qualitativ zu deuten. Damit löst sich für Hegel das Problem des ›unendlichen Progresses‹ […].« (Klaucke 1990, 131)

Hegel versteht diesen Übergang vom Punkt zur Linie, zur Fläche und zu den Raumdimensionen durch den Begriff ›Außersichkommen‹: Die Multiplikation von Linien mit Linien ist »eine Veränderung nicht bloß der Größe, sondern ihrer als *qualitativer Bestimmung der Räumlichkeit*, als einer Dimension; das Übergehen der Linie in Fläche ist als *Außersichkommen* derselben zu fassen, wie das Außersichkommen des Punktes die Linie, der Fläche ein ganzer Raum ist.« (GW21, 301 f.)

Hegels Begriff der Raumdimensionen lässt sich bereits in der metaphysischen Betrachtung des Übergangs vom Punkt zur Linie und dieser zur Fläche in seiner *Dissertatio Philosophica de Orbitis Planetarum* finden und ebenfalls in der Darstellung des Übergangs vom Äther als dem seligen Geist, in welcher der Raum der absoluten Negativität entspricht.[175] Für die Erkenntnis der realen Materie muss man »dem abstrakten Begriff des Raumes« (OrP, 27) den Geist, die »mens« (ebd.), beigeben.[176] Wenn wir diesen Geist auf den Raum beziehen, dann haben wir den Punkt.[177] Der Geist ist dabei die Zeit, sie schafft durch die Erzeugung von sich selbst die Linie, die Fläche und den Würfel als *natura naturata*.[178]

175 Vgl. Bonsiepen 1985, 16 ff. Über den Jenaer Systementwurf II: »Dieses in seiner Unendlichkeit absolut in sich reflectirte, das sich selbstgleiche, das alle Momente derselben in sich selbst vertilgt hat, ist der ruhige bestimmungslose seelige Geist; als diese reine unbewegte Ruhe, das aus oder vielmehr in der Bewegung in sich zurükgekehrte, der absolute Grund und Wesen aller Dinge, ist der Äther [...]. Der Äther ist der absolute Geist, als die Seite seiner absoluten Sichselbstgleichheit.« (GW7, 188) »Wie die Zeit ausser sich kommt, und zum Raume wird, so muß im Gegentheil der Raum in sich gehen, und sich im Punkte aufheben [...]«. (GW7, 197) Über den Jenaer Systementwurf III vgl. GW8, 7.

176 In Rücksicht darauf, dass bei Bruno und Nikolaus von Kues *mens* und *mensura* Wechselbegriffe sind, und dass *mensura* sich auf die Bestimmung des Raums bezieht, kann man vermuten, dass Hegel dieser Tradition nach die Wirkung des Maßes (*mensura*) im Geist (*mens*) gesehen hat. Vgl. Moretto 2000, 37; Cassirer 1994, 310; Nikolaus von Cues, *Idiota de mente*, 9. Wie viel Hegel von der Philosophie von Nikolaus wusste, ist unbekannt, worauf Moretto hinweist. In Rücksicht auf Hegels intensive Auseinandersetzung mit Platons Philosophie im Jahr 1802 kann man vermuten, dass die Verbindung zwischen *mens* und *mensura* bei Hegel sich auf den Maßstab und Messkunst bei Platon bezieht. Wenn man aber den engen Zusammenhang zwischen *mens* und Punkt in Hegels *Dissertatio Philosophica de Orbitis Planetarum* sieht, kann man Hegels Vergleich zu Kapitel 9 von *Idiota de mente* feststellen, worin es darum geht, dass der Geist alles misst, indem er Punkt, Linie und Fläche bildet und dass Maß und Grenze aller Dinge aus dem Geist stammen. Nikolaus von Kues, *Idiota de mente*, 54, Vgl. TW2, 171, TW2, 485.

177 Vgl. OrP, 129. Über die Bildung des Punkts durch den Geist bei Nikolaus von Kues vgl. Nikolaus von Cues, *Idiota de mente*, 54 f.

178 Vgl. OrP, 129 ff. Hegel versteht den Prozess des Außersichkommens als die Dialektik des Einen und der Vielen. »*Die negative Beziehung des Eins auf sich ist Repulsion.* Diese Repulsion, so als

Außerdem lässt sich im Außersichkommen der Raumdimensionen der Einfluss des platonischen Verhältnisses finden. Hegel erwähnt in der *Differenzschrift* und in seinen *Vorlesungen über die Geschichte der Philosophie* die Proportionenlehre in Platons *Timaios* und würdigt sie.[179] In der Proportionenlehre ist das Verhältnis des Ersten zum Mittleren dem des Mittleren zum Letzten gleich. Es gilt aber auch, dass das Verhältnis des Letzten zum Mittleren dem Verhältnis des Mittleren zum Ersten gleicht. Sowohl das Letzte als auch das Erste können zum Mittleren werden. Deshalb sind sie alle eins.[180] Diese platonische geometrische Proportion deutet Hegel in Bezug auf das Potenzverhältnis an, das sich an der Linie, dem Quadrat und dem Würfel bildet. Das Potenzverhältnis und das Verhältnis in der Infinitesimalrechnung kommen darin überein, dass ein qualitatives Moment, das nicht durch ein bestimmtes Quantum ausgedrückt werden kann, in beiden erscheint.[181]

Hegels Aufmerksamkeit auf das Problem der qualitativen Bestimmungen kann im Übergang vom zweiten Kapitel »Quantum, C. Die quantitative Unendlichkeit« zum dritten Kapitel »Das quantitative Verhältnis« gefunden werden. Unter der quantitativen Unendlichkeit versteht Hegel die qualitative Beziehung des Quantums zu sich selbst. Mit Rücksicht auf die qualitative Bestimmtheit der Quantität geht es Hegel um den Übergang vom Quantum, dem das qualitative Moment fehlt, zum quantitativen Verhältnis, das gleichzeitig qualitativ ist, und um die Wiederherstellung der Qualität in der Quantität.

1.6.3 Die Wiederherstellung der Qualität in der Unendlichkeit

Hier steht der Abschnitt »c. die Unendlichkeit des Quantums« im Fokus der Auseinandersetzung mit der Frage der Wiederherstellung der Qualität in der Quantität. Die Wiederherstellung der Qualität in der Quantität hat theoretisches Gewicht, weil sie erklärt, wie in Hegels Seinslogik das Zweite das Erste, woraus das Zweite stammt, wiedererlangen kann. An einer wichtigen Stelle nennt Hegel den konkreten Inhalt des ›Begriffs des Quantums‹:

das Setzen der *vielen Eins*, aber durch Eins selbst, ist das eigene Außersichkommen des Eins […].« (GW21, 156) Über die Dialektik des Einen und der Vielen vgl. GW7, 14, Kapitel 4.2.

179 Vgl. TW19, 91 f.

180 Vgl. TW2, 97; *Timaios* 31c-32a; Asmuth 2006, 149 ff.

181 Was die Infinitesimalrechnung betrifft, gibt es dort »die *Herabsetzung* der Größe auf die nächst niedrigere Potenz« (GW21, 282), und dabei werden zwei sich verändernde Quanta, die einen Differenzkoeffizient konstruieren, als unendlich klein werdend betrachtet.

> Nehmen wir ihn [den Begriff des Quantums; M. S.] zunächst in seinen abstrakten Bestimmungen, wie sie vorliegen, *so ist in ihm das Aufheben des Quantums, aber ebensosehr seines Jenseits, also die Negation des Quantums sowohl als die Negation dieser Negation vorhanden.* Seine Wahrheit ist ihre Einheit, worin sie, aber als Momente sind. – Sie ist die Auflösung des Widerspruchs, dessen Ausdruck er ist, und ihr nächster Sinn somit *die Wiederherstellung des Begriffs der Größe*, daß sie gleichgültige oder äußerliche Grenze ist. (GW21, 234)

Der ›Begriff des Quantums‹ enthält die erste Negation des Quantums und die Negation der Negation. Im Abschnitt der Qualität muss der unendliche Progress zum wahrhaften Unendlichen im Sinne der Negation der Negation übergehen. Dieses wahrhafte Unendliche ist »die Realität in höherem Sinn« (GW21, 136) als das bloß Affirmative. Die Wahrheit des Quantums ist auch wieder die Einheit von beiden widersprüchlichen Momenten, d. h., die Einheit der Aufhebung des Quantums und der Aufhebung des Jenseits des Quantums. Sie wird mit dem ›Begriff des Quantums‹ ausgedrückt. Durch die Negation der Negation wird »das, was das Unendliche in Wahrheit« (GW21, 234) ist, erreicht. Das bedeutet auch, dass es außerhalb des Quantums kein Jenseits gibt.

Indem der ›Begriff des Quantums‹ durch die Negation der Negation wiederhergestellt wird, bekommt nun das Dasein des Quantums eine ausführliche Bestimmung. Das Quantum mit der erweiterten Bedeutung ist im Kontext über Lagranges Kritik an Newton gleichbedeutend mit jedem Glied der Potenzreihe, d. h. die Geschwindigkeit, die beschleunigende Kraft und der Widerstand von Kräften.[182] Es ist das qualitative Moment, das seine Bedeutung in der konkreten Anwendung bekommt.

Bei diesem Übergang wird das Jenseits des Quantums in ein Verhältnis gesetzt. Dieses Setzen ist zugleich die Wiederherstellung der Qualität in der Quantität.

> [D]as Quantum ist die aufgehobene Qualität; aber das Quantum ist unendlich, geht über sich hinaus, es ist die Negation seiner; dieses sein Hinausgehen ist also *an sich* die Negation der negierten Qualität, die Wiederherstellung der-

182 »*Lagrange* zeigt, daß Newton dadurch in den Fehler fiel, weil er das Glied der Reihe vernachlässigte, das die Potenz enthielt, auf welche es in der bestimmten Aufgabe ankam. Newton hatte sich an jenes formelle oberflächliche Prinzip, Glieder wegen ihrer relativen Kleinheit wegzulassen, gehalten. – Es ist nämlich bekannt, daß in der Mechanik den Gliedern der Reihe, in der die Funktion einer Bewegung entwickelt wird, eine *bestimmte Bedeutung* gegeben wird, so daß sich das erste Glied oder die erste Funktion auf das Moment der Geschwindigkeit, die zweite auf die beschleunigende Kraft und die dritte auf den Widerstand von Kräften beziehe. Die Glieder der Reihe sind hiermit hier nicht nur als *Teile* einer Summe anzusehen, sondern als *qualitative Momente eines Ganzen des Begriffs*.« (GW21, 262 f.)

> selben; und gesetzt ist dies, daß die Äußerlichkeit, welche als Jenseits erschien, als das *eigene Moment* des Quantums bestimmt ist. (GW21, 235)

Die Kategorie der Quantität ist selbst bereits das Aufgehobene der Qualität. Jedoch wird das Quantum selbst durch sein Herausgehen negiert und nimmt die Qualität zurück. Das Resultat dieser Entwicklung ist der Fortschritt des Quantums zum quantitativen Verhältnis. Hier stehen zwei Quanta und ein anderes drittes Quantum, an dem das Verhältnis der beiden ersten aufgezeigt ist, im Zentrum der Diskussion.

> ist hiermit gesetzt als von sich repelliert, womit also zwei Quanta sind, die jedoch aufgehoben, nur als Momente *einer Einheit* sind, und diese Einheit ist die Bestimmtheit des Quantums. – Dieses so in seiner Äußerlichkeit als gleichgültige Grenze *auf sich bezogen*, hiermit qualitativ gesetzt, ist das *quantitative Verhältnis*. (GW21, 236)

Im Moment des quantitativen unendlichen Progresses hat Hegel argumentiert, dass es nur ein reines Quantum gibt und dass das Jenseits, die Äußerlichkeit des Quantums, die Bestimmtheit des Quantums ist. Dagegen entstehen nun die Momente der zwei Quanta, indem das zweite Quantum durch das Repellieren des Quantums von sich selbst gesetzt wird. Gleichzeitig erzeugt sich eine Einheit der zwei Quanta. Beide Quanta und ihre Einheit werden in Formen des quantitativen Verhältnisses gedacht: des direkten Verhältnisses $y=ax$, des umgekehrten Verhältnisses $a=xy$ und des Potenzverhältnisses $y=x^a$. Die beiden Quanta sind x und y, die Rolle ihrer Einheit spielt der Exponent a. Der Exponent verweist auf die Zahl der Potenz (a von $y=x^a$). Bei Hegel bedeutet er auch die Konstante des Verhältnisses (a von $y=ax$ und $a=xy$). Die durch den Exponenten gezeigte Einheit ist hier »die Bestimmtheit des Quantums« (ebd.).

Diese Einheit steht den zwei Quanta äußerlich gegenüber, ist aber zugleich selbst ein Quantum. An diesem Quantum wird die Beziehung der zwei Quanta ausgedrückt. Die quantitativ bestimmte Beziehung ist das Verhältnis und das Quantum dieses Verhältnisses wird als quantitatives Verhältnis bezeichnet. Dieses Verhältnis ist ein Quantum, das aber den zwei Quanta äußerlich gegenübersteht. Jedes der zwei Quanta bezieht sich auf sich selbst, indem jedes der beiden Quanta seine Bestimmtheit im anderen Quantum hat.[183] Da das qualitative Verhältnis auf dieser Beziehung basiert, ist es nicht mehr das unmittelbare Quantum, sondern die qualitative Bestimmung gegen beide Quanta. Wegen

183 Der Ausdruck dx und dy lässt sich als »rein synkategorematisch« verstehen. Vgl. Stekeler-Weithofer 2002, 70. Die beiden Momente des Verhältnisses haben nämlich für sich selbst keine Bestimmung, sie erlangen erst ihre Bestimmung durch die Größe eines anderen Momentes, des Verhältnisses und des Exponenten.

der Äußerlichkeit des Quantums, das diese qualitative Bestimmung hat, ist das Quantum nicht mehr gleichgültig und es kommt wieder zu sich selbst zurück. Die Qualität ist hier die Beziehung des quantitativen Verhältnisses.

Aus dieser Betrachtung der Unendlichkeit des Quantums resultiert Folgendes; d. h., im Begriff der mathematischen Unendlichkeit tritt auch wieder die Rückkehr zu sich selbst als das wahrhafte Unendliche auf, durch das der quantitative Progress abgelehnt und das Jenseits in das quantitative Verhältnis abgeholt wird. Durch diese Rückkehr zu sich selbst wird die Wiederherstellung der Qualität in Quantität möglich, d. h., die Qualität, die bereits aufgehoben sein soll, wird hier wiederhergestellt. Durch diese Wiederherstellung der Quantität geht der Begriff der Quantität zum Begriff des Maßes über.

2. Das Maß

2.1 Hegels Maß in der *Wissenschaft der Logik*

Hegel widmet dem Begriff des Maßes den dritten Abschnitt der Seinslogik. Dieses Maß ist die Einheit der Qualität und der Quantität. Der Aufbau, in dem der Begriff des Maßes der letzte Begriff der Seinslogik ist, mag im Vergleich zu Aristoteles' und Kants Kategorien befremdlich wirken: Bei Aristoteles wurden zehn Kategorien (Substanz, Quantität, Qualität, Relativum, Ort, Zeit, Lage, Haben, Tun, Erleiden) aufgestellt, bei Kant vier Kategoriengruppen, Quantität (Einheit, Vielheit, Allheit), Qualität (Realität, Negation, Limitation), Relation (der Inhärenz und Subsistenz, der Kausalität und Dependenz, der Gemeinschaft), Modalität (Möglichkeit - Unmöglichkeit, Dasein - Nichtsein, Notwendigkeit - Zufälligkeit).[1] Hegels Maß geht nicht deutlich aus beiden hervor, sondern beide werden von ihm auf komplizierte Weise verändert.

Bevor Hegel in die konkrete Bestimmung des Maßes geht, betrachtet er kurz Kants Kategorien, basierend auf dem Bezug zwischen Maß und Modus.[2] Dieser Betrachtung nach hat die Modalität »die Bedeutung, die Beziehung des *Gegenstandes* auf das *Denken* zu sein« (GW21, 323), deswegen mangelt den Kategorien der Modalität »die Objektivität, welche den anderen Kategorien zukomme« (ebd.).[3] Hegel unterscheidet deshalb die Kategoriengruppe der Modalität von

1 Vgl. Aristoteles, *Kategorien*, 1b, KrV, A80/B106. Morettos Hinweis, dass Hegel den Terminus Verhältnis benutzt, um Kants Kategorie der Relation zu bezeichnen, ist richtig im Zusammenhang auf »Das absolute Verhältnis« im dritten Kapitel im dritten Abschnitt in der Wesenslogik. Aber wenn Hegel den Begriff des Verhältnisses im Übergang der Quantität zum Maß benutzt, versteht er unter dem Verhältnis nicht Kausalitätsverhältnis, sondern das mathematische Verhältnis. Vgl. Moretto 2000, 33; KrV, B411. Insofern ist Morettos Hinweis, dass Hegel die Kategorien des Verhältnisses Kants, die Kategorien der Relation, und ihren systematischen Ort in der Wesenslogik findet und sie mit den Kategorien der Modalität verknüpft, ganz richtig. Außerdem weist Moretto auch darauf hin, dass Hegel das zweite Kapitel »Die Wirklichkeit«, das Kants Modalität entspricht, dem dritten Kapitel »Das absolute Verhältnis«, das Kants Relation Kant entspricht, vorausgehen lässt. Vgl. Moretto 2000, 33.

2 Wie Moretto konstatiert, wird »das Verhältnis zwischen Maß und Modus, Maß und Mensura und Maß und Metron« (Moretto 2000, 32) im Abschnitt des Maßes in der Seinslogik betrachtet. In der Beziehung zwischen dem Maß und Modus handelt es sich um Kants Modalität und Spinozas *inifiniti modi*. Zwischen dem Maß und *mensura* handelt es sich um das Maß, das bei Spinoza nur als Hilfsmittel des Vorstellens galt. Zwischen dem Maß und Metron handelt es sich um die Messkunst bzw. das Maß des Menschen in Platons *Theaitetos* (152a), *Philebos* (64d-e) und *Politikos* (238c-287a).

3 Hegel erklärt Kants Modalität wie folgt: »[D]iese [Modalität; M. S.] vermehre nach Kants Ausdruck den Begriff als Bestimmung des Objekts nicht im mindesten, sondern drücken nur das Verhältnis zum Erkenntnisvermögen aus [...].« (GW21, 324) Vgl. KrV, B100.

den anderen drei und versucht, die Triplizität (z. B. Einheit, Vielheit, Allheit) in jeder Kategoriengruppe auf die ersten drei Kategoriengruppen selbst (Quantität, Qualität, Relation) anzuwenden. Während er die Form der Triplizität, die Kant aufgezeigt hat, lobt, findet er es bedauerlich, dass Kant nicht auf »das Dritte der Qualität und Quantität« (GW21, 324) gekommen war.[4] Seiner Schätzung nach ist es klar, dass weder Relation noch Modalität als dritter Begriff nach der Qualität und Quantität ausreichend sind.

Neben Kants Modalität wird der Begriff des Modus bei Spinoza auch von ihm betrachtet. Der Modus ist bei Spinoza »die *Affektion* der Substanz oder [...] dasjenige, was in einem Anderen ist, durch welches es auch begriffen wird« (GW21, 324). Hegels Verständnis von Spinoza nach ist die Substanz das Erste, und als das Zweite kommt das Attribut, das alle Bestimmtheit, das Endliche und das Akzidentelle ist. Das Attribut wird »von dem Verstand, selbst einer Beschränkung oder [einem] Modus« (ebd.) gefasst. Aber es gibt Hegel zufolge bei Spinozas Modus keinen Prozess, in dem der Modus zur Substanz zurückgeht. Dass der Modus die abstrakte Äußerlichkeit ist, bedeutet bei Hegel, dass der Modus selbst »wesentlich zum Substantiellen einer Sache gehörig« (GW21, 325) ist; d. h., es muss die Rückkehr von der Äußerlichkeit zu sich selbst geben. Aus Hegels Aspekt der Rückkehr zu sich selbst vom Modus ergibt sich, dass der Modus durch die Rückkehr zur Substanz »die bestimmte Bedeutung, das Maß zu sein« (ebd.), hat. Spinozas Modus fehlt es hingegen Hegel zufolge an der Rückkehr zur Substanz, und er gilt als gleichgültig und als »das Maßlose« (ebd.).[5]

Das erste Beispiel vom Begriff des Maßes, das diesem Maßlosen gegenübergestellt ist, ist »die *Notwendigkeit* als die *alte Grenze, die allem gesetzt ist*« (ebd.). Diese Notwendigkeit wäre die Ananke als die Notwendigkeit bzw. der Zwang in Parmenides' Philosophie.[6] Das zweite Beispiel ist die Notwendigkeit als Schicksal, d. h. Hesiods Nemesis, die entwickelter und reflektierter als Parmenides' Ananke ist.[7]

> Das entwickeltere, reflektiertere Maß ist die Notwendigkeit; das Schicksal, die *Nemesis*, schränkt sich im allgemeinen auf die Bestimmtheit des Maßes ein, daß [das], was sich *vermesse*, zu groß, zu hoch mache, auf das andere Extrem der Herabsetzung zur Nichtigkeit reduziert und damit die Mitte des Maßes, die Mittelmäßigkeit, hergestellt werde. (GW21, 325 f.)

4 Warum Hegel dies auf diese Weise konzipiert hat, wird im Kapitel 3 thematisiert.

5 Hegel scheint die absichtliche Verbindung von platonischem Apeiron und Spinozas Unendlichkeit in Jacobis Kritik an Spinoza bemerkt zu haben. Vgl. Kapitel 2.3.5, JW3, 15.

6 Vgl. DK28B8.

7 Vgl. Hesiod, *Theogonie*, 223.

Wie im späteren Kapitel festgestellt wird, wird der Begriff der Nemesis bei Herder und Hölderlin thematisiert.[8] Hegel versteht auch diese Rachegöttin als das, was die Mittelmäßigkeit herbringt. Hegels Aufmerksamkeit auf das Maß ergibt sich auch aus folgendem Satz: »Das Absolute, Gott, ist das *Maß* aller Dinge, ist nicht stärker pantheistisch als die Definition: das Absolute, Gott, ist das *Sein*, aber unendlich wahrhafter.« (GW21, 326) Hegels Kritik an der pantheistischeren Definition, dass das Absolute, Gott, das Sein ist, richtet sich auf Spinozas Sein bzw. Gott als die absolute Einheit des Denkens und der Ausdehnung.[9] Sogar bei Parmenides gilt Seiendes als vollendet, erst wenn es durch die Grenze bzw. die Notwendigkeit rings umschlossen wird, und sein Begriff der begrenzenden Notwendigkeit lässt sich als Kritik an Anaximanders Apeiron verstehen. Hegel hält auch das Maß, welches das Unendliche begrenzt, für wahrhafter als das unendliche Sein, wie er in seinen *Vorlesungen über die Geschichte der Philosophie* wie folgt konstatiert: »Bei Parmenides ist dies absolut Begrenzende aber die schlechthin in sich bestimmte absolute Notwendigkeit (ἀνάγκη, δίκη). Es ist von Wichtigkeit, daß er über den wüsten Begriff des Unendlichen hinausgegangen.« (TW18, 289)[10] Die der pantheistischeren gegenübergestellte Definition, dass das Absolute, Gott, das Maß aller Dinge ist, würde deshalb zwar im weiteren Sinne Par-

8 Vgl. Kapitel 2.4.1.

9 Vgl. TW20, 161 f. Da Hegel Spinozas und Parmenides' Philosophien als pantheistisch betrachtet, lässt sich die Möglichkeit nicht ausschließen, dass hier Parmenides' Seiendes, das mit der Grenze umschlossen wird, auch von Hegel verstanden ist. Auf jeden Fall schätzt Hegel für die Definition des Absoluten nicht das Absolute als Sein, das weder Grenze noch Bestimmung hat, sondern das Absolute als Maß, das die Grenzenlosigkeit und die Unbestimmtheit begrenzt. Vgl. GW21, 71.

10 Vgl. DK28B8; Gigon 1945, 265; Bormann 1971, 167. Anaximander hat sich bereits früher als Parmenides mit poetischen Worten geäußert, dass die seienden Dinge einander Strafe und Buße für ihre Ungerechtigkeit nach der Ordnung der Zeit zahlten. Daraus lässt sich verstehen, dass das Übermaß ausgeglichen werden muss, und dass die Überlegenheit der die Kälte zurückdrängenden Wärme im Sommer, die ungerechtigen Zustände, durch den Wechsel der Jahreszeiten ausgeglichen wird. Diese zirkuläre Veränderung der Überlegenheit und der Unterlegenheit zwischen zwei Faktoren lässt sich in Hegels Betrachtung der elliptischen Bahn im Bezug auf die Indifferenz als das umgekehrte Verhältnis finden. Wie darüber hinaus Anaximanders Ausgleichung durch die Buße einen Untergang verursacht und dadurch alles wieder in das Apeiron zurückkommt, aus dem alles entstanden ist, lässt Hegels absolute Indifferenz, die aus dem Maßlosen abgeleitet wird, sich als eine entwickelte Form von Anaximanders Apeiron verstehen. Vgl. DK12A9; Gigon 1945, 80 ff.; Rapp 2007, S. 42 f.; Kirk/Raven/Schofield 2001, 130 ff.; Knoll 2017, 44; Koch 2018, 75 f.; Stekeler-Weithofer 2018, 266, 268. Hegel sieht aber die absolute Indifferenz in der *Wissenschaft der Logik* im Rahmen des Maßes, und er hält sie in seinem *Naturrechts*-Aufsatz für die absolute Sittlichkeit als Tugend. In Rücksicht darauf richtet das Apeiron Anaximanders sich trotz seiner sittlichen Ausdrücke hauptsächlich auf die ganze Natur, deshalb ist es von der Thematik des Maßes als Tugend entfernt. Die be-

menides' Ananke und die Nemesis auch enthalten. Beachtet man jedoch, dass diese Definition mit dem Maß aller Dinge dem Deus-mensura-Satz in Platons *Nomoi* entspricht, ist dieses Maß keineswegs die grausam strafende Grenze, sondern das göttliche Maß, dem man ähnlich werden will, und dem man durch diese Homogenität lieb werden will.[11] Hegel konstatiert dem obigen Zitat von der Seinslogik folgend:

> Das Maß ist zwar äußerliche Art und Weise, ein Mehr oder Weniger, welches aber zugleich ebenso in sich reflektiert, nicht bloß gleichgültige und äußerliche, sondern an sich seiende Bestimmtheit ist; es ist so die *konkrete Wahrheit des Seins*; in dem Maße haben darum die Völker etwas Unantastbares, Heiliges verehrt. (GW21, 326)

Insofern es sich um das Maß gegenüber den einzelnen Dingen handelt, zeigt es äußerlich auf, dass sie sich dem Maß anpassen sollen, indem sie ab- oder zunehmen. Da das Maß auch deshalb in den meisten Fällen nur auf die äußerliche, unbestimmte Weise gegenüber den maßlosen Dingen erscheint, wird diese Weise der aristotelischen Mittelmäßigkeit als die Mitte zwischen zwei Extremen von Hegel kritisiert.[12] Das Maß hat auf diese Weise auch zwar »äußerliche Art und Weise, ein Mehr oder Weniger« (GW21, 326), d. h., es ist einerseits nicht unbedingt klar, wo die Mitte zwischen zwei Extremen liegt, und es muss auf die unbestimmte Weise erscheinen. Dieses Maß muss andererseits Hegel zufolge nicht der Unbestimmtheit überlassen werden, sondern muss »an sich seiende Bestimmtheit« (ebd.) haben, indem die äußerliche Unbestimmtheit des

grenzende Notwendigkeit Parmenides' hat auch nichts mit dem sittlichen Schicksal zu tun. Vgl. Gigon 1945, 252, Kapitel 2.4.3.3.

11 Über Gott als Maß aller Dinge vgl. Platons Deus-mensura-Satz im *Nomoi*: »Welches Tun ist nun dem Gotte lieb und folgt ihm nach? Nur eines, das auch einen einzigen alten Spruch auf seiner Seite hat, daß nämlich das Ähnliche dem Ähnlichen, wenn es Maß hält, lieb ist, das Maßlose aber weder untereinander noch dem Maßvollen. Die Gottheit dürfte nun für uns am ehesten das Maß aller Dinge sein, und dies weit mehr als etwa, wie manche sagen, irgend so ein Mensch. Wer also einem solchen Wesen lieb und teuer werden will, der muß notwendig, soweit er es vermag, möglichst selber zu einem solchen werden, und so ist nach diesem Grundsatz der Besonnene unter uns dem Gotte lieb, denn er ist ihm ähnlich [...].« (Platon, *Nomoi*, 716c) Vgl. Platon, *Politeia*, 613b; *Theaitetos*, 176b. Im *Symposion* wird von Agathon die Überlegenheit des Eros, der zum Ähnlichen sich hält und zart ist, gegenüber der Notwendigkeit (Ananke) erzählt. Vgl. Platon, *Symposion*, 195b-197b.

12 Über das Maß als die Mitte zwischen zwei Extremen bei Aristoteles vgl. Aristoteles, *Nikomachische Ethik*, 1107a. Hegel konstatiert über die Tugend als die Mitte bei Aristoteles, dass sie »wegen der Natur des Stoffartigen eines Mehr oder Weniger fähig« (TW19, 224) und deshalb »keiner genaueren Bestimmung fähig« (ebd.) ist.

Maßes durch die Reflexion in sich zum Maß selbst zusammengefügt wird. Das Maß gilt dadurch als »die *konkrete Wahrheit des Seins*« (ebd.).

Die Wesenslogik folgt der Seinslogik, aber Hegel konstatiert, dass im Maß bereits »die Idee des Wesens« (ebd.) liegt, denn wie das Maß als ein zu sich selbst zurückkehrender Modus verstanden wird, ist es die Einheit der abstrakten Selbstidentität und der Äußerlichkeit, um die es auch in der Wesenslogik geht.

Der Abschnitt des Maßes wird in folgende drei Stufen gegliedert; 1. die spezifische Quantität, die ein Quantum als das Maß ist, 2. das reale Maß als Verhältnis von spezifischen Quanta, 3. das Verhältnis von zwei Maßbestimmungen als Werden des Wesens. Diese Untersuchung beschäftigt sich nicht mit diesen ausführlichen Teilen, sondern versucht Hegels Begriff des Maßes zu verdeutlichen, indem sie sich erstens besonders auf die Begriffe des Maßes und des Maßstabs im ersten Kapitel »Die spezifische Quantität«, zweitens auf den Begriff des Maßlosen im zweiten Kapitel »Das reale Maß« und drittens auf den Begriff der absoluten Indifferenz im dritten Kapitel »Das Werden des Wesens« fokussiert.

2.2. Das Maß und der Maßstab bei Hegel

2.2.1 Das Maß und der Maßstab in der *Wissenschaft der Logik*

Im ersten Kapitel »Die spezifische Quantität« geht es erstens um das unmittelbare Quantum, das sich aber vom Quantum im Abschnitt der Quantität unterscheidet und aufgehört hat, gegenüber der Grenze gleichgültig zu sein. Im Abschnitt der Quantität begleitet die Veränderung des Quantums nicht die Veränderung der Qualität, aber im Abschnitt des Maßes verursacht die Veränderung der Größe die Veränderung der Qualität. Dass eine Größe von etwas sich verändert und die Qualität sich verändert, bedeutet, dass die bereits vorhandene Qualität verschwindet: »Das Quantum hat als Maß aufgehört, Grenze zu sein, die keine ist; es ist nunmehr die Bestimmung der Sache, so daß diese, über dieses Quantum vermehrt oder vermindert, zugrunde ginge.« (GW21, 330) Z. B. dann, wenn die Temperatur von Wasser ab- und zunimmt, verändert sich die Eigenschaft des Wassers, d. h., diese Ab- und Zunahme verändert es zu Dampf oder Eis. Dabei verschwindet die erste Eigenschaft von Wasser, die Liqueszenz.

Hegel nimmt einige Versionen des unmittelbaren Quantums als Maß an. Die erste ist das »Maß, als Maßstab im gewöhnlichen Sinne« (ebd.). Es ist als »ein Quantum, das als die *an sich bestimmte* Einheit gegen äußerliche Anzahl willkürlich angenommen wird« (ebd.), definiert. Er nennt die Maßeinheit Fuß als ein Beispiel. Ein Fuß ist eine Einheit, welche die Länge des menschlichen Fußes als Maßstab benutzt. Viele verschiedene Einheiten wie der Zoll, welcher der Daumenbreite entstammt, sind auch in dem unmittelbaren Quantum als Maß enthalten. Fuß und Zoll werden natürlich für andere Gegenstände außer den

Füßen und Daumenbreiten benutzt. Insofern sind sie für andere Gegenstände, wie die Größe von Büchern, ein äußerliches Maß, nicht das natürliche Maß des Buches selbst. Hegel zufolge ist es töricht, »von einem natürlichen Maßstab der Dinge zu sprechen« (ebd.); d. h., »ohnehin soll ein allgemeiner Maßstab nur für die äußerliche Vergleichung dienen« (ebd.). Wenn man die Maßeinheit Fuß benutzt, um die Größen von verschiedenen Menschen zu vergleichen, handelt es sich nicht darum, ob der Fuß für die Größe das natürliche Maß ist, sondern es ist bereits ausreichend nützlich, wenn man mit ihm auf einfache Weise Größen vergleichen kann. Ob die Größe eines bestimmten Fußes als eine Spezifikation des allgemeinen Maßes erkannt wird, ist nicht relevant.

Das unmittelbare Maß der körperlichen Größe ist »des Auf- und Abgehens am Mehr und Weniger fähig« (GW21, 331). Aber es wird gleichzeitig auch eine Beschränkung. Die Veränderung des Quantums und der Qualität wird nach ihrer Unerwartetheit und Allmählichkeit gegliedert und wie folgt erklärt:

> Indem die Quantitätsbestimmtheit so an dem Dasein die gedoppelte ist, das eine Mal die, an welche die Quantität gebunden ist, das andere Mal aber an die, der unbeschadet jener hin- und hergegangen werden kann, so geschieht das Untergehen von Etwas, das ein Maß hat, darin, daß sein Quantum verändert wird. Dieses Untergehen erscheint einesteils als *unerwartet*, insofern an dem Quantum, ohne das Maß und die Qualität zu verändern, geändert werden kann, andernteils aber wird es zu einem als ganz Begreiflichen gemacht, nämlich durch die *Allmählichkeit*. (ebd.)

Hegel versteht die qualitative Veränderung, die durch die Veränderung des Quantums verursacht wird, als das, was grundsätzlich nicht durch den Begriff der Allmählichkeit erklärt werden kann. Das Verständnis durch die Allmählichkeit beharrt auf der Ab- und Zunahme, deshalb versteht es nicht das Verschwinden der Qualität oder des Quantums, wie Elenchos anhand des Kahlen oder des Haufens aufzeigt. Von Haufen von Getreiden wird ein Korn Stück für Stück entfernt, am Ende verschwindet der Haufen. Das fälschliche Urteil, dass die qualitative Veränderung allmählich und mild verursacht wird, trifft »unser gewöhnliches Bewußtsein [...][,] eine Quantität nur für eine gleichgültige Grenze, d. h. sie eben im bestimmten Sinne einer Quantität zu nehmen« (GW21, 332).

An dieser Stelle ist der Begriff des Maßlosen vorgegriffen, der in »B. Das reale Maß« ausgeführt wird. Ein Dasein wird als Resultat der Ab- und Zunahme des Quantums »unverdächtig angegriffen und zugrunde gerichtet [...]« (ebd.), es wird »die *List* des Begriffs« (ebd.) genannt. Da die Zunahme eines Staats oder Vermögens am Anfang als Glück erscheint, vergrößert der Staat das Land und der Besitzer das Vermögen, aber wenn die Zunahme übermäßig wird, gehen sie zugrunde.

Die Einarbeitung dieser dramatischen Veränderung, des Untergangs durch die Ab- und Zunahme, in die Seinslogik findet in den Jahren 1810/11 statt.[13] Von Hegels frühester Zeit bis zur Zeit der *Phänomenologie des Geistes* ist der Begriff des Maßstabs wichtiger als der des Maßes. In der *Phänomenologie des Geistes* erscheinen die Begriffe des Maßes und der Übermäßigkeit fragmentarisch. Bevor wir deswegen in die Begriffe der Wahlverwandtschaft, des Maßlosen und der absoluten Indifferenz gehen, betrachten wir im Folgenden, wie der Begriff des Maßstabs von Hegels frühester Zeit bis zur Zeit der *Phänomenologie des Geistes* verwendet wurde.

2.2.2 Das Maß und der Maßstab in Hegels früherer Zeit

Hegels Aufsatz *Einige Bemerkungen über die Vorstellung von Größe* (1787) zeigt sein Interesse für die Größe und den Maßstab in seiner frühesten Zeit. Dieser Aufsatz, der in Hegels *Gesammelten Werken* nur aus zwei Seiten besteht, wurde verfasst, bevor Hegel im Tübinger Stift lernte. In diesen Bemerkungen wird aufgezeigt, dass die Größe »ein relativer Begriff« (GW1, 40) ist und dass »wir alle Grössen mit einem angewöhnten, oder nach dem nächstgelegenen Maasstab messen« (ebd.), indem Hegel einige Beispiele nennt; z. B. die Schätzung der Größe eines Zimmers im Vergleich zu einem anderen Zimmer oder die Schätzung der Länge einer senkrecht aufgerichteten Stange im Vergleich zu einer horizontal liegenden Stange, der Schein des Mondes bei heiterer Luft und die Wahrnehmung der Zeit auf dem gleichen Weg, auf dem man sich mit Lesen beschäftigt.[14] Außerdem ist der Begriff des Maßstabs in Hegels Fragment *Glauben und Sein* (1797/98) auch von Bedeutung. Diesem Fragment nach ist der Glaube »das Vereinigte, wodurch eine Antinomie vereinigt ist« (TW1, 250), unter dem die Glieder der Antinomie einander widerstreiten. Aber man kann dieses Widerstreiten der Glieder erst unter dem Maßstab als die Vereinigung beider erkennen. Unter dem Maßstab ist der Vergleich der Glieder der Antinomie möglich. Hegel behauptet, dass ein Widerspruch aufgezeigt werden kann, erst wenn die Vereinigung, der Maßstab, vorausgesetzt ist.[15] Hegel scheint hier bereits im

13 Vgl. GW10.1, 157.

14 Vgl. GW1, 40 f. Hegel zitierte davor auch im Juni 1785 im Brief an Haag Abraham Gotthelf Kästners Epigramm mit dem Wort ›Meßkunst‹. »Zum Lob der Mathematik sagt er an einem andern Ort Folgendes; er schrieb es nämlich einem Freund in sein Stammbuch. O könnte Dich ein Schatten rühren/Der Wollust, die die Herzen spüren,/Die sich der Meßkunst zugedacht!/ Du fordertest von dem Geschichte/die leehre Stunden noch zurücke,/ Die du mit Liedern zugebracht!« (B1, 4)

15 Vgl. TW1, 251.

Begriff des Maßstabs die spekulative Funktion zu sehen, welche die Widersprüche als Momente hat.

In *Der Geist des Christentums und sein Schicksal* wird der Begriff des Maßstabs im Kontext über die Überzeugung des gewissenhaften Selbst und über die Anwendung des Gesetzes zum Anderen im Urteil benutzt. Während der Pharisäer sich Hegel zufolge gewissenhaft benimmt, verachtet er die anderen im Vergleich zu sich selbst, deswegen sieht Hegel dieses gute Gewissen von ihm als eine Heuchelei an.[16] Denn es kann nicht sein, dass die Handlung selbst vollständig ist und keine Grenze hat. Es ist ein Selbstbetrug, wenn man nicht die Unvollständigkeit der eigenen Handlung bemerkt, obwohl man die Unvollständigkeit der Handlung von Anderen aufweist. Hegel zitiert den folgenden Satz aus der Bibel, eine Ermahnung über die Verbindung der Überzeugung des guten Gewissens mit der Verachtung von Anderen: »[R]ichtet nicht, [...] auf daß ihr nicht gerichtet werdet; mit welchem Maßstab ihr messet, wird euch dagegen gemessen werden« (TW1, 335). Der Richter unterjocht durch sein Urteil die Anderen in seinen Gedanken. Er erkennt aber dadurch das Gesetz an und stellt sich selbst unter das Gesetz. Wenn man nach dem Gesetz richtet, wird man selbst auch durch dieses Gesetz gerichtet. Diese Ermahnung, dass man selbst am eigenen Maßstab gemessen wird, wird in der *Phänomenologie des Geistes* zum dynamischeren und reflexiven Prozess, in dem bewusst wird, dass der Maßstab für das Bewusstsein nur relativ ist.

Außerdem führte Hegel bereits in seinen Vorlesungen von 1801/02 den Maßstabsbegriff ein und führt am Anfang seiner Schrift *Über das Wesen der philosophischen Kritik überhaupt und ihr Verhältnis zum gegenwärtigen Zustand der Philosophie insbesondere* (1802) Folgendes aus:

> Die Kritik, in welchem Teil der Kunst oder Wissenschaft sie ausgeübt werde, fordert einen Maßstab, der von dem Beurteilenden ebenso unabhängig als von dem Beurteilten, nicht von der einzelnen Erscheinung noch der Besonderheit des Subjekts, sondern von dem ewigen und unwandelbaren Urbild der Sache selbst hergenommen sei. Wie die Idee schöner Kunst durch die Kunstkritik nicht erst geschaffen oder erfunden, sondern schlechthin vorausgesetzt wird, ebenso ist in der philosophischen Kritik die Idee der Philosophie selbst die Bedingung und Voraussetzung, ohne welche jene in alle Ewigkeit nur Subjektivitäten gegen Subjektivitäten, niemals das Absolute gegen das Bedingte zu setzen hätte. (TW2, 171)

16 Vgl. TW1, 332 f.

Hegel nimmt hier nicht den Begriff des relativen Maßstabs, sondern den Begriff des nicht relativen Maßstabs als der absoluten Idee, der der zweiten Messkunst in Platons *Politikos* entspricht.[17]

2.2.3 Der Maßstab in der *Phänomenologie des Geistes*

Hegel erklärt in der Einleitung der *Phänomenologie des Geistes* deren Grundsätze. Die Wissenschaft kritisiert Hegel zufolge nicht nur die Sache, die nicht wahr ist, sondern erscheint selbst, deshalb nimmt sie die Form der »Darstellung des erscheinenden Wissens« (GW9, 55) an. Diese Darstellung ist »der Weg der Seele, welche die Reihe ihrer Gestaltungen [...] durchwandert« (ebd.). Die Seele erfährt dadurch sich selbst und wird zum Geist. Es ist »die ausführliche Geschichte der *Bildung* des Bewußtseins selbst zur Wissenschaft« (GW9, 56) und gleichzeitig auch »der Weg des Zweifels« (ebd.), auf dem das natürliche Bewusstsein seine eigene erste Wahrheit verliert. In dieser Darstellung des erscheinenden Wissens handelt es sich um den Widerspruch, dass die Wissenschaft einerseits dieses erscheinende Wissen prüft und dass der wissenschaftliche Maßstab, der in dieser Überprüfung vorausgesetzt sein soll, andererseits am Anfang der *Phänomenologie des Geistes* noch nicht gerechtfertigt ist.[18]

Hier geht es um einen wissenschaftlichen Standpunkt von *uns* im Bewusstsein. Der Maßstab liegt bereits in uns, dadurch werden die Gegenstände des Wissens verglichen. Aber dieser Maßstab ist noch vorläufig, deshalb müssen die Verglichenen ihn nicht unbedingt anerkennen. Bei der Untersuchung der Wahrheit des Wissens vergleicht das Bewusstsein mit *unserem* Maßstab das eigene Wissen und prüft dasselbe. Dieser Maßstab ist deswegen innerhalb des Bewusstseins das Wahre, welches auch der Begriff genannt wird. Die Prüfung besteht darin, dass das Bewusstsein feststellt, ob der Begriff, welcher der Maßstab als das *an sich* ist, dem Gegenstand entspricht. Sie findet in ein und demselben Bewusstsein statt, worin das *an sich* und der Gegenstand unterschieden sind. Wenn der Begriff als der Maßstab nicht dem Gegenstand entspricht, muss das Bewusstsein das eigene Wissen verändern, damit dieses Wissen dem Gegenstand entspricht. Da aber der Gegenstand abhängig vom Wissen ist, muss er sich auch durch die Veränderung des Wissens verändern. Diese Veränderung des Wissens, des Begriffs, enthüllt, dass das *an sich*, der Maßstab, eigentlich nur relativ für das Bewusstsein *an sich* war. Hegel konstatiert deswegen wie folgt: »[D]er Maßstab der Prüfung ändert sich, wenn dasjenige, dessen Maßstab er sein sollte, in der Prüfung nicht besteht; und die Prüfung ist nicht nur eine Prüfung des Wissens, sondern auch ihres Maßstabes.« (GW9, 60)

17 Über die zweite Messkunst in Platons *Politikos* Vgl. Kapitel 3.1, besonders Fußnote 7.

18 Vgl. GW9, 58.

Hegel erklärt diese Prüfung des Wissens, des Maßstabs, wieder auf andere Weise. Wenn das Bewusstsein etwas weiß, ist der Gegenstand erstens »das Wesen oder das *an sich*« (ebd.). Aber dieser Gegenstand ist zweitens »*das für es* [das Bewusstsein; M. S.] *Sein dieses an sich*« (ebd.). Das Zweite ist »die Reflexion des Bewusstseins in sich selbst« (ebd.), nicht mehr das *an sich*, sondern der Gegenstand, »der *nur für es* [das Bewusstsein] *das an sich* ist.« (ebd.) Der Prozess, den ersten Gegenstand zu negieren, macht den Gegenstand als das *an sich* nicht mehr *an sich* und bringt dadurch »eine neue Gestalt des Bewußtseins« (GW9, 61). Für diese neue Gestalt des Bewusstseins erscheint etwas anderes als das vorausgehende *an sich* erneut als ein neues *an sich*, ein neues Wesen. Dieser Umstand ist »es, welcher die ganze Folge der Gestalten des Bewußtseins in ihrer Notwendigkeit leitet« (ebd.). Diese Folge wird der Weg zur Wissenschaft, aber gleichzeitig ist sie selbst auch die Wissenschaft, deshalb wird sie die »Wissenschaft der *Erfahrung des Bewusstseins*« (ebd.) genannt. Das Bewusstsein erfasst durch diesen Weg schließlich sein eigenes Wesen und erreicht das absolute Wissen.

2.2.4 Hegels Kritik am absoluten Maßstab als der schlechten Tugend mit Ernst

Wir haben in diesem Kapitel bereits festgestellt, wie Hegel in seiner früheren Philosophie und der *Phänomenologie des Geistes* den Begriff des Maßstabs benutzt. Hegels Kritik an dem Pharisäer, der die Unvollständigkeit der Handlung der Anderen mit der rechthaberischen Haltung kritisiert, und seine Einsicht, dass der Maßstab des Richters für den Richter selbst auch gelten wird, sind besonders als die philosophische Betrachtung des Maßstabs, welche der Überprüfung des Maßstabs in der *Phänomenologie des Geistes* vorausgeht, interessant. Warum Hegel seine Aufmerksamkeit auf den Begriff des Maßstabs richtete, könnte ein zu diskutierender Punkt werden. Der Begriff des Maßstabs findet sich bereits in Protagoras' Homo-mensura-Satz.[19] Wir gehen aber zunächst nicht auf diesen Homo-mensura-Satz ein, sondern müssen das Problem des Betrugs der Schwärmerei und des Ernstes verdeutlichen, das den Hintergrund für Hegels Kritik am absoluten Maßstab bildet, der später abgehandelt wird, indem wir hier Shaftesburys Diskussion von »test by ridicule« (Shaftesbury 1999, 8) betrachten.

Wie mitunter dargelegt, hat Shaftesburys Philosophie auch Hegels Zeitgenossen beeinflusst.[20] Diese Untersuchung konzentriert sich auf ›test by ridicule‹ als die Methode in *A Letter Concerning Enthusiasm to my Lord* ***** (1708), die

19 Vgl. Kapitel 2.5.3.

20 Vgl. Henrich 2010, 13; Jamme 1983, 104 f.

den Betrug in Enthusiasmus und Ernst enthüllt.[21] Deswegen ist seine Kritik am Enthusiasmus erstens kurz zusammenzufassen. Shaftesbury nach ist seine Zeit diejenige, in der alles überprüft und mit Witz gelacht wird, so wird das Lachen mit Witz auch als eine Heilmethode verstanden. Das Lachen mit dieser Heilmethode ermöglicht einer Person, auf deren Fehler hingewiesen wird, den Hinweis zu ertragen, und befördert die Verbesserung. Die Überprüfung des Betrugs mit dem Lachen wird nur in einem freien Land möglich. Es gibt Leute, die das Lachen des bestimmten Themas vermeiden, aber ihr falscher, übermäßiger Ernst ist vielmehr stark mit dem Betrug verbunden. Shaftesbury legt dar:

> The main point is to know always true gravity from the false, and this can only be by carrying the rule constantly with us and freely applying it not only to the things about us but to ourselves. For if unhappily we lose the measure in ourselves, we shall soon lose it in everything besides. Now what rule or measure is there in the world, except in the considering of the real temper of things, to find which are truly serious and which ridiculous? And how can this be done unless by applying the ridicule to see whether it will bear? (Shaftesbury 1999, 8)

Wenn man die Anwendung des Maßstabs auf sich selbst vermeidet, wird man den Betrug des Formalismus zulassen. ›Test by ridicule‹ bringt zwar der ausgelachten Seite eine bittere Stimmung, aber der durch Ernst erhaltene Formalismus und die Schwermut lassen sich gut mit der Heiterkeit des Lachens entfernen. Sogar Sokrates unterliegt Shaftesbury zufolge diesem Lachen.[22] Seine Philosophie ist in Aristophanes' *Die Wolken* der Gegenstand des Gelächters geworden, trotzdem akzeptierte er es, ausgelacht zu werden, und ging zum Theater. Shaftesbury bemerkt über Sokrates: »Nor could there be in the world a greater testimony of the invincible goodness of the man, or a greater demonstration that there was no imposture either in his character or opinions.« (Shaftesbury 1999, 17)

Diese Kritik richtet sich auch auf den Enthusiasmus und die Schwermut in der Religion. Shaftesbury zufolge kann man zwar Gottes Existenz nicht ernsthaft bezweifeln, und es ist deshalb nicht so sinnvoll, die religiöse Überzeugung auf ›test by ridicule‹ zu legen, aber er denkt, dass »we can never use too much good humor or examine it with too much freedom and familiarity.« (Shaftesbury 1999, 18), deswegen schreibt er: »We can never be fit to contemplate anything above us when we are in no condition to look into ourselves and calmly examine the temper of our own mind and passions.« (ebd.) Shaftesburys Philosophie der Selbstüberprüfung, die in sich selbst den Maßstab hat, aber gleichzeitig bereit ist, den Maßstab auf die Prüfung durch Lachen zu legen, findet die po-

21 Vgl. Schrader 1980, IX.

22 Vgl. Shaftesbury 1999, 17.

sitive Fröhlichkeit und Heiterkeit darin, dass sie selbst sogar über den eigenen Maßstab lacht. Dies scheint die Weise der Selbstwiderlegung in der Überprüfung des Maßstabs in Hegels Dialektik vorwegzunehmen.

Wir kommen hier wieder auf Hegels Philosophie zurück. Hegel nimmt bereits Abstand vom falschen Ernst in *Aphorismen aus Hegels Wastebook*. Hegel bemerkt darin über das Mittelmäßige: »Es tritt einer auf und liefert etwas Mittelmäßiges. Alle begrüßen ihn als Ihresgleichen und hegen und pflegen ihn: Du bist von den Unseren, du meinst es eben nicht ernsthaft usw.« (TW2, 556)[23] Obwohl etwas Mittelmäßiges als von den Unseren verfasst und akzeptiert ist, wird er, Aristoteles, so eingeschätzt, dass er es nicht ernst meint. Dies ist eine interessante Deutung von Aristoteles' Ethik, denn der Ernst sollte manchmal als eine gute Tugend gelten, wenn man von Shaftesburys Theorie absieht, trotzdem scheint Hegel hier Aristoteles' Behauptung der Tugend als nicht zu ernsthaft zu interpretieren. Die Verbindung des Ernstes und der Tugend wird von Hegel als Gefahr der übermäßigen rationalen Vernunft verstanden, die den Zwang gegenüber anderen Leuten auch enthält, aber es lässt sich nicht aus dem obigen Zitat selbst entnehmen, sondern erst in Bezug auf seine anderen Schriften.

Um Hegels Implikation über den Ernst zu verstehen, müssen wir vorher Hegels Verständnis von Aristoteles' Ethik in seinen *Vorlesungen über die Geschichte der Philosophie* sichtbar machen. Hegel versteht das Prinzip der Tugend bei Aristoteles nicht als Vernunft, sondern als Leidenschaft. Es wird wie folgt erklärt: In der Seele gibt es die vernünftige und die unvernünftige Seite. Der unvernünftigen Seite kommen »die Empfindungen, Neigungen, Leidenschaften, Affekte« (TW19, 222) zu, der vernünftigen Seite hingegen kommen »Verstand, Weisheit, Besonnenheit, Kenntnis« (TW19, 222 f.) zu. Die Tugend besteht aus diesen unvernünftigen und vernünftigen Seiten.

> Das Prinzip der Tugend ist nicht an sich, rein, wie viele meinen, die Vernunft, sondern vielmehr die Leidenschaft (Neigung). Er tadelt den Sokrates, weil er Tugend *nur* in die Einsicht setzt. Es muß zum Guten ein unvernünftiger Trieb vorhanden sein, die Vernunft kommt aber als den Trieb beurteilend und bestimmend hinzu. (TW19, 223)[24]

23 Hegels Ausdruck, dass Aristoteles nicht ernsthaft das Mittelmäßige als Tugend meint, scheint im Zusammenhang mit seiner Kritik an Robespierres Terrorherrschaft wichtig zu sein, weil für Robespierre die Tugend ernsthaft mit dem Schrecken verbunden war. Vgl. TW12, 533.

24 Aristoteles' *Magna Moralia* zufolge geht die Tugend auch von der Natur im Einzelwesen aus. Diese Tugend gilt als Impuls im Einzelwesen ohne planendes Element. Indem dieser Trieb eine Einheit mit dem planenden und Entscheidungen treffenden Element bildet, wird er die wahre Tugend. Da Aristoteles kritisiert, dass Sokrates' Tugend das rationale Planen ist, betont er zwar in diesem Sinne die Wichtigkeit des Triebs, jedoch scheint es Hegels Übertreibung zu sein, dass die Leidenschaft das Prinzip der aristotelischen Tugend ist. Jacobi betont auch über

Der Trieb, die Neigung, ist das Treibende, wodurch die praktische Verwirklichung ermöglicht wird und durch dessen Beschränkung beide Seiten zur Tugend vereinigt werden. Dabei ist die Leidenschaft, die das erste Prinzip der Tugend ist, der platonischen vernünftigen Einsicht gegenübergestellt.[25]

Hier richten wir die Aufmerksamkeit auf einen Aphorismus in den oben genannten Aphorismen Hegels. In diesem Aphorismus geht es um diesen Gegensatz zwischen der Vernunft bzw. Einsicht und dem Instinkt. Während erstere die Übereinstimmung mit dem Allgemeinen anstrebt, kann letzterer als Naturrecht gelten. Darin wird das rationale Interesse am gemeinsamen Wohl für den absoluten Maßstab erklärt, worauf das vernünftige Subjekt auf übermäßige Weise reagiert, mit einem anderen Wort gesagt, mit Ernst: »Der Effekt am Publikum ist ein absoluter Maßstab, über den das Subjekt wohl rasend werden kann. Es hat alles getan; aber seiner Einsicht steht eben der bewußtlose Instinkt entgegen.« (TW2, 558) Im politischen Bereich lässt sich das Streben nach dem Effekt am Publikum manchmal finden, aber dieses Streben hält das öffentliche Interesse für den absoluten Maßstab und enthält die Exklusivität, welche andere einzelne Maßstäbe nicht zulässt. Sie führt deswegen zur Unterdrückung unbewusster Instinkte und Triebe, welche die Naturrechte des Menschen sind. Auch wenn man alles für die Unterdrückung des Widerstandes gemacht hat, kann man weder die Freiheit noch die Gefühle beherrschen. Deswegen kann der absoluten Maßstab nicht auf das Naturrecht angewendet werden. Hegels Anliegen beim Problem der Gegensätze des Naturrechts und der dieses unterdrückende rationale Vernunft erscheint in diesem Aphorismus als Kritik an der Terrorherrschaft in der Französischen Revolution.

> Die Antwort, die *Robespierre* auf alles gab – hier hatte einer dies gedacht, jenes getan, dies gewollt oder jenes gesagt –, war: *la mort*! Ihre Einförmigkeit ist höchst langweilig, aber sie paßt auf alles. Ihr wollt den Rock: hier habt ihr ihn; auch die Weste: hier; ihr gebt einen Backenstreich: hier ist auch der andere Backen; ihr wollt den kleinen Finger: haut ihn ab. Ich kann alles töten, von allem abstrahieren. So ist der Eigensinn unüberwindlich und kann an ihm selbst alles überwinden. Aber das Höchste, was zu überwinden wäre, wäre gerade diese Freiheit, dieser Tod selbst. (TW2, 546 f.)

die Tugend hinaus die Wichtigkeit der Leidenschaft und des Triebs im Vergleich zur rational überlegenden und urteilenden Vernunft, und zwar verbindet er diese Tugend mit dem Heroismus. Hegel weist auch ähnlich wie Jacobi darauf hin, dass der mit der Tugend verbundene Heroismus in vorstaatlichen, ungebildeten Zuständen unentbehrlich ist. Insofern scheint sein Verständnis der Tugend dem Verständnis Jacobis entsprechen. Vgl. Aristoteles, *Magna Moralia*, 1197b-1198a; JW7.1, 248, 266 f., 272; TW7, 179 f.

25 Vgl. die vorherige Fußnote. Über Aristoteles' Kritik an Platon, der die Tugend als Wissen und Einsicht betrachtet vgl. Fröhlich 2013, 31.

Robespierre wird in diesem Aphorismus kritisch beschrieben als jemand, der mit den erworbenen Sachen keineswegs zufrieden ist. Auch wenn er die eben von ihm gewünschten Sache realisiert hat, verurteilt er sie wiederholt auf die eintönige Weise, ähnlich wie Hegels schlechtes Unendliche oder wie die schöne Seele im Kapitel des Gewissens in der *Phänomenologie des Geistes*. Sein Interesse, das immer und immer wieder auf die gleiche Weise auf die äußerliche, noch nicht erworbene Sache ausgerichtet ist, ist unbestimmt und kennt kein Maß. Es läuft darauf hinaus, dass er alles töten wird.

Es kann sich um Robespierre handeln, weil er derjenige ist, der die Tugend mit dem schlechten Ernst verbindet und daher am besten in das Bild eines Mannes passt, der ein absolutes Maß anwendet. Wie viele Studien hingewiesen haben, war dieser Revolutionär von Rousseaus Gedanken der Tugend begeistert und dachte ernsthaft an die Realisierung dieser Tugend.[26] Und Hegel sieht in der Terrorherrschaft das Resultat der von Robespierre ernsthaft zum höchsten Prinzip erhobenen Tugend, d. h., die durch die absolute Freiheit herbeigeführte Katastrophe und Tod als übermäßige Strafe gegen die anderen.[27] Hegel stellt im Kapitel über die Aufklärung und Revolution in seinen *Vorlesungen über die Philosophie der Geschichte* das Resultat fest, dass Robespierre *zu ernsthaft* versuchte, die Tugend zu verwirklichen.

> Von Robespierre wurde das Prinzip der Tugend als das Höchste aufgestellt, und man kann sagen, es sei diesem Menschen mit der Tugend Ernst gewesen. Es herrschen jetzt die *Tugend* und der *Schrecken*; denn die subjektive Tugend, die bloß von der Gesinnung aus regiert, bringt die fürchterliche Tyrannei mit sich. Sie übt ihre Macht ohne gerichtliche Formen, und ihre Strafe ist ebenso nur einfach – der Tod. (TW12, 533)

26 Vgl. McPhee 2012, 25 f., 107 f.

27 Peperzak weist darauf hin, dass das, was Hegel in der Zeit seiner *Theologischen Jugendschriften* verfasst hat, höchstwahrscheinlich durch Robespierres Rede vor der Convention Nationale im Februar 1794 inspiriert wurde. Vgl. Peperzak 2017, 159, GW1, 203. Robespierres von Rousseau und Machiavelli beeinflusste Rede am 5. Februar 1794 war wie folgt: »So wie im Frieden die Triebfeder der Volksregierung die Tugend ist, so ist es in einer Revolution die Tugend und der Schrecken zugleich; die Tugend, ohne welche der Schrecken verderblich, der Schrecken, ohne den die Tugend ohnmächtig ist. Der Schrecken ist nichts anders als eine schleunige, strenge und unbiegsame Gerechtigkeit; er fließt also aus der Tugend; er ist also nicht ein besonderes Prinzip, sondern eine Folge aus dem Hauptprinzip der Demokratie, auf die dringendsten Bedürfnisse des Vaterlandes angewendet.« (Robespierre 1989, 349) Hegel schrieb aber in seinem Brief an Schelling (24. Dezember 1794) wie folgt: »Daß Carrier guillotiniert ist, werdet Ihr wissen. Lest Ihr noch französische Papiere? – Wenn ich mich recht erinnere, hat man mir gesagt, sie seien in Württemburg verboten. Dieser Prozeß ist sehr wichtig und hat die ganze Schändlichkeit der Robespierroten enthüllt.« (B1, 12)

Neben dem Untergang dieser Tyrannei müssen der absolute Maßstab und die Tugend, die mit dem Ernst, mit dem man daran glaubt, dass die allgemeine Objektivität und die einzelne Subjektivität übereinstimmen, verbunden sind, auch wegen der Zufälligkeit und der Maßlosigkeit innerhalb der Tugend untergehen.

2.3 Die Übermäßigkeit und das Maß bei Hegel und Jacobi

2.3.1 Hegels Kritik an der Übermäßigkeit des Egoismus als Bestimmung des Maßes in der *Phänomenologie des Geistes*

An der Stelle, an der es um den Begriff der Nützlichkeit in der Aufklärung in der *Phänomenologie des Geistes* geht, kann man Hegels Gebrauch des Begriffs des Maßes sehen. Hier geht es darum, dass das Endliche als das einzelne Wesen und die Substanz als das absolute Wesen zueinander sowohl positiv als auch negativ werden. Der Begriff der Nützlichkeit wird dadurch entfaltet. In der Wendung von der negativen Beziehung, wo der Mensch alle Gegenstände egoistisch für die Nützlichkeit benutzt, zur positiven Beziehung, wo er altruistisch sich selbst für das Allgemeinwohl einsetzt, geht es um das Maß.[28] Alles ist in der negativen Beziehung »für sich und gebraucht das andere seinerseits« (GW9, 304). Aber es wird in der positiven Beziehung von den anderen gebraucht. Der Mensch, der alles für sich selbst benutzt, ist als das Endliche »als einzelnes *absolut*« (ebd.). Das Ansich oder die Allgemeinheit ist »für sein Vergnügen und Ergötzlichkeit« (ebd.), und »er geht, wie aus Gottes Hand gekommen, in der Welt als einem für ihn gepflanzten Garten umher« (ebd.). Dieser egoistische und unbestimmte Genuss dauert aber nicht lange, denn indem etwas anderes ihn beschränkt, erinnert es diesen die Grenze ignorierenden Menschen an den Unterschied des Endlichen vom Anderen als der Allgemeinheit.

> Er muß auch vom Baume der Erkenntnis des Guten und des Bösen gepflückt haben; er besitzt darin einen Nutzen, der ihn von allem Andern unterscheidet, denn zufälligerweise ist seine an sich gute Natur auch so beschaffen, daß ihr das Übermaß der Ergötzlichkeit Schaden tut, oder vielmehr seine Einzelheit hat

28 Das philosophische Thema über den Altruismus, der auf dem Egoismus basiert, lässt sich in Helvétius finden. Helvétius hat in seinem *De l'Esprit* versucht, das Streben nach der Tugend und der Ehre von Menschen mit dem Prinzip der Begierde zur sinnlichen Lust oder Lust der Liebe zu erklären. Vgl. Helvétius 1787. Hingegen kritisiert Jacobi im *Allwill* und *Woldemar* den Altruismus, der mit dem Egoismus untrennbar ist. Hegel ist vermutlich von Jacobis Diskussion inspiriert und entwickelt die Diskussion der Nützlichkeit in der Aufklärung. Vgl. Kapitel 2.3.2, JW7.1, 170.

> auch ihr Jenseits an ihr, kann über sich selbst hinausgehen und sich zerstören. (GW9, 305)

Da das Übermaß der Ergötzlichkeit des Menschen Schaden bringt, muss er es beschränken, um sich selbst zu erhalten. Diese Einsicht entspricht Platons Ansicht, dass das Übermaß der Lust sich zur Unlust wendet.[29] Es ist nützlich, gegen das Hinausgehen und die Selbstzerstörung, die Lust zu beschränken. Dies wird die Vernunft und die Kraft des Bewusstseins des Menschen genannt. Es geht meines Erachtens aber an dieser Stelle nicht um diese Beschränkung selbst, sondern um die paradoxe Bestimmung des Maßes, dass das Maß die Übermäßigkeit ist.

> Der Genuß des bewußten an sich *allgemeinen* Wesens muß nach Mannigfaltigkeit und Dauer selbst nicht ein bestimmtes, sondern allgemein sein; das Maß hat daher die Bestimmung, zu verhindern, daß das Vergnügen in seiner Mannigfaltigkeit und Dauer nicht abgebrochen werde; das heißt die Bestimmung des Maßes ist die Übermäßigkeit. (GW9, 305)[30]

Daraus lässt sich verstehen, dass der Mensch als Individuum für die anderen sich selbst beschränkt und dadurch vielmehr die Übermäßigkeit des Strebens nach der Lust erreicht, weil er nicht nur egoistische Vergnügen, sondern auch die Ehre als ein höheres Vergnügen durch diese Beschränkung erlangen möchte. Er macht dadurch sich selbst für die Allgemeinheit nützlich und erhält sich selbst. Vor diesem Hintergrund steht Helvétius' Gedanke, das Prinzip von der edlen Moral, die dem allgemeinen Wohl dient, in »Selbstliebe, Eigennutz« (TW20, 304) zu finden. Diesem Rahmen nach geht der Genuss aus der negativen Beziehung heraus, alles für sich selbst zu gebrauchen, und setzt sich selbst für das allgemeine Interesse ein, insofern die Ehre durch Dienst und Opfer aber auf der Übermäßigkeit basiert, dass man versucht, das Vergnügen und die Zufriedenheit maßloser zu machen. Dieser Altruismus ist deswegen immer noch durch den Egoismus und Hedonismus getrieben und richtet sich wesentlich nicht auf die Tugend in der Natur des Menschen. Auch wenn bei diesem Alt-

29 Vgl. *Philebos* 31d, 26b.

30 Das Maß und die Tugend treten als die Einheit des Sittlichen und des Individuellen auf, aber sie ist ein Schein und unterliegt eigentlich der Besonderheit und der Zufälligkeit. Deswegen hat die Tugend auch kein Maß in sich selbst. In diesem Sinne sind das Maß und die Tugend bei Hegel mit der Übermäßigkeit verbunden. Peperzak findet in Hegels Satz, dass die Tugenden kein Maß in sich selbst haben (vgl. GW26.3, 1265), d. h. in seiner Tugend, die mit der Maßlosigkeit verbunden ist, das nicht aristotelische Konzept, d. h. die platonische Einheit der Freiheit des Einzelnen mit der Freiheit des sittlichen Ganzen. Vgl. Peperzak 2017, 162. Diese Einheit lässt sich in Hegels Begriff der absoluten Indifferenz auch finden.

ruismus das schlechte Maß erreicht werden konnte, bleibt es in der Übermäßigkeit des Egoismus, insofern das Maß noch durch den starken Egoismus getrieben ist.

2.3.2 Jacobis Kritik an der Unmäßigkeit der Eigenliebe im *Allwill*

Wir haben im vorherigen Abschnitt Hegels Kritik an der Übermäßigkeit des Egoismus in der *Phänomenologie des Geistes* gesehen. Die Verwickelung des Problems des Maßes bzw. Maßstabs lässt sich darauf zurückführen, dass Hegel die gute Sicht auf das Problem des am weitesten ausgeweiteten Egoismus hatte, dessen Prinzip zwar der Egoismus ist, der aber durch das gleiche Prinzip sogar die Selbstbeherrschung erreicht. Diese Problemkonstruktion scheint aber eher eine Rekonstruktion dessen zu sein, was in Jacobis Philosophie entwickelt wurde.

Erstens müsste der Egoismus hier von einem ihm ähnlichen Wort kurz unterschieden werden. Der Egoismus ist grundsätzlich dem tierischen Prinzip der Selbsterhaltung unterworfen und hält das Streben nach Lust, basierend auf der Selbstsucht, für wichtig. Hingegen ist die Selbstliebe anders als Egoismus und Eigenliebe. Wie Aristoteles erklärt, ist die Selbstliebe die auf Tugend basierende harmonische Beziehung auf den eigenen vernünftigen Teil in sich selbst.[31] Während der minderwertige Mensch Aristoteles zufolge keine gute Beziehung zu sich selbst haben kann, sondern immer in sich selbst getrennt ist und in der Beziehung auf die anderen auch keine gute, auf Tugend basierende Freundschaft bilden kann, liebt die Selbstliebe den eigenen vernünftigen, göttlichen Teil und bildet in der Beziehung auf die anderen auch die gute, auf Tugend basierende Freundschaft aus.[32] Während dem aristotelischen Unterschied nach der minderwertige, verkommene Mensch, der von sich selbst getrennt ist, nicht sich selbst liebt, ist bei Jacobi der von sich selbst getrennte Charakter die Eigenschaft des Menschen mit der nicht-aristotelischen Eigenliebe; d. h., Jacobi sieht einen prekären Sachverhalt der egoistischen Eigenliebe ein, dass der Mensch, der ein gutes Verhältnis zu sich selbst zu haben und sich selbst zu lieben scheint, aber tatsächlich von sich selbst getrennt ist und keine Freundschaft schließen kann. Jacobi entwickelt deshalb die obige aristotelische Philosophie der Selbstliebe weiter im Kontext seiner Spinoza-Kritik und entfaltet sie in seinen Romanen *Allwill* und *Woldemar*.

31 Aristoteles, *Nikomachische Ethik*, 1168b29–31.

32 Aristoteles, *Nikomachische Ethik*, 1166b17. Nachdem Jacobi in den 1780er Jahren die Theorie der Liebe, die auf der Homogenität basiert, in Hemsterhuis' Philosophie aufgenommen hat, hat er sich mit den Begriffen der Selbstliebe und der Tugend, welche der Ursprung von Hemsterhuis' Philosophie und die Grundlage der aristotelischen Freundschaft ist, beschäftigt.

Der Protagonist Allwill, dessen Name der Titel des Briefromans geworden ist, erscheint tugendhaften Frauen als dämonischer Verführer, wie Lovelace in Richardsons *Clarissa.*[33] Wie Allwills Freund Clerdon über dessen Namen erklärt, deutet der Name Allwill an, dass er alles will. Wie die Episode in seiner Kindheit aufzeigt, ist er unbeugsam. Allwill entfaltet in dem siebten Brief seine Philosophie, die Jacobis Philosophie und die dieser entgegengesetzte enthält. Allwills Kritik an der Tugend und am System, das mit der Metapher des Nebels ausgedrückt ist, kann als Jacobis Philosophie gelten. Allwill konstatiert, dass »die Tugend der ächten Schul- Stadt- und Heer-Moral, welche die beliebte *durchgängig gute Aufführung*, das *exemplarische Leben* hervorbringt, nichts anders als eine Art von Nebel ist« (JW6.1, 128). Diese Kritik an der absichtlichen Tugend stimmt mit Jacobis Gedanken überein, dass die Tugend, die durch die Überlegung geordnet und systematisiert ist, trüb ist, und dass der »unmittelbare *Naturtrieb*[]« (JW6.1, 134), der das vom Herz unmittelbar entstandene Gewissen ist, ursprünglicher und zuverlässiger ist als die aus Überlegung gebildete Tugend. Allwill legt dar:

> Auch dem Menschen höherer Art, der ein geordnetes, durchgängig zusammenhangendes Leben führt, muß vieles in Nebel verhüllt stehen [...]. Unsere *Philosophen* allein bewohnen Himmelnahe Felsenhöhen, von keinem Dufte getrübt, rundum endlose *Helle* und *Leere.* (JW6.1, 135)

Allwills Theorie der Eigenliebe ist aber nicht auf Jacobis Standpunkt zurückzuführen. Allwill schreibt im Brief an den Freund Clerdon wie Folgendes:

> Zum Schlusse noch ein Wörtchen von *Freundschaft.* – Das nichtswürdige, lose Wesen unter diesem Namen, wovon zuvor die Rede war, daß wir ihm beyde eben feind wären: ist es nicht auch eine Mißgeburt aus jenem todten Meere der Unbestimmtheit, der Richtungslosigkeit, der unendlichen Zerstreuung? [...] Weg mit dem, welcher sagt, eine solche Freundschaft sey auf Eigennutz gegründet! Der Gegenstand, warum beyde sich vereinigen, ist ihnen nur *Medium* einer den andern zu empfinden; Sinn, Organ. Nicht denjenigen liebe ich ja am meisten, der das meiste für mich thut; sondern den, mit welchem ich das meiste ausrichten kann. – *Eigenliebe*? Alles soll *Eigenliebe* seyn! Was gehe ich mich selbst denn mehr an, als mich andere angehen; ich, der ich nur im *andern* mich fühlen, schätzen, lieben kann? [...]. (JW6.1, 135 f.)

33 Hammacher sieht die Entsprechung zwischen der Beziehung von Allwill und Luzie und derselbe vom dämonischen Verführer Lovelace in Richardsons *Clarissa* und der tugendhaften Frau, die Lovelaces Opfer wird. Auch wenn Allwill nicht so grausam wie Lovelace ist, hat er mit ihm in der beängstigenden Haltung gegenüber Frauen gemein. Vgl. Hammacher 1990, 175 f.

Für Allwill ist die Freundschaft weder das Zusammengesetzte noch das Geflickte der Entgegensetzungen, die von der Unbestimmtheit ohne Ziel durchdrungen sind, sondern es geht bei seiner wahrhaften Freundschaft darum, dass er durch das Organisierte der Unterschiedenen und durch sein Medium, nämlich Sinn und Organ, zur guten Richtung führen kann. Er liebt insofern denjenigen, mit dem er das meiste ausrichten kann. Auch wenn jemand über diese durch dieses Ziel bedingte Liebe als die Eigenliebe als verächtlich ansieht, gilt diese Kritik nicht unbedingt ihm. Da Allwill nur im anderen sich selbst liebt und die anderen in ihm sich selbst lieben, sollte die Eigenliebe in diesem Kreislauf der Liebe nicht möglich sein, deswegen wäre es Allwills Standpunkt, dass alles Eigenliebe sein soll, wenn sogar die Liebe, die in diesem Kreislauf zu sich selbst zurückkommt, die Eigenliebe ist.

Wie Aristoteles sagt, ist für den Menschen, der keine gute Beziehung zu sich selbst hat, also keine Selbstliebe besitzt, keine Freundschaft möglich, deshalb kann Allwill, der aus der Sicht der anderen Charaktere voll von Egoismus und Selbstsucht ist, die wahrhafte Bedeutung der Freundschaft auch nicht verstehen.[34] In diesem Briefroman wird Allwills Philosophie, deren Prinzip die Eigenliebe ist, als das größte Angriffsziel dargestellt. Für Heinrich Clerdon und Amalia, die beide uneigennützig ihre Kinder lieben, ist seine Philosophie inakzeptabel. Clerdons Schwärgerin Sylli warnt in ihrem Brief an ihre Cousinen Lenore und Clärchen vor Allwills Eigenliebe und Selbstsucht. Aber diese Warnung richtet sich nicht einfach auf seinen Egoismus, sondern ist darauf ausgerichtet, dass er dadurch sich selbst nicht schont und in manchen Fällen Edelmut beweist, sodass man deshalb ihn weder ganz verachten noch ständig hassen kann, und dass dies ihn gefährlich macht, weil seine Eigensucht hart und grausam wie keine andere ist.

In der Tat lässt Allwills Selbstsucht sich nicht unbedingt aus der einfachen Selbstsucht verstehen, sondern ist auf die Liebe zum göttlichen Teil des Menschen gerichtet.[35] D. h., seine höchste Liebe setzt die Homogenität mit der Liebe im anderen voraus und diese Liebe ist in der Freundschaft nicht erreichbar, die falsch als das, was Feindschaft enthält, verstanden wird. Wie Allwill im Brief an Clärchen äußert, findet er den Wert nicht in der Freundschaft, sondern in der Liebe und dem Göttlichen, das in der Natur des Menschen liegt und das von ihm als der Besonnenheit vorhergehend verstanden wird.[36] Eine Person, die nur auf Besonnenheit ausgerichtet ist und »blos sterbliche und kärgliche Vortheile

34 Giovanni interpretiert Allwills Unverständnis wie folgt: »Yet little Allwill was not motivated by any special compassion for his friends or feelings of generosity towards them but by disdain for their inability to rise above circumstances and take pain without fuss. Self-centredness, in other words, was Allwill's defining trait from the beginning.« (Giovanni 1994, 123)

35 Vgl. JW6.1, 173 f.

36 Vgl. JW6.1, 174.

und Dienstleistung zur Absicht hat« (JW6.1, 175), wird von Allwill dafür verurteilt, dass sie keine Tugend hat und erzeugt. Deswegen ist es deutlich, dass seine Philosophie nicht ganz voll von egoistischer Selbstsucht ist. Seine Philosophie hat die Ähnlichkeit mit Hemsterhuis' Philosophie, die Jacobi zur Überzeugung der Freiheit und Würde des Menschen führte. Hemsterhuis fand eben in der Liebe zur Homogenität der Menschen das Göttliche und richtete seine Kritik an der Überlegung, die als Bemühung und Schweiß auch ausgedrückt wird. Aber in der Selbstheit die Göttlichkeit zu finden, enthält die Gefahr der übermäßigen schlechten Eigenliebe, des Eigendünkels und des Narzissmus.[37]

Kann man aber eigentlich Liebe nennen, dass man im Anderen die Homogenität findet und in ihm sich selbst liebt? Eben darum handelt es sich bei der Kritik Luzies, welche wegen Allwill gestorben ist. Luzie, die bereits von Allwills Gefühlswandel gegenüber Clärchen erfahren hat, drückt ihre Warnung für Clärchen aus und bestimmt seine Liebe als Eigenliebe:

> Gutes Mädchen, das sage ich nicht, daß er dich nicht liebt. Er liebt dich gewiß [...]. Nicht wahr, das fühlst du, das sichert dich, daß er dich innig liebt, wie *du dich selbst*, und wie du *ihn* liebest; und du hast Recht so an ihn zu glauben; dein ist seine *ganze Liebe*. (JW6.1, 209)

D. h., Allwill liebt eigentlich nur sich selbst, indem er das Mädchen liebt, darüber hinaus versucht er durch diese egoistische Liebe nur zu sich selbst, die Liebe vom anderen zu erlangen. Deswegen wird die Liebe, die schließlich vom Mädchen auf Allwill gerichtet wird, auch nur ein Teil seiner Liebe. An dieser Stelle scheint Jacobi absichtlich ihren Zusammenhang mit Gottes Liebe zu sich selbst bei Spinoza anzudeuten.[38] Diese Kritik an der Eigenliebe findet sich im Roman *Woldemar*, besonders in der Beziehung zwischen Woldemar und Henriette. Er hat gefühlt, als ob er und sie eins wären, aber später bemerkt er, dass es nur Täuschung war.[39]

Allwills Gefühlswandel gegenüber Clärchen lässt sich auf seinen Charakter zurückführen, alles zu gewinnen zu versuchen. Wie sein Name ankündigt, verlangt er alles. Luzies Wörtern nach ist er gerade der Mann, über den er spottet, der »von einem Oranienbaum *Castanien*, und von einem Castanienbaum *Pomeranzen* verlangt« (JW6.1, 207), und der an Gott als Urheber zweifelt, wenn er nicht sie erwerben konnte. Er ist in sich selbst getrennt, sein Spott über sich

37 Giovanni sieht in der philosophischen Diskussion zwischen Allwill und Clärchen »colluding in an orgy of self-adulation« (Giovanni 1994, 125). Allwills Charakter scheint vergleichbar zu sein mit dem übermütigen Menschen in Platons *Nomoi*, der weder Herrscher noch Gott braucht und dadurch alles zugrunde richtet. Vgl. Platon, *Nomoi*, 716a-b.

38 Vgl. E5p35 und E5p36.

39 Vgl. JW7.1, 385.

selbst wird durch die Unbestimmtheit ausgeprägt, dass er sogar das, was er erworben hat, verachtet und diesmal etwas anderes möchte.[40] Luzie kritisiert deshalb Allwills »*Theorie der Unmäßigkeit, Grundsätze der ausgedehntesten Schwelgerey*« (JW6.1, 208)

Luzies Kritik zufolge widersteht die Ungereimtheit seines Wesens jedem Begriff.[41] Er hat eine »[u]nbändige Sinnlichkeit und [einen] stoische[n] Hang« (JW6.1, 204). Das bedeutet, dass er das Verlangen und den Trieb besitzt, die der Notwendigkeit untergeordnet sind, und dass er gleichzeitig die Neigung besitzt, den Trieb zu zügeln. Das würde bedeuten, dass er die Unterordnung gegenüber der Notwendigkeit besitzt und zugleich die Freiheit davon hat. Luzie sagt an Allwill:

> Bevor ihr euch in euch selbst ganz sammeln könnt, ist euer Wesen schon angegriffen; bevor sich euer Herz selbst *fühlen* kann, ist es schon bethört. Da entstehen denn höchstens, wo Schönheit und Größe in der Anlage waren, solche herrliche Ungeheuer, wie ehemals die Centauren. (JW6.1, 203 f.)

Aber die eklektische Systematisierung der Entgegengesetzten wird von Jacobi (oder von Luzie) abgelehnt, ebenso wie auch Hemsterhuis das System dieser Zusammensetzung verwirft. Der Unmäßigkeit des Egoismus Allwills wird Syllis Einsamkeit, uneigennützige Liebe und Freundschaft als entgegengesetzt beschrieben. Sylli verlor ihre Mutter im Alter von fünfzehn Jahren, ihren Vater zwei Jahre später, und nachdem sie August Clerdon geheiratet hatte, zog sie in ein unbekanntes Land, E***. Doch August starb drei Jahre später in »mitten in der Verwickelung eines durch niederträchtige Treulosigkeit gegen ihn angesponnenen Rechtshandels« (JW6.1, 95). Sie verlor danach sogar sein einziges

40 Giovanni interpretiert Allwills Verständnislosigkeit der realen Existenz des anderen, d. h. der Frauen, wie folgt: »Allwill disgrades his women by his practice of either turning them into an object of glorification or otherwise dismissing them, for he cannot then recognize them for what they really are. But to this extent he also fails to grant them the status of real existents. The ultimate loser is Allwill himself, because, on Jacobi's principle of individuation, by not confronting the real ›Thou‹ in the women with whom he comes into contact, he also fails to establish himself as real ›I.‹ Allwill remains an unreal entity, a phantom of being rather than anything really existing.« (Giovanni 1994, 125) Diese Interpretation Giovannis ist richtig im Hinblick auf die Intensität der Erhaltung der Selbstheit des anderen auch, wie man an Syllis Worten an Amalia sehen kann. »Du bist auch glücklich! Erst vor einer Stunde stimmte Montaigne mir darin noch bey, daß Du Amalia, so wie Du bist, einzig am besten geschaffen und gebildet wurdest, um glücklich zu seyn, und andre glücklich zu machen. Darum bitte und beschwöre ich dich, daß du Dich sorgfältig erhalten mögest in Deinem Wesen; bleiben mögest ganz so wie Du bist, und abwehrest jede, auch die mindeste Aenderung, die sich könnte an Dich machen wollen.« (JW6.1, 180)

41 Vgl. JW6.1, 204.

Kind Gustav, der zwei Jahre alt war. Sie hat nicht mehr Familie, aber sie ist durch die tiefe Freundschaft mit Clerdon, Amalia, Clärchen und Lenore durch Briefwechsel verbunden. In dieser Briefsammlung erkennt sie Allwills Gefahr am deutlichsten und warnt Lenore und Clärchen eindringlich, damit sie nicht Allwill zum Opfer fallen.

> Er wagt sein *Alles* an die Erreichung *jedes* Zwecks. [...] Clemens nennt ihn einen *Besessenen*, dem es fast in keinem Falle gestattet sey, willkürlich zu handeln. Ein schrecklicher Charakter! – Und was für ein *Göttliches Ansehen* der Mensch haben muß, wenn er das Gute, das Schöne verfolgt! O, hütet euch! O, flieht! [...] Liebe macht uns Weiber immer unglücklich. (JW6.1, 148 f.)

Syllis Kritik ist wesentlich Luzies gemeinsam darin, dass Allwills Charakter in den Selbstverlust im anderen und in die unbestimmte Maßlosigkeit gerät.[42] Syllis geistige Zustände lassen sich durch Montaignes Philosophie, auf die sie sich beruft, erklären. Sie versteht ihren eigenen Zustand ohne Familie unter dem Hang zur Einsamkeit und Selbstheit, der die Verträglichkeit und die Freundschaft ermöglicht.

> [...] [I]ch bin in sehr geschäftigem Wesen; es kommt vieles vor in meiner Einsamkeit, was mich in meinem Inneren recht emsig seyn lässt. Auch geschieht es, daß ich die freyesten Augenblicke genieße: aber die sind so einzeln, so getrennt ...[...] An meiner Einsamkeit hange ich mit Leidenschaft. Den vertrautesten Zutritt bey mir hat seit einiger Zeit *Montaigne*. Ich lebe mit ihm, wie mit einem Lebendigen. Der Mann ist mir so recht; er stillt mein Gemüth, indem er mich Verträglichkeit lehrt. (JW6.1, 179)

Im 39. Kapitel der *Essays* »Über die Einsamkeit« betont Montaigne, dass man ein Hinterstübchen für sich absondern muss, in welchem man seinen wahren Freiheitssitz und seine Einsiedelei aufschlagen kann.[43] Er empfiehlt, die Gemeinschaft aufzugeben und sich selbst ein Freund zu werden. Sylli sieht dies als eine Form guter Selbstliebe an und endet deswegen nicht einfach mit einem extremen Rückzug in sich selbst und der Eliminierung der Gemeinschaft mit der Außenwelt, sondern sie versteht Montaignes Einsamkeit als Grundlage der aristotelischen Freundschaft und Tugend. Wir haben bereits die Betonung der Selbstheit und der Grenzen in Herders *Liebe und Selbstheit* bestätigt, aber auch

42 »Verloren zu seyn, ganz verloren an einen andern ... Unser eigenes Selbst entflohen aus uns – entflohen aus Ihm ... Gar kein Dasein mehr! Man ist verschwunden unter den Lebendigen; getilget mit Schande aus ihrer Zahl – Elend ohne Maaß, ohne Namen! ... « (JW6.1, 149)

43 Vgl. Montaigne 1946, 140.

in *Allwills Briefsammlung* wird die Hybris getadelt, eine Rückkehr zur Selbstheit und das Maß werden empfohlen.

Sylli und Amalia teilen das Geheimnis der Schöpfung der Welt. Indem Allwill eine Sache nach der anderen will, zerstört er das, was er bereits erlangt hat, und erwirbt deshalb dadurch alles, aber gleichzeitig macht er alles zunichte. Hingegen wird die schöpferische Kraft in den weiblichen Figuren gefunden. Wie wir bereits kurz in Jacobis Brief an Schlosser gesehen haben, ist Gott, wenn Jacobi Gott als Maß sieht, Schöpfer und ist getrennt von dem zerstörerischen Schicksal, das zum Untergang führt. Deswegen scheint Jacobi eindeutig nicht in Allwills Charakter, sondern in Syllis Figur die Selbstheit und die Produktivität zu sehen. Sie vertraut auf ihre eigene Kraft und ihren eigenen Willen und denkt, dass sie die »beständige feste Hülfe« (JW6.1, 178), die aus dem Mittelpunkt ihres Wesens entspringt, verliert, indem sie nach Hilfe von außen sucht.[44]

Syllis Blick auf Antigone bringt ihre Autonomie und Jacobis Anti-Spinoza deutlicher zum Vorschein. Laut Sylli können sich Menschen im Gegensatz zu Tieren, die nur über sinnliche Triebe verfügen, dazu entschließen zu sterben. Sie ist in der Entgegensetzung zwischen Antigone, die den Tod auswählt, und Ismene, die das Leben auswählt, von Antigone begeistert.[45] Wie sie sagt, dass die Welt »mit der Einsetzung einer Liebe, die den Tod überwindet und Unsterblichkeit gebiert« (JW6.1, 190), anfing, kann der menschliche Blick, wie derjenige Kleons, die Geheimnisse dieser Liebe und des Lebens nicht durchdringen.

Syllis Bereitschaft zum Tod und ihr Wunsch, eine Bindung zu ihrem Kind aufzubauen, scheinen mit dem Harmonia-Mythos verbunden zu sein, der in Herders *Paramythien* dargelegt wird, der zu Beginn von Woldemar zitiert

44 Sylli schreibt an Clerdon: »Angegriffen im Mittelpunkte meines Wesens, muß mir aus dem Mittelpunkte meines Wesens Hülfe, volle Hülfe kommen. Sie wird kommen; Du sagst es; ich sage es auch. Jeder merkwürdige neue Zustand leitet zu neuem Rath, zu neuen Mitteln. Wie oft ist mir gewesen, so, daß ich glaubte, laut rufen zu müssen: Hilf, Clerdon! Hilf! – Aber ich mußte nicht, und rief nicht. Was wäre es, wenn ich mich immer nur so halten ließe? Was würde mir? Keine beständige feste Hülfe würde mir. Die will ich, dahin will ich. Ich will durchkommen wollen, wenn ich auch nicht durchkomme.« (JW6.1, 178) Giovanni sieht in Syllis Willen die Ähnlichkeit zu Allwills Willen nach zu allem, aber diese Deutung scheint ein Missverständnis zu sein. Selbst wenn Allwill etwas erlangt, ist er immer gezwungen, verschiedene Dinge nacheinander zu wollen; mit anderen Worten, er will als Ergebnis alles und ist mit allem nicht zufrieden. Doch anstatt nach Hilfe von außen zu suchen, sucht Sylli nach dauerhafter Hilfe in sich selbst, strebt nach Unabhängigkeit und Selbstwachstum und versucht so, schwierige Situationen zu meistern. Auch wenn sie in ihrem Selbsthilfeprozess innerlich um Hilfe bittet, führt dies nicht zu einer Allwill-ähnlichen Destruktivität gegenüber anderen. Vgl. Giovanni 1994, 130.

45 »Du wähltest Leben, und ich wählte Tod! sagt Antigone zu ihrer Schwester Ismene.« (JW6.1, 190)

wird.[46] Indem die Harmonia sich unsichtbar macht, wird sie eins mit den Kindern, die sie verlassen haben, indem sie mit ihnen in Resonanz tritt und ihre Freuden und Sorgen teilt. Sylli stirbt nicht, aber sie spürt, dass sie an ihr unsichtbares Kind angeschmiegt ist, indem sie ihren verstorbenen Sohn Gustav im flimmernden Stern sieht und ihn anlächelt.[47]

Wie Jacobi in der Vorrede von *Eduard Allwills Briefsammlung* die Familienähnlichkeit zwischen Jacobis fiktivem Brief »An Erhard O**« und *Allwills Briefsammlung* andeutet, lässt Jacobis philosophische Behauptung in dieser Zugabe »An Erhard O**« vielseitig die Entsprechung mit Syllis und Luzies Gedanke vermuten.[48] Jacobis Adressat dieses Briefes, Erhard, ist Jacobis Feind, und Jacobi kritisiert ihn scharf.[49] Denn Erhard verliert vermutlich wie Allwill den Mittelpunkt in der Selbstheit, ist selbstironisch, aber gleichzeitig ein großer Kopf, der die

46 »Harmonia, die Tochter der Liebe, war eine thätige Mitgehülfinn [Mitgehilfin; M. S.] Jupiters bey seiner Schöpfung. Mütterlich gab sie aus ihrem Herzen jedem werdenden Wesen einen Ton, einen Klang, der sein Inneres durchdringet, sein ganzes Daseyn zusammenhält und es mit allen vergeschwisterten Wesen vereinet. Endlich hatte sie sich erschöpft, die gute Mutter; und weil sie ihrer Geburt nach nur halb eine Unsterbliche war, sollte sie sich jetzt mit dem Leben von ihren Kindern scheiden. Wie gieng ihr der Abschied so nah! Bittend fiel sie vor dem Thron Jupiters nieder und sprach: Gewaltiger Gott, laß meine Gestalt verschwinden vor den Göttern: aber mein Herz, meine Empfindung tilge nicht aus und trenne mich nicht von denen, denen ich aus meinem Herz das Daseyn gegeben habe. Wenigstens unsichtbar will ich um sie seyn, damit ich jeden Hall des Schmerzes und der Freude, mit dem ich sie glücklich oder unglücklich begabe, mit ihnen fühle, mit ihnen theile. [...] Jupiters berührte sie sanft und sie verschwand; sie ward zur gestaltlosen, allverbreiteten Echo. Wo eine Stimme ihres Kindes tönet, tönet das Herz der Mutter nach: sie spricht aus jedem Geschöpf, aus jedem brüderlichen Wesen den Laut des Schmerzes und der Freude mit dem Gleichlaut einer harmonischen Saite.« (JW7.1, 208 f.)

47 JW6.1, 186. Syllis Figur hat teilweise die Gemeinsamkeit mit einer Theia, deren anderer Name Basileia (*βασίλεια*, die Königliche) und Tia (*Θέα*, die Göttliche) ist, welche Gattin ihres Bruders Hyperion ist und Mutter von Helios, Selene und Eos ist. In der Geschichte Diodorus' verliert Theia ihren Mann und Kinder. In der ohnmächtigen Vision sieht sie Helios sprechen. Vgl. Diodorus Siculus 1933, 3.57. 2–8. Jacobi erwähnt einige Male Diodorus in seinen anderen Schriften, wahrscheinlich auch unter dem Einfluss von Hemsterhuis. Vgl. JW4.1, 87; JW5.1, 161; OP, 87.

48 »Lieber will ich das Gewicht meiner Instanz durch die Zugabe, welche mir die Zugabe zu diesem ersten Bande von Allwills Briefsammlung, das Schreiben an Erhard O**, an die Hand giebt, zu vermehren suchen. Ich frage also jedweden, ob er die Familienähnlichkeit zwischen dem Schreiben an Erhard O** und den Briefen der Allwillschen Sammlung sich zu leugnen unterfangen werde?« (JW6.1, 91 f.)

49 Terpstra weist auf eine Möglichkeit hin, dass unter Erhard O** Johann Georg Forster verstanden werden soll, und nennt als den Hintergrund Jacobis Kritik an Forsters Revolutionsbegeisterung. Vgl. Terpstra 1957, 76. Schelling, der vermutlich Jacobis Deutung vom *Philebos* kannte, arbeitet die Kritik an der Unterdrückung der Stimme des Widerspruchs durch die

Überzeugung, die aus dem Mittelpunkt des Wesens des Menschen entspringt, bezweifelt, und Egoist, der »the providence of a supreme Ruler« (JW6.1, 225) ablehnt und in Selbstsucht und Scheinsucht befangen ist. Jacobi verachtet hingegen diesen Skeptizismus und predigt die Rückkehr zum Glauben an Gott als Geist und Schöpfer, dabei beruft er sich auf die Überlegenheit des Maßes gegenüber dem Unendlichen als dem Unbestimmten in Platons *Philebos*. Diese Unbestimmtheit bildet den Grundcharakter der selbstironischen Allwill und Erhard, während Sylli und Jacobi ihren Überzeugungen nach, die aus der Mitte ihrer Wesen entspringt, sich auf das schöpferische Maß ausrichten. Wir haben die Identifizierung Gottes als des Maßes mit dem Schöpfer bereits in Jacobis Brief an Schlosser im Zusammenhang mit dem Begriff der Liebe als einer Vorform des Begriffs der Unendlichkeit gesehen, aber im Brief »An Erhard O**« wird auch Jacobis Aufmerksamkeit für das Maß bereits deutlich. Wie Jacobi konkret Apeiron, Peras, Koinon und Aitia in Platons *Philebos* interpretiert, ist in Kapitel 3.3 ausgeführt.

2.3.3 Die Tugend und die Diskussion über die Heldentugend in Jacobis *Woldemar*

Wie im obigen Kapitel festgestellt, geht es in *Eduard Allwills Briefsammlung* um die unbestimmte Unmäßigkeit und das Maß, das die Selbstheit nicht verliert. Die gleiche Entgegensetzung kann auch im *Woldemar* gefunden werden. Allwill und Woldemar werden beide vor allem durch die Unbestimmtheit geprägt. Beiden ist gemeinsam, dass sie durch die Leidenschaft angetrieben sind. Der Protagonist Woldemar verhält sich aber in dieser Geschichte anders als Allwill, nämlich dahingehend, dass er in der Beziehung mit seiner Freundin Henriette die absolute Identität fühlt und danach die Reflexion erfährt, dass diese Identität eine Täuschung war. Woldemars Charakter in diesem Roman wird von seinem großen Bruder Biderthal wie folgt beschrieben:

> Es ist etwas in Dir, *etwas*, das Dich beständig über alles gegenwärtige hinaussetzt, ins *Unendliche* hinüber. – *Dich selber* überspannst Du nicht leicht; aber *außer Dir* überspannt Deine Imagination beynah Dir alles; Du bist mit keinem Dinge recht zufrieden, als das Du so erblickst. (JW7.1, 72)

Henriette lässt sich auch am Anfang der Geschichte wie Woldemar durch die Unbestimmtheit prägen, so wie Jacobi es beschreibt: »Bisher hatte sie ihrer Freundschaft für Woldemarn weder Maaß noch Ende gewuß […].« (JW7.1, 79)

politische Übermacht in seine *Timaeus*-Handschrift, die seine *Philebos*-Deutung enthält, ein. Vgl. TH, 25 f., Baum 2020, 201 f.

Schließlich fühlt Woldemar »voll Eckel vor dem Unbestimmten seiner Lage« (JW7.1, 101) und bemerkt, dass das Gefühl, dass er und Henriette eins sind, nur eine Täuschung war. Er ist eine Person, die aufrichtig ihrer eigenen Neigung und Leidenschaft folgt. Deswegen kann er nicht ertragen, nach der allgemeinen Tugend zu streben, die den Genuss verhindert. Henriettes Vater Hornich und Hornichs Freund Alkam kritisieren seinen Charakter. Das bedeutet aber nicht, dass es Woldemar an Tugend fehlt. In der Tat hat er gleichzeitig den Charakter, nach seinem Gewissen, das »die angeborene Tugend« (JW7.1, 443) ist, zu handeln.[50] Dieser Charakter koexistiert ohne Widerspruch mit seinem leidenschaftlichen Charakter.

In Jacobis Schrift *Der Kunstgarten: ein philosophisches Gespräch* (1781), die für den Roman *Woldemar* verfasst wurde, ist die philosophische Diskussion über die Tugend und den Trieb enthalten. Ein Diskussionsthema ist Helvétius' Hedonismus, dass die Verfolgung der Tugend und Ehre derselbe der Wollust gleich ist und dass das allgemeine Wohl auch durch das Streben nach dem Vergnügen verwirklicht wird. Woldemar kritisiert, dass Helvétius' Hedonismus die von der Wollust unabhängige Tugend leugnet:

> Und nun, fuhr Woldemar fort, stand ein Man auf, der es frey heraus sagte: *Wir schätzten nur die Wohllust; wir hätten nur unsere Sinne, gerade fünf an der Zahl, und kein Herz und keinen Geist; nur Begierden, und kein unmittelbares Gefallen am Menschen, keine Liebe: die Tugend die sich selbst lohne, sey ein Hirngespinnst.* (JW7.1, 170)

In diesem Hedonismus von Helvétius wird die Erfüllung des Ehrgeizes auch eine Wollust, aber dadurch geht der eigentliche Wert der Tugend und Ehre verloren, weil das Materielle fälschlicherweise für das Wesentliche gehalten wird. Es geht aber für Woldemar nicht darum, diese Tugend und Ehre von der Wollust zu isolieren, sondern er findet es auch wichtig, dass dieser Hedonismus den Trieb des Menschen verdeutlicht. Jacobi zufolge folgen wir am Ende den Trieben, deshalb ist es unsinnig, sich ihnen immer zu verweigern. Andererseits besteht »der beste Genuß« (JW7.1, 172) nicht aus den Trieben, sondern die Tugend ist Jacobi zufolge »die Art und Weise der Sonderung und Zusammensetzung dieser Triebe« (JW7.1, 175). In dieser Zusammensetzung der Triebe ist ein Trieb die sinnliche Handlung und ein anderer Trieb der Anstoß und die Gegenwirkung. Um die Tugend zu entdecken, muss man zuerst sinnlich handeln.[51] Die gute Gesinnung, welche die Tugend ist, kann aus guten und edlen Neigungen hervorgehen und mit einer Empfindung angefangen haben. Das heißt aber nicht, dass wir nur in der Sinnlichkeit bleiben können. Die Empfindung ist zum Begriff zu verändern,

50 Vgl. JW7.1, 241.

51 Vgl. JW7.1, 178.

die Empfindung ist durch die Vernunft zu beherrschen. Aber diese Vernunft wird auch durch die Empfindung unterstützt.

> Worinn aber *menschliche Vortrefflichkeit bestehe*, darüber ist unter Menschen von gesundem Verstande nie ein Zweifel gewesen. Die Gaben sind mancherley; aber jeder ist vortreflich *in seinem Maaß*, dessen Empfindungen, Begierden und Leidenschaften die Vernunft beherrscht. Ich sage *beherrscht!* denn Empfindungen, Begierden und Leidenschaften müßten da seyn, wenn menschliche Vernunft da seyn soll. Aus stumpfen Sinnen werden nie helle Begriffe hervorgehen; und wo Schwäche der Begierden und der Leidenschaften ist, da kann weder Tugend noch Weisheit eine Stelle finden. Kein Volk; keine Obrigkeit! Keine Obrigkeit; keine Gemeinde! (JW7.1, 180, 309)

Jacobi beschäftigte sich von 1792 bis 1794 mit Aristoteles' *Nikomachischer Ethik*, in seinem Roman *Woldemar*, der im Jahr 1796 erschien, nahm der Begriff von Aristoteles' Tugend einen wichtigen Platz ein.[52] Wenn es um das Maß der Tugend geht, versteht Jacobi die Idee, dass eine gute Person, welche ein Vorbild werden kann, das Maß wird, in Bezug auf Protagoras' Homo-mensura-Satz.

> Also vor zwey tausend Jahren lehrte schon Aristoteles: »Handlungen der Gerechtigkeit und Mäßigkeit wären diejenigen, die so beschaffen wären, wie der mäßige und gerechte Mensch sie ausübte. [...] Die einzige Richtschnur des Wahren und Guten wäre demnach im Urteile des gutgeschaffenen Menschen, wie denn überhaupt der Mensch an nichts anderem messen und prüfen könne, als *am Menschen.*« (JW7.1, 435)[53]

52 Jacobis Beschäftigung mit Aristoteles' Ethik lässt sich besonders in seiner Kladde No. 5 sehen. Diese Kladde No. 5 wurde der Einleitung für *Jacobis Nachlass* nach spätestens am 8. Dezember 1792 bis mindestens zum 5. November 1794 geschrieben. Vgl. Jacobi 2020, XVII.

53 »[D]er hochwertige Mensch hat in allen Fällen das richtige Urteil und in jedem Einzelfall zeigen sich ihm die Dinge so wie sie wirklich sind. Jede (charakterliche) Grundbeschaffenheit hat ihre eigenen Vorstellungen vom Edlen und Lustvollen und hier unterscheidet sich gewiß der hochwertige Mensch am meisten, insofern er in den Einzelfällen die Dinge so sieht wie sie sind, gleichsam Richtschnur und Maß für sie ist.« (Aristoteles 2014, 53; *Nikomachische Ethik*, 1113a.) Vgl. Aristoteles, *Nikomachische Ethik*, 1166a, 1176a. Bei der Erwähnung von Protagoras' Homo-mensura-Satz deutet Jacobi einen Bezug auf diesen Satz darüber an, dass der hochwertige Mensch bei Aristoteles zum Maß erhoben ist: »Protagoras nannte d(en) Menschen das Maaß der Dinge; nach ihm, Aristoteles.« (Jacobi 2020, 172.) Wie später im Kapitel 2.5.3 erklärt wird, hat Hegel zwei Deutungen vom Homo-mensura-Satz aufgezeigt. Er hat nicht die Deutung, dass dieser Satz relativistisch ist, sondern die andere Deutung aufgenommen, dass »die selbstbewußte Vernunft im Menschen, der Mensch nach seiner vernünftigen Natur und seiner allgemeinen Substantialität das absolute Maß ist.« (TW18, 430) Daraus lässt sich verstehen, dass Jacobi und Hegel über den Homo-mensura-Satz die gleiche Deutung aufge-

Die Frage, was die Tugend des mäßigen und guten Menschen ist, liegt uns näher. Wenn Jacobi darauf eingeht, was die Tugend ist, versteht er die Tugend in ihrer Untrennbarkeit mit der Liebe. Deswegen konstatiert er wie Aristoteles, dass die Tugend ohne die Liebe zur Tugend »ein Unding« (JW7.1, 441) ist. Er erklärt außerdem nach Aristoteles' Ethik, dass die Anlage der Tugend in der Anlage der Freundschaft liegt, dass sie angeboren ist und dass diese angeborene Tugend den Menschen »die Principien der sittlichen Handlungen« (JW7.1, 443) lehrt. Dieser angeborenen Tugend, dem Gewissen und dem unmittelbaren Wissen, ist die Vernunft, welche die »Wissenschaft und vorsetzliche Tugend« (ebd.) bringt, entgegengesetzt.[54] Aber die Beziehung des unmittelbaren Wissens und der Vernunft bleibt nicht in der bloßen Entgegensetzung, sondern ist ebenso, wie Hemsterhuis im *Aristée* aufgezeigt hat, im Kreislauf, worin das unmittelbare Wissen sowohl am Anfang als auch am Ende positioniert ist; d. h., das Erste ist das unmittelbare Wissen, das die Form des Gefühls und des Gewissens hat, und es verwickelt sich allmählich in den Vermittlungen von den Bemühungen und Arbeiten durch die Überlegung und Reflexion in die Entfernung von der ersten Unmittelbarkeit und der angeborenen Tugend und dadurch arten sie aus. Deshalb ist die Erreichung zur Vollständigkeit durch die Rückkehr zum ersten Prinzip zu realisieren. Diese Rückkehr zum ersten Prinzip ist am Ende des *Aristée* möglich durch die Beschleunigung der Bewegung der Seele durch den Tod, bei Jacobi gilt sie als möglich durch den Entschluss zum *Salto mortale*. Zwischen dem Ersten und dem Letzten gilt das Prinzip des Strebens nach Selbst-

nommen haben, dass der hochwertige, gute Mensch das Maß ist. Jacobi bezieht den Satz auf Aristoteles, aber Aristoteles geht selbst in seiner *Nikomachischen Ethik* nicht auf die Deutung von Protagoras' Satz ein, sondern kritisiert er vielmehr durchgängig in der *Metaphysik*, dass die Theorie von Protagoras relativistisch ist. Vgl. Aristoteles, *Metaphysik* 1062b-1063b. Jacobi hat in *Von den göttlichen Dingen* (1811) vermutlich wegen seines Augenmerks auf Protagoras interessanterweise die Äußerungen des Protarchos im *Philebos* falsch als die des Protagoras aus Schleiermachers Übersetzung zitiert. Er verwertet folgendes Zitat für die Verteidigung von seiner eigenen Position nützlich. »Protagoras. ›Da käme ja, o Sokrates, ein lächerlicher Zustand heraus, wenn wir nur die göttlichen Erkenntnisse *allein* inne hätten.‹ Sokrates. ›Wie meinst du? Sollen wir etwa des falschen (unvollkommenen) Richtmaßes und Kreises *unsichere* und *unreine* Kunst insgemein mit hineinwerfen und beymischen?‹ Protagoras. ›Notwendig doch, wenn einer von uns auch nur jedesmal den Weg nach Hause finden will.‹ […] Protagoras. ›Ich wenigstens weiß nicht, o Sokrates, was für Schaden einer davon haben könnte, wenn er auch die übrigen alle bekäme, (NB!) *sofern er nur die ersten Erkenntnisse hat.*‹« (JW3. 57 f.) Über Schleiermachers Übersetzung von Platons *Philebos* vgl. Platon 1809, 232 f. Vgl. Platon, *Philebos*, 62a-d.

54 Diese Entgegensetzung basiert auf dem aristotelischen Unterschied zwischen der angeborenen Tugend und der ethischen. Bei Aristoteles ist die angeborene Tugend aber, anders als bei Jacobi, der ethischen untergeordnet. Vgl. Aristoteles, *Nikomachische Ethik*, 1144b, Halbig 2021, 239.

erhaltung, dem zufolge die Vernunft sich fleißig mit der Arbeit beschäftigt. Deswegen wird der *Salto mortale* als Sprung von dieser vernünftigen Tätigkeit aus verstanden. Jacobi stellt die Tätigkeit der Vernunft wie folgt dar:

> Alles absolut Erste und Letzte liegt außer ihrem Gebiet. Ihre ganze eigentümliche Geschäftigkeit ist eine blos vermittelnde Geschäftigkeit *für* Sinn, Verstand und Herz, deren gemeinschaftliche Oekonomie sie zu verwalten hat. (JW7.1, 271)

Bei Jacobi ist die wissenschaftliche, vernünftige Tätigkeit untrennbar mit der Selbsterhaltung, diese Verbindung lässt sich daraus verstehen, dass Jacobi selbst nicht von Beruf Philosoph war, sondern dass seine Tätigkeit der Philosophie getrennt vom Ziel finanzieller Einkünfte liegt. Er versteht diese Lebenserhaltung durch berufliche Unterordnung negativ als Bindung ohne Freiheit und darüber hinaus als etwas, das von der Kreativität getrennt ist. Nach Jacobis Philosophie ist es in einer dem Streben nach Selbsterhalt untergeordneten beruflichen Tätigkeit verboten, sein Leben zu riskieren, um sich Freiheit und Selbstbestimmung zu sichern und schöpferisch zu sein. Daraus folgt, dass es in dieser Tätigkeit unmöglich ist, in sich selbst das Maß zu finden und sich schöpferisch zu benehmen.[55] Daher wird bei der Ausübung der Vernunft zwischen dem Ersten und dem Letzten das Maß nicht als in sich selbst liegend, sondern lediglich als irgendwo anders liegend verstanden, und die Person, die sich zwischen dem Ersten und dem Letzten sich mit der nicht schöpferischen Arbeit beschäftigt, akzeptiert passiv das äußerliche Maß und wiederholt die Ausübung des als Strafe erhaltenen Maßes bei anderen Gelegenheiten.

> Alles was *zwischen* dem Ersten und Letzten, zwischen den *Principien* und dem *Zweck der Zwecke* liegt, gehört zum Gebiete der *Vernunft*, deren eigentümliches Vermögen und Geschäft ist, – Nach erhaltenem Maaße *Maaß zu geben.* (JW7.1, 443)

Insofern das erhaltene Maß für die Überlegung und die Reflexion benutzt wird, ist das Maß der Vernunft ganz anders als das Maß, das Schöpfer, Geist und Gott ist. Man soll Jacobi zufolge in dieser Vernunft nicht bleiben, sondern über sie hinausgehen und auf das höchste Gut als Zweck der Zwecke abzielen, das bei Jacobi als Glückseligkeit verstanden wird, in der es die Vollständigkeit der Lust und der Tugend gibt. Man strebt nach der vollständigen Tugend, jedoch kann

55 Jacobis negative Einstellung zur Arbeit hängt mit der Einsicht in Fergusons Moralphilosophie in *An Essay on the History of Civil Society* (1767) zusammen, dass die Etablierung des Eigentumsrechts Menschen von der Tugend abführt, indem sie durch harte Arbeit um exklusives Eigentum konkurrieren. Vgl. Ferguson 1782, 136, 160 f., 427.

man sich nicht zur Vollkommenheit der Tugend erheben.[56] Diese Glückseligkeit liegt aber nicht im Streben nach Vollendung.[57]

Anstatt das Problem der Tugend und der Glückseligkeit zu erörtern, ist hier Jacobis Diskussion zu sehen, ob die Tugend des Helden gerechtfertigt werden kann oder als gefährlich und zu vermeiden gilt. Bereits in seinen frühesten politisch-philosophischen Schriften, besonders in *Über Recht und Gewalt, oder Philosophische Erwägung eines Aufsatzes von dem Herrn Hofrath Wieland, Über das Göttliche Recht der Obrigkeit* (1781) und *Etwas das Lessing gesagt hat* (1782), kritisierte Jacobi den aufgeklärten Despotismus, der in Wielands Schrift *Über das göttliche Recht der Obrigkeit* (1777) verteidigt wurde.[58] Unter dem Einfluss von Spinozas politischer Theorie zeigt Jacobi seine antiautoritäre Haltung gegenüber der repressiven politischen Macht und die Bedeutung der individuellen Selbstbestimmung auf.[59] Darüber hinaus kritisierte Jacobi, wie Götz betont, die in der Französischen Revolution enthaltene Ideologie als »*maniere fixe* d'être gouverne par la *seule* raison« (JW5.1, 175) und entdeckte bereits, dass diese in einer Schreckensherrschaft enden würde.[60] Vor diesem Hintergrund findet die Auseinandersetzung über die heroische Tugend von Kleomenes III. zwischen Dorenburg und Biedertal im *Woldemar* statt. Mit anderen Worten: Die Frage ist, ob und aus welchen Gründen ein Monarch, der das öffentliche Interesse verfolgt, gerechtfertigt oder verurteilt werden kann. Auf diesen Punkt möchte ich im Folgenden kurz eingehen.

Dorenburg behauptet, dass Gott und Natur eigentlich der eigene Begriff und die eigene Empfindung des Menschen sind und dass die höheren Begriffe von unserer Verwandtschaft mit höheren Wesen zeugen.[61] Während Biderthal sagt,

56 Vgl. JW7.1, 446.

57 Vgl. JW7.1, 450.

58 Vgl. JW4.1, 261, Snow 1996, 308.

59 Vgl. Snow 1996, 307–311.

60 Vgl. GW5.1, 171 f. Götz findet Jacobis kritische Haltung gegen die Französische Revolution in seinem Brief an Reimarus: »Meine Freude an der französischen Revolution hörte schon im August 1789 auf, und ich bin seitdem nur immer trostloser geworden.« (JAB2, 95) Vgl. Götz 2008, 144. Götz konstatiert: »Die von Mirabeau beschworene ›maniere fixe d'être gouverne par la seule raison‹ konnte, so Jacobi, nur im Terror enden, da aus der Vernunft selbst niemals moralische Grundsätze hergeleitet werden könnten. Zudem übersehe sie in ihrer Reduktion des Menschen auf die Vernunft die ›thierischen Triebe‹ im Menschen und lasse die jeweilige Besonderheit des Individuums unberücksichtigt. Stolberg und Jacobi traten so im Laufe der Jahre in heftige Gegnerschaft zur Französischen Revolution.« (Götz 2008, 144) Über Jacobis Identifizierung der revolutionären Ideologie und der Vernunftphilosophie der Aufklärungszeit vgl. Götz 1995, 216 f.

61 Vgl. JW7.1, 436 f.

dass Kleomenes III. »*heftig, ungerecht, ein wahrer Tyrann*« (JW7.1, 434) war und sich auf die Räuberei des Prometheus berufen hat, antwortet Dorenburg wie folgt:

> Noch ein Wort, sagte Dorenburg, das ich vom Herzen haben muß! Es betrifft die von Biderthal wider Kleomenes angebrachten Beschuldigungen: Er wäre heftig, ungerecht, ein wahrer Tyrann; von der sittlichen Seite nichts weniger als bewunderungswürdig gewesen: Auch diese Tugend, also, wäre nur wieder ein Gedicht.
> Hierauf ist meine Antwort, daß sich eine Folge von heroischen Handlungen, ein *Heldenleben*, ohne alle Gewaltthätigkeit schwerlich denken lasse, und ich frage: *Ob darum dem Heroismus schlechterdings soll der Stab gebrochen werden?* Was würde aus der Menschheit, wenn nicht von Zeit zu Zeit Heldengeister aufträten, um ihr einen neuen Schwung zu geben, ihr aufzuhelfen, sie zu *erfrischen*. Gerade durch diese Heroen wird das Leben der Sittlichkeit immer wieder neu geboren. [...] Menschen, die ein inneres Freyheitsgefühl *Göttlich* über ihr Zeitalter erhebt, sind das wahre eigentliche *Salz der Erde*. (JW7.1, 437 f.)

Jacobi ergänzt Dorenburgs Rede über das Lob des Heroismus, indem er sich in seiner Fußnote auf Machiavellis *Discorsi* beruft.[62] Machiavelli zufolge wird eine Republik oder ein Königreich niemals oder nur selten von Anfang an gut eingerichtet, deshalb soll man wegen einer außerordentlichen Handlung nicht Gründer des Königreichs oder der Republik wie Romulus tadeln, insofern als sie dem Allgemeinwohl von Nutzen sein wollen.[63] Machiavellis Behauptung nach verdient Kleomenes III. auch nicht Tadel, weil er Sparta verjüngt hat, obwohl er für die Verwirklichung der Gesetze des Lykurgs alle Ephronen und seine Gegner ermorden ließ.[64]

Während Dorenburg wie Machiavelli den Heroismus rechtfertigt, auch wenn er mit der Tyrannei verbunden ist, ist Biderthals Haltung demgegenüber nach wie vor negativ. Er wendet, auf Grundlage der Mythologie des Ikarus, gegen Dorenburg und Henriette Folgendes ein:

> *Ihr fliegt mir zu hoch!* ... Ich traue dem Gefieder nicht, womit ihr euch der Sonne naht.
> *We leap at stars, and fasten in the mud!*

62 In der Fußnote über Machiavellis *Discorsi* konstatiert Jacobi: »Dieser ganze IX. Abschnitt verdient nachgelesen zu werden.« (JW7.1, 437)

63 Vgl. Neuntes Kapitel von Machiavellis *Discorsi*, Machiavelli 1922, 29.

64 Vgl. Machiavelli 1922, 30 f.

> […] *Eigendünkel* ist mir einmal *über alles* fürchterlich geworden; so fürchterlich und gräulich, daß ich lieber nach der Kette des unbedingtesten Gehorsams, als nach der Hirnversengenden Krone der Selbstregierung greifen mag. (JW7.1, 438 f.)

Biderthal wählt nicht den Heroismus, worin der Held von seiner eigenen Tugend und Freiheit überzeugt handelt, sondern den Gehorsam aus, denn diese Heldentugend ist mit dem Eigendünkel und der Anmaßung verbunden.[65] Dorenburgs Einwand gegen diese Behauptung Biderthals ist eine Kritik am blinden Gehorsam gegenüber der Autorität und schließt sich dem Nachdruck der Selbstbestimmung des Individuums an.

> Wie wolltest du es anfangen, irgend einem Gesetz, irgend einer Autorität blinden Gehorsam – Knechtschaft anzugeloben, ohne eine Wahl vorhergehen zu lassen, ohne dich selbst *in* und *nach* dir selbst zu entscheiden? (JW7.1, 439)

Jacobi arbeitet zwar die Reflexion zum von der eigenen Tugend überzeugten dünkelhaften Helden in dieses Gespräch ein, insofern lobt er nicht einseitig die Tugend und die heldenhafte Handlung. Aber er betont, dass der freie Entschluss, egal, was er auswählt, vorausgeht, und sieht darin die Menschenwürde.

Hegel richtet sein Augenmerk auf Jacobis Betrachtung über Kleomenes in seiner Schrift *Glauben und Wissen*. Seine Erwähnung von Kleomenes im *Woldemar* findet im Kontext der Kritik des Mangels an Objektivität statt, die Kant als abstrakt setzt. Hegel zufolge wird bei Jacobi »seine objektive Form der Sittlichkeit, Gesetz, und vollends das reine Gesetz als formales Sittenprinzip« (TW2, 384) abgelehnt, weil Jacobi selbst die Subjektivität heiligt. Hegel beruft sich dabei auf Jacobis Äußerung, dass der Mensch nicht um des Gesetzes willen gemacht ist.[66] Dieser Standpunkt zeigt den Mangel an der Seite der Allgemein-

65 Jacobis Standpunkt entspricht nicht dem Biderthals, sondern dem Dorenburgs. Trotzdem scheint Jacobi den Standpunkt Biderthals nicht gänzlich auszuschließen, denn Biderthals Standpunkt, in dem es um die Gehorsam zur Natur geht, ist keineswegs zu vermeiden, wie Jacobi den Spinozismus für unwiderleglich und gleichzeitig für zu überwinden hält. Jacobi lässt Dorenburg wie folgt erzählen: »*Beharrlichkeit* und *unbedingter Gehorsam* sind unzertrennliche Gefährten; und wenn es keine Vorschrift, und, zu der Vorschrift, auch noch ein *Vermögen des unbedingten Gehorsams* giebt: so giebt es auch keine *eigentliche, wahre Tugend*.« (JW7.1, 440)

66 »Ja, Aehren ausraufen am *Sabbath*, auch nur darum, weil mich *hungert, und das Gesetz um des Menschen willen gemacht ist, nicht der Mensch um des Gesetzes willen*. Ich bin dieser Gottlose, und spotte der Philosophie, die mich deswegen Gottlos nennt; spotte ihrer und ihres höchsten Wesens: denn mit der heiligsten Gewißheit, die ich in mir habe, weiß ich – daß das *privilegium aggratiandi* wegen solcher Verbrechen wider den reinen Buchstaben des absolut allgemeinen Vernunftgesetzes, das eigentliche *Majestätsrecht* des Menschen; das Siegel seiner Würde, seiner Göttlichen Natur ist.« (JW2.1, 211)

heit und der Objektivität in Jacobis praktischer Philosophie auf, welche die »Lebendigkeit als Individualität, daß sie nicht dem toten Begriffe gehorcht« (TW2, 385), betont. Jacobi stellt in den *Spinoza-Briefen* die Geschichte der zwei Spartaner Spertias und Bulis und im *Woldemar* die Tugend des spartanischen König Kleomenes dar. Dabei gelten weder die objektive Sittlichkeit noch das Gesetz als das Prinzip von ihnen, sondern sie werden durch die Erfahrung, das Gefühl des Individuums und das Prinzip der Subjektivität des angeborenen Genies erklärt. Im Fall des Kleomenes im *Woldemar* ist auch Hegel zufolge an »das Herausheben der Objektivität« (TW2, 368) noch weniger zu denken.

2.3.4 Die Rettung des Überflüssigen bei Jacobi

Wie wir bereits die Entgegensetzung der Unbestimmtheit und des Maßes in den Romanen *Allwill* und *Woldemar* gesehen haben, sind diese beiden wesentlich. Das Maß, das durch die Selbstbestimmung, Freiheit und Tugend ausgeprägt wird, erscheint als überlegen gegenüber der Unbestimmtheit. Das bedeutet aber nicht, dass das Maß irgendwo, worin es keine Unbestimmtheit gibt, selbstständig bestehen könnte, sondern die Unbestimmtheit ist eine unentbehrliche Bedingung für das Maß. Deshalb wird die Natur des Maßes auch ohne vorgehende Unbestimmtheit nicht klar. Dies lässt sich auch aus einer anderen Schrift Jacobis, aus dem *Überflüssigen Taschenbuch für das Jahr 1800* (1799), verstehen.

In der Vorrede zum *Überflüssigen Taschenbuch für das Jahr 1800* wird die Bedeutung des Überflüssigen mit dem Ziel der »Rettung des Ueberflüßigen« (JW2.1, 167) entfaltet.[67] Wie Jacobi in der Vorrede selbst sagt, gilt das Überflüssige als Voraussetzung der Erreichung des Ziels als des Maßes: »Die unsrige [Vorrede; M. S.] will überschlagen seyn, weil sie überflüßig seyn will, und sonst nicht gut wäre« (JW2.1, 165). Seinem Beispiel zufolge bedarf es eines doppelt Überflüssigen, um einen Ball zu erreichen und zu treffen. Es bedarf »eines Ueberflüßigen der Kraft in dir selbst, um dem Ball überhaupt eine Bewegung zu geben« (JW2.1, 175 f.), und »eines bestimmten Ueberflüßigen im Ball, welches das Treffen bewirkte« (JW2.1, 176). Diese Überflüssigkeit ist Jacobi zufolge die notwendige Bedingung nicht nur im naturwissenschaftlichen Bereich, sondern auch in den Tätigkeiten der Menschen überhaupt: »Kein Ziel wird erreicht, keine Handlung kommt zu Stande, kein Werk weder der Natur noch der Kunst gelangt zum Dasein anders, als durch ein Ueberflüßiges der Kraft, und mit demselben.« (JW2.1, 176) Die Metaphysik und Fichtes Wissenschaftslehre gelten auch als »das *rein Ueberflüßige im Verstande*« (ebd.).

67 Jacobis Unternehmen der Rettung des Überflüßigen lässt sich gut im Zusammenhang mit der Erhaltung bzw. der Rettung der Lust durch die Begrenzung in Platons *Philebos* 26b-c verstehen. Über die Rettung der Lust bei Platon vgl. Mouroutsou 2010, 299 f.

> [...] Fichte, hat bewiesen, daß man zur höheren und allein wahren Philosophie dadurch einzig gelange, daß man sich vom notwendigen und zu jedem vernünftigen Denken sonst vollkommen hinreichenden Abstrahiren und Reflectiren – zum *Ueberflüßigen* durch absolute Freyheit erhebe. Das absolut und durch und durch überflüßige Denken ist demnach ausschließlich ein *philosophisches* Denken, und was durch ein solches Denken entsteht, allein Wissenschaft und *wahre* Wahrheit. (ebd.)

Fichtes Wissenschaftslehre ist zwar als das Überflüssige die Bedingung für die Erreichung des Ziels. Aber das, was für Jacobi eigentlich erreicht werden muss, ist nicht Wissenschaft, sondern »das *Empfängliche*« (JW2.1, 177). Der Mensch hat in der Geschichte durch Fleiß und Kunst das Überflüssige gebracht, aber Fleiß und Kunst sind überflüssig für die Gabe, die es von Anfang an gab, denn durch diesen ununterbrochenen, lang dauernden Fleiß lässt sich das Empfängliche nicht erreichen. Dieses Empfängliche erscheint nun als »Mangel« (ebd.) für das Überflüssige, aber es erscheint als das Überflüssige für die Wissenschaft, die in sich selbst das Erste und das Letzte ist.

Indem Jacobi durch die Rettung dieses Überflüssigen aufzeigt, dass das Publikum das Unendliche ausfüllen muss, das man keineswegs ausfüllen kann, nimmt er den »Stein der Bescheidenheit« (JW2.1, 178) vom Herzen des Lesers.[68] Er verehrt es dem Publikum als die »Wohlfahrt« (ebd.). Indem er das Publikum erfahren lässt, dass seine Bedürfnisse »überflüßig [...] ohne Maaß und Ende« (JW2.1, 179) erfüllt werden sollen, verehrt er »[d]ie Freude und den Dank des Publikums« (ebd.).

2.3.5 Das Maß als Schöpfer bei Jacobi

In Jacobis Philosophie lässt sich als sein wesentlicher Gedanke verstehen, dass die Unbestimmtheit dem Mäßigen vorausgeht, dass alles aus ihr entsteht und dass sie die Bedingung für das Bessere wird. Insbesondere in der Beilage I in seinen *Spinoza-Briefen* gilt das materielle Prinzip, welches der Unbestimmtheit

68 Wenn man sich hier an Kritik an Allwills Unmäßigkeit erinnert, scheint der Unterschied zu Jacobis Theorie des Überflüssigen in dessen Schrift *Überflüssiges Taschenbuch für das Jahr 1800* auffällig zu sein. Der Verweis der Übermäßigkeit zieht sich in diesem Taschenbuch zurück, stattdessen tritt in den Vordergrund, dass das Überflüssige als das Übermäßige den Begrenzungen vorausgeht. Das Vorausgehen des Überflüssigen entspricht demselben der Unbestimmtheit in Platons *Philebos*. In Rücksicht darauf ergibt sich die Theorie des Übermäßigen und des Überflüssigen bei Jacobi als das, was zwar unreif und unerfahren, aber unentbehrlich ist und was später durch ihre Überwindung weiter in anderen Formen erhalten bleiben wird.

entspricht, als der allgemeine Verstand, der alles erzeugt.[69] Dieses Prinzip, das sowohl das tätige Vermögen als auch das leidende Vermögen ist, bleibt für den menschlichen Verstand unermesslich und unvergleichbar.[70] Dementsprechend sind die Unendlichkeit und die Unermesslichkeit des Universums auch wie folgt dargestellt: »Es [Das Universum] ist also unendlich und unermeßlich [...]. Es kann weder gemessen, noch zum Maaß genommen werden.« (JW1.1, 200)

Jedoch zeigt er im Jahr 1792 seine konkrete Auffassung der vier Begriffe in Platons *Philebos* auf und betont um 1800 oft den Begriff des Maßes in Bezug auf den *Philebos*.[71] In seinem Aufsatz *Über eine Weissagung Lichtenbergs* (1801) wird der Glaube des Menschen an Gott wieder thematisiert, dabei sei Gott nicht das unendliche Wesen wie bei Spinoza, sondern das Maß.

> Nennet Gott nicht das *unendliche Wesen*, saget Platon; denn dem unendlichen widersteht das Daseyn; es [das unendliche Wesen; M. S.] ist wesentlich wesenlos; ein ewig nur zwischen Mehr und Weniger vorhandenes *noch nicht* Vorhandenes, ein seyendes Nichtseyn. Sein Bild ist das Wahnbild der Ungestalt, eines vorweisenden Undinges als eines Ersten, welches Alles und nicht Eines wäre – Es ist das Unding selbst. (JW3, 15)

Dieses kritisierte unendliche Wesen ist Jacobi zufolge ein Wahnbild, das ewig durch die Ab- und Zunahme die unendliche Reihe konstruiert, aber keineswegs vollständig realisiert werden kann: »ein seyendes Nichtseyn« (ebd.).[72] Diese Kritik am unendlichen Wesen, das hauptsächlich durch die Unbestimmtheit (Apeiron im *Philebos*) charakterisiert werden kann, richtet sich andeutungsweise nach Spinozas System, weil dieses System Jacobi zufolge das Problem des ungereimten Begriffs der ewigen Zeit haben muss, das auch durch mathematische Bemühungen nicht aufgelöst werden kann.[73] Gott ist Jacobi zufolge vielmehr als derjenige zu verstehen, der das Maß gibt:

> Nennet *Ihn* – den, der das Maaß *giebt*; in dem *ursprünglich* das Maaß *ist* – *saget*: *Er selbst ist das Maaß!* – Urheber, durch Maaßgebung, aller *Wirklichkeit*, alles *Daseins*, aller Welten und Wesen; Urheber in jedem Wesen, durch *Maaßbestimmung*, der ihm eigenen Kraft, des ihm eigenen Verhältnisses, der ihm eigenen

69 Vgl. JW1.1, 186.

70 Vgl. JW1.1, 196.

71 Über Jacobis konkrete Auffassung von Platons *Philebos* vgl. Kapitel 3.3.

72 Jacobis Verwendung des Begriffes des Nichtseins bezieht sich nicht nur auf die Auffassung von Platon, sondern auch auf die Bestimmung als Nichtsein in Spinozas Epistola 50. Vgl. Ep. 50; JW6.1, 237, Kapitel 3.3.

73 Vgl. JW1.1, 251 f.; E1p28dem. Über die ewige Zeit vgl. Kapitel 1.5.2.

lebendigen, *vorsorgenden* und leitenden *Seele*. – Nennet Ihn, das Eine ohne Anderes; das *All* der Weisheit, das All der Güte, den *Schöpfer – Gott* – den *Geist!* (ebd.)[74]

Gott als Maß entspricht, wie später festgestellt wird, nicht der Grenze (Peras) im *Philebos*, sondern dem Gemisch (Koinon) von der Unbestimmtheit (Apeiron) und der Grenze (Peras). Dieses Maß bedeutet weder Schicksal, das, wie Nemesis, einschränkt und zugrunde gehen lässt, noch blindes Ungefähr, welches nur das passiv gegebene, erhaltene Maß ist, sondern muss als Gott der Liebe und Geist verstanden werden, der schöpft und erzeugt.[75] Diese Verbindung zwischen der Liebe und dem Maß in der Schöpfung des Weltalls lässt sich anhand des Begriffs der Liebe in Platons *Symposion* wie folgt verstehen: Erstens gibt es das Chaos als die Unbestimmtheit, danach entsteht der Gott Eros, wie Phaidros, auf Hesiod basierend, erzählte.[76] Dieser Eros ist die maßgebende schöpferische Kraft, welche die Erzeugung für die Unsterblichkeit hervorbringt, wie Diotima Sokrates erzählt hat.[77]

In Jacobis Verwendung des Begriffs des Maßes handelt es sich aber um eine Integration mit seinem Gedanken, dass die Unbestimmtheit und das Überflüssige dem Mäßigen vorausgehen. Dass die Maßlosigkeit die Bedingung für das

74 Schelling hat in *Denkmal der Schrift von den göttlichen Dingen* (1812) die obigen Stellen zitiert und kommentiert. Aber er findet darin keinen Ernst. »Diese in dem früheren Auffaß (über Lichtenberg's Weissagung) befindliche Stelle ist eine von den *anklingenden*, da man meynt das Rechte zu hören uns ist doch kein Ernst darinn, indem man sich gleich nachher wieder auf den alten Irrwegen findet.« (AA 1.18, 174)

75 »Die Liebe ist vorbildende schöpferische Kraft, d. h. nicht schaffend nach einem Ideal, sondern schaffend das Ideal. Darum ist Gott selbst das absolute Maß, das Urbild von allem.« (JW5.1, 244) Vgl. Kapitel 1.2.2.2. Wie im Kapitel 1.2.2.2 aufgezeigt wird, wird Jacobis Begriff des Maßes im Zusammenhang mit Platons Maß (z. B. *Nomoi*, 716c) verstanden, aber die enge Verbindung des Maßes und des Geistes bezieht sich auf Kapitel 9 in *Idiota de mente* von Nikolaus. Vgl. Kapitel 1.6.2, besonders Fußnote 176. Der Geist, der bei Nikolaus von Kues im etymologischen Zusammenhang mit dem Messen steht, findet das eigene, lebendige, absolute Maß, mit dem er durch sich selbst misst, nur dort, wo alles eins ist und die Wirklichkeit seiner genauen Bestimmung und das adäquate Urbild liegen. Nikolaus zufolge gestaltet sich der Geist der absoluten Notwendigkeit des Kausalzusammenhangs nach und misst alles wie Gott nach der Art der Einheit und der Einfachheit, während bei Jacobi die Verbindung zwischen dem schöpfenden Maß und der Notwendigkeit des blinden Ungefährs strikt abgelehnt wird. Vgl. Nikolaus von Cues, *Idiota de mente*, 59 f.; JW5.1, 245. Die schöpferische Seite des Maßes bezieht sich auf die zweite Art der Messkunst in Platons *Politikos*, 283d-284e. Jacobis Betonung des Maßbegriffs ist ganz anders als Spinozas Standpunkt, das Maß nur als Hilfsmittel des Vorstellens zu sehen. Über Spinozas Begriff des Maßes vgl. Ep. 12, Kapitel 1.5.2.

76 Platon, *Symposion*, 178a-b; Hesiod, *Theogonie*, 116.

77 Platon, *Symposion*, 206b.

Bessere ist, scheint zwar dem Konzept zu widersprechen, dass Gott das Maß ist. Die Unbestimmtheit bzw. Maßlosigkeit und das als Liebe erschaffende Maß sind aber nicht widersprüchlich, denn das Maß bringt das Chaos, das ihm vorausgehend noch maßlos, unbestimmt und unfertig ist, allmählich zum geordneten Zustand.[78] In seiner Schrift *Über das Unternehmen des Kriticismus* (1802) ist auch wieder dem Begriff des Maßes eine wichtige Bedeutung zugewiesen: »Die Philosophie muß mit Plato anfangen von *Maß*, *Zahl*, überhaupt von *Bestimmten*.« (JW2.1, 321) Jacobi zeigt daher um 1800 die *platonische Kontur* auf, in der man eine Verschiebung seines Interesses von der Unbestimmtheit zum Maß finden kann.[79]

2.4 Der Übergang vom Maßlosen zur absoluten Indifferenz

2.4.1 Das Maßlose und Nemesis

Das Maßlose gilt bei Jacobi als die Bedingung der Erreichung des Ziels, die positive Seite der Übermäßigkeit wird betont. Auch wenn es die Sache gibt, welche der Übermäßigkeit widersteht, ist sie nur die zweite Übermäßigkeit. Es gibt dort einen Konflikt von zwei Übermäßigkeiten, keineswegs eine Übermäßigkeit und etwas sie überwiegend Strafendes; d. h., die zwei Übermäßigkeiten sind bei Jacobi ebenbürtig. Die Vorstellung hingegen, dass dem Übermäßigen etwas anderes als Überwiegendes erscheint, das es beschränkt und straft, wird besonders von Herder und Hölderlin geteilt.

Indem Herder in *Nemesis. Ein lehrendes Sinnbild* (1786) die von Hesiod stammende Vorstellung der Nemesis kritisiert, insofern diese als furchtbar und grausam und mit dem Symbol des Rades verbunden dargestellt wird, gibt er der

78 »Die Sinnenwahrnehmung, auf welche der Verstand im Sensualismus ausschließend gerichtet ist, kommt jenem falschen Begriffe des Unbedingten zu Hülfe. Betrachten wir das wirkliche Entstehen und Werden in der Natur, so scheint das Gesammte, von uns *Weltall* genannt, auf eine allmählige Entwickelung aus einen früheren Chaos, aus einem *ursprünglich Wüsten und Leeren* hinzuweisen. Sehen wir doch noch immer dem vollkommneren Fertigen ein unvollkommenes *Unfertiges*, Ungestalt der Gestalt, Unbesonnenheit der Ueberlegung, wilde Begierde dem Gesetz, rohe Sittenlosigkeit der Sitte vorausgehen, und wie die Grundlage davon ausmachen. Jener Begriff des Chaos entspricht dem durchaus Unbestimmten des Verstandes [...].« (JW2.1, 413)

79 Vgl. Leinkauf 2017, 490. Es ist zwar schwer festzustellen, ob Jacobi erst um 1800 Platons Konturen aufgezeigt hat, denn im *Woldemar*, der im Jahr 1779 veröffentlicht wurde, lässt sich bereits der Einfluss von Platons *Philebos* finden, im *Allwill* (1792) analysiert Jacobi deutlich *Philebos*. Vgl. JW7.1, 65; JW6.1, 237. Aber Jacobi diskutiert um 1800 öfter und deutlicher als früher über das Maß. In diesem Sinne kann man um 1800 Jacobis Verschiebung seines Interesses von der Unbestimmtheit zum Maß sehen.

Nemesis eine neue Rollenvorstellung, die das Gleichgewicht der Natur bewahrt. In *Gott. Einige Gespräche* (1787) macht Herder die Nemesis durch Lamberts Maximumstheorie zu einem philosophischen Begriff.[80] In der Maximumstheorie ist das Maximum das Zusammengesetzte aus zwei dynamischen Kräften, durch die der Beharrungszustand erreicht wird.[81] Deswegen geht es bei Herder nicht um den Untergang der Hybris, sondern um die Wiederherstellung des harmonisierten Gleichgewichts, welches die Nemesis durchführt und für welche sie verantwortlich steht. Diese Nemesis wird auch durch das Maß ausgedrückt und bei Schiller mit dem gleichen Begriff bezeichnet.[82]

Aber Herders rationalisierte Vorstellung der Nemesis wird bei Schiller und Hölderlin zu einem wichtigen Faktor für die Tragödie erhoben. Hölderlin entfaltet seine Theorie über die Nemesis in seinem Aufsatz *Über den Begriff der Strafe*. Er schreibt zu Beginn dieses Textes Folgendes: »Es scheint, als wäre die Nemesis der Alten nicht sowohl um ihrer Furchtbarkeit als um ihres geheim-

80 Hegel hat die Rezension der zweiten Ausgabe von Herders *Gott* (1800) verfasst, aber sie gilt als verschollen. Vgl. Rosenkranz 1844, 223. Vor Herder benutzte Linné auch bereits den Nemesis-Begriff. Er hinterließ seinem Sohn die Hefte *Nemesis divina*, die aber erst 1968 vollständig veröffentlicht wurden. Der Ausdruck *Nemesis divina* wird in »Reisen durch Westgothland« (1747) benutzt. Linnés *Philosophia batanica* (1751) lässt sich der Interpretation von Lepenies nach als ein Gesetzbuch wie *Nemesis divina* betrachten. Vgl. Michler 2015, 122; Lepenies 2007, 341. Herder verweist auf Linné. Er hat Linnés Glauben an die Nemesis seinem Verständnis der Natur nach in seine Philosophie aufgenommen. Vgl. W. Düsing 1997, 237.

81 Der Begriff des Maximums, den Lambert in *Anlage zur Architectonic* (1771) darstellt, ist zusammengesetzt aus mehreren Regeln, die einander einschränken und ab- und zunehmen. »Ein Maximum kommt überhaupt nur vor, wo etwas ab und zunimmt, und wo folglich mehrere Regeln einander einschränken, oder was nach der einen größer werden könnte, nach der andern vermindert wird, folglich überhaupt nur im Zusammengesetzten. Wollte man daher das Vollkommene, und so auch das Schöne nur da finden, wo ein Maximum statt hat, so müßte es auch nur im Zusammengesetzten gefunden werden können. Indessen kann man dem Einfachen, sofern Realität darinn ist, eine Art von Vollkommenheit nicht nur nicht absprechen, sondern diese ist allerdings als die erste Anlage zu jeden andern Vollkommenheiten anzusehen.« (Lambert 1771, 349) Über Herders Begriffe des Maximums und der Schönheit vgl. Dobbek 1961, 73. Gaier vergleicht Herders Maximumstheorie und Kants Maximum. Vgl. Gaier 2005, 206, KU, B 54. Kant wechselte Briefe mit Lambert zwischen 1765 und 1770. Seit 1764 war Kant Lamberts Theorie bekannt. Vgl. Gaier 2005, 211; Kuliniak 2014, 16.

82 Schiller erwähnt in seinem Brief an Körner am 8. August 1787 ein Gespräch mit Herder über die Nemesis. In diesem Gespräch lässt sich zudem ein Zusammenhang der Nemesiskonzeption zum Maßbegriff finden. »Ich sprach von seinen Schriften und weil ich noch voll war von seiner Nemesis so führte ich die Unterredung auf diese. Es schien ihn zu überraschen und zu freuen, daß ich ganz in seine Idee hineingegangen war und er gab mir viele Aufschlüße darüber, sagte mir auch daß er sich diese Nemesis oder Adrastea zu einem großen Werk für die Zukunft erweitern und sie auch durch die physische Welt ausdehnen würde, als das erste allgemeine Gesetz der ganzen Natur, das Gesetz des Maases.« (SNA24, 124) Vgl. W. Düsing 1997, 235.

nisvollen Ursprungs willen als eine Tochter der Nacht dargestellt worden« (StA 4.1, 214 f.). Er akzeptiert zwar Herders Verständnis der Nemesis, betont aber zusätzlich, dass die Nemesis als Schicksal am Anfang für das einzelne Subjekt unerkennbar bleibt, weil wir das Sittengesetz nicht kennen können, bevor es sich unserem Willen entgegensetzt. Aus diesem Grund sei sie die Tochter der Nacht, schreibt Hölderlin. Indem er daneben dem Bund der Nemesis in Smyrna, an dem der Freund des Hyperion teilgenommen hat, die furchtbare, eisige Vorstellung der Französischen Revolution zuweist, verstärkt sich die negative Vorstellung der Nemesis.[83]

Hegel erwähnt in den *Fragmenten über Volksreligion und Christentum* (1793/94) in affirmativer Weise den Glauben an die Nemesis in der Antike. Er führt aus, dass dieser Glaube »auf das tiefe moralische Bedürfnis der Vernunft, lieblich belebt durch den warmen Hauch der Empfindungen, nicht auf die kalte, aus einzelnen Fällen deduzierte Überzeugung« (TW1, 36) zurückgeht. Das Verständnis des Schicksals in der Antike, das eine Grundlage für den Glauben an die Nemesis bildet, wird wie folgt erklärt: Über die Gründe für Unglück, Schmerz und das, »was geschehen war und sich nicht ändern ließ« (ebd.), wurde nicht nachgedacht, »denn ihre μοιρα, ihre ἀνάγκαια τύχη war blind« (ebd.). Diese Gewohnheit der Resignation über das unweigerliche Schicksal habe sie in beschwerlichen Zeiten geduldig gemacht.[84] Hingegen erscheint die Phase der Nemesis in der *Wissenschaft der Logik* nicht deutlich. Der Begriff, der durch die Maßlosigkeit abgeleitet wird, ist nicht die Mittelmäßigkeit, die mit der Harmonie und dem Gleichgewicht verbunden ist, sondern die absolute Indifferenz, die gründlich durch das Maßlose durchdrungen ist.

2.4.2 Von der Knotenlinie zum Maßlosen

Der Begriff des Maßlosen in der *Wissenschaft der Logik* wird von dem Begriff der Knotenlinie abgeleitet, welcher reich an naturwissenschaftlichen Beispielen ist. Die Wahlverwandtschaften bestehen in einem spezifischen Ausschlussverhältnis, wie in den Verbindungen von chemischen Stoffen oder der Harmonie der einzelnen Töne. Dagegen wird die Knotenlinie aus der Reihe der qualitativen Veränderungen einer »selbständige[n] Realität, die qualitativ von anderen unterschieden ist« (GW21, 365), gebildet.

Hegels Knotenlinie lässt sich nicht einfach als eine Reihe qualitativer Veränderungen verstehen. Er präzisiert seine Terminologie anschaulich wie folgt: Ein Fürsichsein verändert sich innerhalb einer bestimmten Weite nicht, aber es verändert sich an einem Punkt. Dabei tritt die neue Qualität »nicht aus dem vor-

83 Vgl. StA3, 32–35, Völkel 2000, 111.

84 Vgl. TW1, 36.

hergehenden, sondern unmittelbar aus sich [...], d. h. aus der innerlichen, noch nicht ins Dasein getreten spezifizierenden Einheit« (GW21, 365) hervor. Die verschiedenen Qualitäten auf der Knotenlinie können deshalb als die äußere Entfaltung der inneren spezifizierenden Einheit, anders gesagt, eines Substrats, verstanden werden. In der Anmerkung für »B. Knotenlinie von Maßverhältnissen« gibt Hegel ein weiteres Beispiel: »die Zustände der Härte, der tropfbaren Flüssigkeit und der elastischen Flüssigkeit« (GW21, 367) von Wasser.

Aus dem Begriff der Knotenlinie wird das Maßlose abgeleitet:

> Das ausschließende Maß bleibt in seinem realisierten Fürsichsein selbst mit dem Moment quantitativen Daseins behaftet, darum des Auf- und Absteigens an der Skala des Quantums fähig, auf welcher die Verhältnisse sich ändern. Etwas oder eine Qualität als auf solchem Verhältnisse beruhend, wird über sich hinaus in das *Maßlose* getrieben und geht durch die bloße Änderung seiner Größe zugrunde. Die Größe ist die Beschaffenheit, an der ein Dasein mit dem Scheine von Unverfänglichkeit ergriffen und wodurch es zerstört werden kann. (GW21, 369)

Die Knotenlinie ist die äußere Entfaltung der inneren Einheit, aber wenn nur diese Äußerlichkeit betrachtet wird, ist diese äußere Entfaltung der Fortschritt vom Etwas zum Maßlosen.

Wenn die Knotenlinie und das Maßlose verglichen werden, scheint in der Knotenlinie zwar bereits eine angeordnete Totalität feststellbar zu sein, obwohl die Totalität erst durch das Maßlose und den Untergang erscheinen soll. Im Rahmen der Knotenlinie können aber nur der einzelne Sprung und dessen Reihe behandelt werden, worin das Substrat als die Ursache der ganzen Reihe der nach innen spezifizierenden Einheit angedeutet wird. Dagegen bezieht sich das Maßlose nicht auf jeden einzelnen Sprung, der die Knotenlinie konstruiert, sondern auf die unbestimmte Gleichgültigkeit, die den Grund des Sprungs ausmacht. Daher ergibt sich durch das Maßlose kein Übergang zu einem neuen Glied, sondern ein Substrat.

Nun sieht Hegel im gleichgültigen Prozess des Maßlosen sowohl einen unendlichen Progress und als auch seine Negation. D. h., er sieht im Maßlosen die Unendlichkeit des Maßes, genauer gesagt die »Unendlichkeit der Spezifikation des Maßes« (GW21, 370), nämlich die wahrhafte Unendlichkeit des Maßes. Er erklärt den Unterschied dieser Unendlichkeit des Maßes zu den anderen zwei Unendlichkeiten. Die qualitative Unendlichkeit ist zwar Hegel zufolge »das Hervorbrechen des Unendlichen am Endlichen als *unmittelbarer Übergang* und *Verschwinden* des Diesseits in seinem Jenseits« (ebd.), aber diese Beschreibung stimmt nicht mit dem Begriff der wahrhaften Unendlichkeit als Rückkehr zu sich selbst und Negation der Negation im Abschnitt der Qualität überein, denn unmittelbarer Übergang und Verschwinden des Diesseits in seinem Jenseits sind vielmehr die Eigenschaft des schlechten Unendlichen. Was die quantitative Unendlichkeit betrifft, richtet sich die Erklärung auf den quantitativen unendlichen Progress, deswegen ist diese Unendlichkeit nur »die Kontinuität des Quantums, eine Kontinuität desselben über sich hinaus« (ebd.). Es ist zwar merkwürdig, dass er, obwohl er sowohl im Abschnitt der Qualität als auch im Abschnitt der Quantität die wahrhafte Unendlichkeit aufgezeigt hat, sich extra auf das schlechte Unendliche in beiden anderen Abschnitten bezieht. Seine Absicht liegt aber nicht im Nachdruck des schlechten Unendlichen, sondern darin, dass erst im Abschnitt des Maßes die wahrhafte Unendlichkeit, in der die Qualität und die Quantität aufgehoben sind, möglich wird. Hegel konstatiert über die Unendlichkeit des Maßes:

> [...] [D]iese Unendlichkeit der Spezifikation des Maßes *setzt* ebensowohl das Qualitative wie das Quantitative als sich ineinander *aufhebend* und damit die erste, unmittelbare *Einheit* derselben, welche das Maß überhaupt ist, als in sich zurückgekehrt und damit selbst als *gesetzt*. Das Qualitative, eine spezifische Existenz, geht in eine andere so über, daß nur eine Veränderung der Größebestimmtheit eines Verhältnisses vorgeht; die Veränderung des Qualitativen selbst in Qualitatives ist damit als eine äußerliche und gleichgültige und als ein *Zusammengehen mit sich selbst* gesetzt; das Quantitative hebt sich ohnehin als umschlagend in Qualitatives, das an- und für-sich Bestimmtsein, auf. Diese so sich in ihrem Wechsel der Maße in sich selbst kontinuierende Einheit ist die wahrhaft bestehenbleibende, selbstständige *Materie, Sache*. (GW21, 370)

Die Unendlichkeit der Spezifikation des Maßes negiert den unendlichen Progress (z. B. von Festkörper zu Flüssigkeit und von Flüssigkeit zu Gas) und geht durch die Rückkehr zu sich selbst mit sich selbst zusammen. Durch dieses Zusammengehen mit sich ergibt sich ein Substrat, das die bisherigen Spezifikationen durchdringt. Hier lässt sich die wahrhafte Unendlichkeit des Maßes finden, die über Spinozas Definition des Maßes hinausgeht, denn bei Spinoza ist das Maß nur ein Hilfsmittel des Vorstellens, durch das man nicht das Unendliche erfassen kann.[85] Hegel versteht hier das Maß weder bloß als endlich noch als unbestimmt, sondern als die wahrhafte Unendlichkeit begleitend, welche die Grundlage aller unterschiedlichen Qualitäten ist, die durch die Spezifikation aufgezeigt werden. Deswegen ist »die wahrhaft bestehenbleibende, selbstständige *Materie*, *Sache*« weder Aggregat noch die Zurückführung der Totalität aller Spezifikation der Knotenlinie auf dieser bestehenbleibenden Sache, sondern das Setzen durch »eine und dieselbe Sache« (GW21, 370).

Die Unendlichkeit der Spezifikation des Maßes geht insofern einerseits über das spinozistische, endliche Maß hinaus, andererseits scheint in der potentiellen

85 Vgl. Ep. 12; E1p15s.

Beziehung mit Spinozas *infiniti modi* zu sein. In E1p23dem werden unmittelbare unendliche Modi und vermittelte unendliche Modi unterschieden, in Ep. 64 werden die Beispiele genannt; in der ersten unmittelbaren Art von *infiniti modi*, im Attribut Denken der unbedingt unendliche Verstand, im Attribut Ausdehnung Bewegung und Ruhe und in der zweiten vermittelbaren Art von *infiniti modi*, das Angesicht des ganzen Universums (*facies totius universi*), das, obwohl es in unendlich vielen Weisen variiert, immer dasselbe bleibt. Spinoza verweist für das konkretere Beispiel von vermittelten unendlichen Modi auf E2p13lem7s, worin es um die Veränderung des Grades der Geschwindigkeit durch die Proportion von Bewegung und Ruhe im zusammengesetzten Individuum und um die Unveränderlichkeit des ganzen Individuums geht.[86] Spinozas Konzept von Beschleunigung und Verlangsamung des ganzen Individuums als der Natur und das Konzept, dass das ganze Universum trotz der Veränderungen seiner Geschwindigkeit ein und dasselbe bleibt, scheinen mit Hegels Diskussion über die Veränderung der Proportion zwischen Zentripetal- und Zentrifugalkraft in der elliptischen Bewegung der Himmelkörper im Abschnitt über die Indifferenz als umgekehrtes Verhältnis ihrer Faktoren verbunden zu sein.[87] Die Beziehung von zwei Faktoren im umgekehrten Verhältnis verändert sich zwar immer, behält aber als das Ganze das Gleichgewicht. Deshalb kann das Angesicht des Ganzen des umgekehrten Verhältnisses als die Indifferenz ausgeprägt werden.

Hegel analysiert diese wahrhaft bestehenbleibende selbstständige Sache, indem er sie in drei Stufen gliedert. Erstens gibt es »eine und dieselbe Sache, welche als Grundlage in ihren Unterscheidungen und als perennierend gesetzt ist« (GW21, 370). Diese eine und dieselbe Sache ist »das perennierende Substrat« (ebd.), das die Bestimmung seiender Unendlichkeit hat. Diese Seite der Bestimmtheit der einen und derselben Sache wird auf der zweiten Stufe, im Setzen in die quantitativen Unterschiede, entfaltet. Die Dieselbigkeit des Substrates wird dadurch in der Kontinuität der quantitativen Unterschiede gesetzt. Drittens entstehen durch den zweiten Prozess der unendliche Progress der Knotenreihe und der Untergang des vorhergehenden Verhältnisses, das sowohl qualitativ als auch quantitativ ist. In diesem Maßlosen wird das Gesetzte in das Substrat nicht einbezogen, sondern es geht um »das *Dasein*, das *Zeigen* oder *Setzen*, daß demselben ein solches Substrat zugrunde liegt, welches ihre Einheit sei« (GW21, 371).

86 Vgl. E2p13lem5.

87 Vgl. GW21, 378.

2.4.3 Die absolute Indifferenz und die Sittlichkeit

2.4.3.1 Die absolute Indifferenz bei Hegel

Hegel leitet vom Maßlosen den Begriff der absoluten Indifferenz ab. Sie ist *de facto* der Endpunkt der Seinslogik. Hegel führt aus:

> [D]ie Indifferenz [...], welche die absolute genannt werden kann, ist [die], die *durch die Negation* aller Bestimmtheiten des Seins, der Qualität und Quantität und deren zunächst unmittelbaren Einheit, des Maßes, *sich mit sich* zur einfachen Einheit *vermittelt*. Die Bestimmtheit ist an ihr nur noch als Zustand, d. i. als ein *qualitatives Äußerliches*, das die Indifferenz zum *Substrat* hat. (GW21, 373)

Die Maßverhältnisse auf der Knotenlinie werden nun zum Äußerlichen des Substrats, während die absolute Indifferenz das die Äußerlichkeit durchgehende Substrat bezeichnet. Diese absolute Indifferenz ist keineswegs das, was wie bei Schellings Philosophie, allen Bestimmungen vorausgehend, von Anfang an vorausgesetzt werden kann. Sie ist bei Hegel Resultat zahlreicher Vermittlungen vorangegangener Bestimmtheiten. Nachdem »ein leeres Unterscheiden« (ebd.) am Substrat erkannt wurde, gilt die Indifferenz selbst als »Resultat« (ebd.). Diese ist »das in ihm selbst durch die Negation aller Bestimmungen des Seins mit sich Vermittelte« (ebd.), und die Äußerlichkeit ist innerhalb der absoluten Indifferenz, »welche damit aufhört, nur Substrat und an ihr selbst nur abstrakt zu sein« (ebd.).

Im Abschnitt »B. Die Indifferenz als umgekehrtes Verhältnis ihrer Faktoren« zeigt Hegel auf, dass die Äußerlichkeit innerhalb der absoluten Indifferenz begrifflich im umgekehrten Verhältnis von zwei Faktoren steht. Wenn der eine Faktor zunimmt, nimmt der andere im umgekehrten Verhältnis ab. Der eine Faktor kann den anderen niemals vollständig überwiegen, denn in der absoluten Totalität gibt es vielmehr ein Gleichgewicht zwischen beiden. Wenn der eine Faktor in der Totalität den anderen gänzlich überwiegt, gibt es dort »nicht mehr zwei Spezifische und Faktoren, sondern nur das eine Ganze« (GW21, 377). In der vollständigen Herrschaft des einen Faktors über den anderen ist die Zunahme des anderen Faktors tatsächlich unmöglich, dort kann es nicht zwei verschiedene Faktoren geben.

In der Anmerkung zu »B. Die Indifferenz als umgekehrtes Verhältnis ihrer Faktoren« bezeichnet Hegel das umgekehrte Verhältnis zwischen zwei Faktoren als das Verhältnis zwischen den Momenten einer elliptischen Bahn, d. h. als das Verhältnis zwischen Zentripetal- und Zentrifugalkraft. Darunter versteht Hegel »[d]ie Annahme des Umschlagens der Schwäche der Zentripetalkraft im Aphelium in eine überwiegende Stärke gegen die Zentrifugalkraft, und umgekehrt beim Perihelium« (GW21, 379). Die aus den Naturwissenschaften in die eigene Theorie importierte Terminologie der Zentrifugal- und Zentripetalkraft sind bei Fichte eine Metapher für den ins Unendliche gehenden Trieb und die ihn einschränkende und zurückbringende Reflexionskraft.[88] Zudem hilft der Vergleich mit Schellings Verständnis der absoluten Indifferenz. Schelling führt in § 1 der *Darstellung meines Systems der Philosophie* (1801) aus: »Ich nenne *Vernunft* die absolute Vernunft, oder die Vernunft, insofern sie als totale Indifferenz des Subjectiven und Objectiven gedacht wird« (AA1.10, 116). In § 23 wird aber erklärt: »*Zwischen Subject und Object ist keine andere, als quantitative Differenz möglich*« (AA1.10, 125). Diese Aussagen können so interpretiert werden, dass der entscheidende Unterschied zwischen Hegels und Schellings absoluter Indifferenz darin liegt, dass Hegel die Äußerlichkeit im Inneren platziert, während Schelling umgekehrt die Äußerlichkeit außerhalb vom Inneren setzt. Während bei Hegel die absolute Indifferenz als Resultat der verschiedenen Bestimmungen begründet wird, wird sie bei Schelling zu Beginn der identitätsphilosophischen Theorie vorausgesetzt und im Verlauf ihrer Entwicklung mit der absoluten Totalität und dem Universum identifiziert.

2.4.3.2 Vom Maßlosen zur absoluten Indifferenz: anhand Hölderlins *Grund zum Empedokles*

Dass das Maßlose und die absolute Indifferenz nacheinander im Prozess abgeleitet werden, ist keineswegs Hegels willkürlicher Disposition geschuldet. Die Wahrheit des Unendlichkeitsbegriffs ist, dass weder der Selbstverlust noch das Selbstvergessen den wahren Platz der Unendlichkeit einnehmen sollen, sondern dass sie die Rückkehr zu sich selbst ist. Dagegen ist die Wahrheit des Maßes, erstens dass der unbestimmte Progress nach dem Unendlichen in das Maßlose geraten ist, zweitens dass die absolute Indifferenz, welche die ultimative Gestalt des Maßlosen ist, entsteht, und schließlich eine dramatische Spaltung verursacht wird. Wenn Hegel diese Schlussfolgerung zieht, verbindet er geschickt Hölderlins Begriff des Maßlosen und Schellings Begriff der absoluten Indifferenz in seinem eigenen Begriff des Maßes und der Sittlichkeit.

Im *Grund zum Empedokles* geht es um die übermäßige Innigkeit zwischen Empedokles' organischem Subjekt, das sich zu sehr der Natur überlässt, und der

88 »[...] so haben wir ursprünglich das Ich in zweierlei Rüksicht, theils, inwiefern es reflektirend ist, und insofern ist die Richtung seiner Thätigkeit centripetal; theils, inwiefern es dasjenige ist, worauf reflektirt wird, und insofern ist die Richtung seiner Thätigkeit centrifugal, und zwar centnfugal in die Unendlichkeit hinaus. Das Ich ist gesezt, als Realität, und indem reflektirt wird, ob es Realität habe, wird es nothwendig, als *Etwas,* als ein Quantum gesezt [...]« (GA1.2, 407).

unbegreiflichen Natur.[89] Diese übermäßige Innigkeit kann »in stärkeren Unterscheidungen« (StA4.1, 150) ausgedrückt werden, deshalb sind diese Einheit und Unterscheidungen immer zwei Seiten derselben Medaille. Die Natur vollendet sich durch das Organisieren zum Menschen, aber in diesem Zustand bleibt das reine Leben, worin Natur und Kunst harmonisch entgegengesetzt sind, nur im Gefühl und damit »nicht für die Erkenntniß vorhanden« (StA4.1, 152). Deswegen gehen Mensch und Natur in eine Bewegung der Wechselwirkung über.

> [...] dieses Leben ist nur im Gefühle und nicht für die Erkenntniß vorhanden. Soll es erkennbar seyn, so muß es dadurch sich darstellen, daß es im Übermaaße der Innigkeit, wo sich die Entgegengesezten verwechseln, sich trennt, daß das organische das sich zu sehr der Natur überließ und sein Wesen und Bewustseyn vergaß, in das Extrem der Selbstthätigkeit und Kunst und Reflexion, die Natur hingegen wenigstens in ihren Wirkungen auf den reflectirenden Menschen in das Extrem des aorgischen, des Unbegreiflichen, des Unfühlbaren, des Unbegrenzten übergeht, bis durch den Fortgang der entgegengesezten Wechselwirkungen die beiden ursprünglich einigen sich wie anfangs begegnen, nur daß die Natur organischer durch den bildenden cultivirenden Menschen, überhaupt die Bildungstriebe und Bildungskräfte, hingegen der Mensch aorgischer, allgemeiner, unendlicher geworden ist. (StA4.1, 152 f.)

Hölderlin zufolge liegt in der Mitte dieser Wechselwirkung »der Tod des Einzelnen« (StA4.1, 153). Der Mensch legt seine Ichheit in diesem Tod ab, die Natur seine Allgemeinheit. Aber beides endet nicht in der Selbstablegung, sondern versucht, sich selbst zu finden und zu sich selbst zurückzukehren; indem beides über sich selbst hinausgeht, sich selbst wegwirft und in das andere verschwindet, erscheint das Bedürfnis der Rückkehr zu sich selbst als dringend.[90]

> [...] wo dann das aorgisch gewordene organische sich selber wieder zu finden und zu sich selber zurükzukehren scheint, indem es an die Individualität des Aorgischen sich hält, und das Object, das Aorgische sich selbst zu finden scheint, indem es in demselben Moment, wo es Individualität annimmt, auch zugleich das Organische auf dem höchsten Extreme des Aorgischen findet, so daß in diesem Moment, *in dieser Geburt der höchsten Feindseeligkeit die höchste Versöhnung wirklich zu seyn scheint.* (StA4.1, 153 f.)

89 Über die Deutung vom *Grund zum Empedokles* vgl. Polledri 2002, 219. »Bei Hölderlin treibt die Entgegensetzung zwischen Geist und Natur zu einer unendlicheren Einigkeit. In seiner Auffassung sind Schönes und Erhabenes in der höchsten Versöhnung vereinigt, die aus dem höchsten Zwist hervorgeht. Das maßlose Erhabene ist Voraussetzung und Weg zu einem höheren Zusammenhang, der nichts anders als das Reine, das Göttliche, das *Seyn* ist.« (ebd.)

90 Vgl. StA4.1, 153.

Diese Bewegung des Selbstverlusts in das Andere und der Rückkehr zu sich selbst nimmt Hegels Begriff der wahren Unendlichkeit vorweg. Aber im Subjekt von Empedokles kristallisieren sich seine Periode und die Gesellschaft als die Allgemeinheit, worin er lebt.[91] In seiner vorstaatlichen Gesellschaft tritt er als Held auf, der Gott ähnlich ist und den Geist der Revolution hat. Hölderlin zufolge muss die in ihm realisierte augenblickliche Einheit des Einzelnen und der Allgemeinheit der Periode sich auflösen, um mehr zu werden.[92] Diese Auflösung nimmt die Form vom tragischen »Opfer« (StA4.1, 156) von Empedokles an. Sein Opfer leitet aber nicht die entscheidende Lösung der Entgegensetzung.

> So sollte also Empedokles ein Opfer seiner Zeit werden. Die Probleme des Schiksaals in dem er erwuchs, sollten in ihm sich scheinbar lösen, und diese Lösung sollte sich als eine scheinbare temporäre zeigen, wie mehr oder weniger bei allen tragischen Personen [...]. (StA4.1, 157)

Empedokles' Lösung, die durch die übermäßige Innigkeit ermöglicht wird, muss deshalb nur ein Schein sein, der wieder untergeht.[93]

Hölderlin weist Empedokles, der sich der Natur entgegensetzt, sein Bild zu, dass er »ungeselliger einsamer, stolzer und eigner« (StA4.1, 158) ist. Empedokles versucht auf die Jacobi'sche Weise von Anti-Spinoza, des Instinkts mächtig zu werden, der Unterordnung der Notwendigkeit der Natur zu widerstehen, sich »vor Selbstvergessenheit und gänzlicher Entäußerung zu verwahren« (ebd.) und auf eine Hegel ähnliche Weise »die überwältigende Natur zu umfassen, durch und durch zu verstehen, und ihrer bewußt zu werden« (StA4.1, 150), damit Empedokles nicht nur im Gefühl bleibt. Neben diesem Widerstand gegen die Natur sucht Empedokles gleichzeitig nach der Identität mit der Natur. Durch diese Identität wird der Zustand der harmonischen Innigkeit dieser Person und der

91 »So ist Empedokles ein Sohn seines Himmels und seiner Periode, seines Vaterlandes, ein Sohn der gewaltigen Entgegensezungen von Natur und Kunst in denen die Welt vor seinen Augen erschien. Ein Mensch, in dem sich jene Gegensäze so innig vereinigen, daß sie zu Einem in ihm werden [...].« (StA4.1, 154)

92 Vgl. StA4.1, 155. Hölderlins folgende Darstellung in seinen *Sämtlichen Werken* (Historisch-kritische Ausgabe) über die Beziehung zwischen Empedokles und Agrigentinern spiegelt seine Einsicht über die Französische Revolution wider: »Sein Gemüth, das Objektive in ihm, wurde früh durch die hyperpolitischen immer rechnenden und berechnenden Agrigentiner aus seiner Unbefangenheit, stillen Geselligkeit und Liebe in Einsamkeit getrieben, so wie hingegen sein Kunstsinn, die Kraft zu ordnen und zu organisiren, in einer eigentümlichen und angemessenen Sphäre zu schaffen und zu bilden, zum Reformatorgeiste verallgemeinert und aorgischer wurde, durch die anarchische Wildheit, die sich um ihn bewegte.« (Hölderlin 1922, 325)

93 Vgl. Dahlke 2008, 273.

Natur möglich[94]; d. h., er versucht die Natur zu beherrschen, aber seine Handlung wurde eigentlich durch »die äußeren Umstände« (StA4.1, 160) verursacht, welche aber von seinem Geist ausgehen und zu demselben Geist zurückgehen. Empedokles' Hingabe an die Natur, die über die menschliche Grenze des Wissens hinausgeht, kehrt als der innere Widerklang des Objektiven in ihm zurück.[95]

Danach folgt die Darstellung von Empedokles, der als religiöser Reformator und als politischer Mensch vorgestellt wird. An dieser Stelle handelt es sich um den Punkt der Übereinstimmung des Empedokles und der Volksmeinung. Der Punkt der Übereinstimmung liegt Hölderlin zufolge darin, dass das Volk in Agrigent »über die Vereinigung der Extreme, in denen sie leben, im zweifelhaftesten sind« (StA4.1, 161). Indem er auf diesen Punkt abzielt, konnte er den Anschein gegenüber dem Volk erwecken, dass der Konsens zwischen Empedokles und den Agrigentinern erreicht wurde. Aber er erkennt durch den Zweifel des Volks die unvollständige Übereinstimmung. »Die Täuschung, in der er lebte, als wäre er Eines mit ihnen, hört nun auf. Er zieht sich zurück, und sie erkalten gegen ihn.« (StA4.1, 162) Empedokles' Gegner versucht hingegen die Auflösung der Entgegensetzung der Extreme auf eine andere, d. h. auf aristotelische Weise.[96]

Der Prozess, dass Empedokles bemerkt, dass die Übereinstimmung mit dem Volk nur eine Täuschung war und der Schein entlarvt wird, entspricht gerade dem Weg von Woldemars Beziehung zu Henriette. Bei Empedokles ist das andere für sein Subjekt aber die ganze Natur als das Objekt bzw. das Volk. Deshalb

94 »Die Natur, welche seine freigeisterischen Zeitgenossen mit ihrer Macht und ihrem Reize nur um so gewaltiger beherrschte, je unerkentlicher sie von ihr abstrahirten, sie erschien mit allen ihren Melodien im Geiste und Munde dieses Mannes und so innig und warm und persönlich, wie wenn sein Herz das ihre wäre, und der Geist des Elements in menschlicher Gestalt unter den Sterblichen wohnte.« (StA4.1, 159)

95 »[...] er mußte mit seinem Geiste des menschlichen Elements und aller Neigungen und Triebe, er mußte ihrer Seele, er mußte des Unbegreiflichen, des Unbewußten, des Unwillkürlichen in ihnen mächtig zu werden suchen, eben dadurch mußte sein Wille, sein Bewußtseyn, sein Geist, indem er über die gewöhnliche und menschliche Grenze des Wissens und Wirkens gieng, sich selber verlieren, und objectiv werden, und was er geben wollte, das mußte er finden, da hingegen das objective desto reiner tiefer in ihm wiederklang, je offener sein Gemüth eben dadurch stand, daß der geistig thätige Mensch sich hingegeben hatte, und diß im Besonderen, wie im Allgemeinen.« (StA4.1, 161)

96 »Sein Gegner, groß in natürlichen Anlagen, wie Empedokles, sucht die Probleme der Zeit auf andere, auf negativere Art zu lösen. Zum Helden geboren, ist er nicht sowohl geneigt, die Extreme zu vereinigen, als sie zu bändigen, und ihre Wechselwirkung an ein Bleibendes und Vestes zu knüpfen, das zwischen sie gestellt ist, und jedes in seiner Gränze hält, indem es jedes sich zu eigen macht. Seine Tugend ist der Verstand, seine Göttin die Nothwendigkeit.« (StA4.1, 162)

resultiert die übermäßige Innigkeit, welche die absolute Indifferenz ist, im Zwiespalt zwischen ihm und der Volksmeinung. Empedokles, der die Indifferenz des Subjekts und Objekts inkludiert und ein reformatorischer Politiker und Held in seiner Periode ist, vollbringt mit seiner Enttäuschung die Vereinigung mit der Natur, indem er in den Vulkan Ätna springt und untergeht.

Indem Hegels Begriff der absoluten Indifferenz sich zum »Vorausgesetztsein und unmittelbare[n] Sein« (GW21, 383) heraustrennt, macht er den Schritt zum Horizont des Scheins. Diese dramatische Wendung lässt sich als eine Variante der empedokleischen Entlarvung der übermäßigen Innigkeit verstehen.[97] Über den Aspekt, dass in Hegels absoluter Indifferenz nicht nur der gleiche Begriff Schellings, sondern auch die Übereinstimmung zwischen der Besonderheit des Einzelnen und der Allgemeinheit des Volkes im Helden zu sehen sind, lässt sich zwar teilweise die Entfernung von der Bewegung der reinen Logik sehen, die Hegels Seinslogik selbst direkt aufzeigt. Hegel bestimmt außerdem auch in der Seinslogik die Mitte der Wechselwirkung nicht als Tod. Aber wenn man von Hegels Blick auf Empedokles' Geschichte abstrahiert, dass beide Faktoren über sich selbst hinausgehen, von dieser Übermäßigkeit motiviert werden, in das andere gehen, die temporäre Auflösung der Entgegensetzung und die übermäßige Innigkeit realisieren und untergehen, würden die Schritte vom Maßlosen zur absoluten Indifferenz und von der absoluten Indifferenz zum Schein als durchaus prosaisch und trotzdem schlechthin rätselhaft und unbegreifbar erscheinen. Hölderlins *Grund zum Empedokles* unterstützt nicht unwesentlich das Verständnis von Hegels Begriff des Maßes.

2.4.3.3 Die absolute Indifferenz und die Heldentugend in der absoluten Sittlichkeit

In Hegels *Naturrechts*-Aufsatz (1802) wird Heroen wie Empedokles der erste Stand zugewiesen, in dem die absolute Sittlichkeit sich kristallisiert. Dieser erste Stand ist der »Stand der Freien, das Individuum der absoluten Sittlichkeit« (TW2, 489). Indem er »die Äußerlichkeit und de[n] Zwang« (TW2, 476) aufhebt, erweist er den Zwang als nichts. Hegel versucht, diese Aufhebung des Zwangs durch »die Dialektik« (ebd.) zu erweisen.[98] Unter dieser Dialektik lässt sich verstehen, dass das einzelne subjektive Wesen durch die Beschränkung des

97 Dieses Motiv wird in Schellings Deutung von Spinozas Philosophie auch ausgedrückt. Vgl. AA1.3, 89 f.

98 Jamme weist darauf hin, dass man im *Naturrechts*-Aufsatz Hegels erste Verwendung des Wortes Dialektik sehen kann. Vgl. Jamme 1980, 167. Aber in Troxlers Nachschrift (1801/02) gibt es bereits den Ausdruck »dialectisch«. Vgl. GW23.1, 3, 7.

Subjekts, d. h. durch den Tod, die reine Freiheit realisiert.[99] Nach Aristoteles' Verständnis des ersten Standes, auf den Hegel sich beruft, wird ihm »als sein Geschäft das [...], wofür die Griechen den Namen πολιτεύειν hatten, was in und mit und für sein Volk leben, ein allgemeines, dem Öffentlichen ganz gehöriges Leben führen ausdrückt, oder das Philosophieren« (TW2, 489) angewiesen. Diese Arbeit gehe auf den Tod, indem das Individuum das eigene Lebendige in das Unorganische legt und dem Tode opfert.[100] Diesem ersten Stand wird der zweite Stand entgegengesetzt, welcher »der Tapferkeit überhoben und der Notwendigkeit, die dem ersten Stande angehört, sich der Gefahr eines gewaltsamen Todes auszusetzen, entnommen ist [...]« (TW2, 494). Dieser zweite Stand ordnet sich dem ersten unter als Ausgleich für die Vermeidung der Todesgefahr und gibt die Freiheit auf. Deswegen lassen Menschen, die zu diesem Stand gehören, sich verstehen als »diejenigen, welche der tapferen und gezü gelten Sitte (und welche andere sonst zur Tugend treibt) nicht teilhaftig zu werden vermögen [...]« (TW2, 490).

Hegel findet »in der Intelligenz« (TW2, 501) des Geistes des ersten Stands gerade »die absolute Indifferenz des Ideellen und Reellen der Sittlichkeit« (TW2, 500) bzw. der Allgemeinheit und der Einzelheit. Wenn die Besonderheit in diese Indifferenz aufgenommen wird und die sittlichen Eigenschaften »innerhalb der absoluten Sittlichkeit, gleichsam zu eigenen lebenden Gestalten werden« (TW2, 507), können sie »Tugend« (ebd.) heißen, die bei Epameinondas, Hannibal, Cäsar sich finden lässt.[101]

99 »Dies negativ Absolute, die reine Freiheit, ist in ihrer Erscheinung der Tod, und durch die Fähigkeit des Todes erweist sich das Subjekt als frei und schlechthin über allen Zwang erhaben. Er ist die absolute Bezwingung [...].« (TW2, 279)

100 Vgl. TW2, 489, 495.

101 Hegels Aufmerksamkeit auf die Heldentugend zeigt seine Auseinandersetzung mit Platons *Politikos* an. Vgl. TW2, 485, 490. Platon, *Politikos*, 294a-c, 308e-309a. Über das Ausstoßen der in Gottlosigkeit, in Frevel und in Ungerechtigkeit hineingestoßene Personen durch Todesstrafen, die der König befiehlt, weist Skemp darauf hin, dass die im Christentum erwarteten Tugenden wie Respekt vor dem Einzelnen, Toleranz gegenüber hartnäckigen Rebellen und Rücksichtnahme auf die Kranken tatsächlich ein wahres Verständnis von Platon behindern. Er konstatiert: »It should [...] be clearly understood that the ›liquidation‹ of the socially intractable was always part of Plato's political theory and it is useless to attempt to deny it, or to ascribe it only to the bitterness of old age. Finding in Plato so high a conception of human nature as such, we tend to expect also the respect for the individual, the tolerance of recalcitrants and the care for the diseased which co-exist with that high conception of humanity in the Christian faith.« (Skemp 1952, 228) Diese Missachtung der Naturrechte und das Zulassen von Unterdrückung durch den König bei Platon scheint Hegel inakzeptabel zu sein, denn er unterstützt Spinozas Verteidigung der Naturrechte gegen einen unterdrückenden Staat und sieht den Humanismus in Antigones Geschichte des Widerstands gegen die menschlichen Gesetze des Herrschers. Vgl. Skemp 1952, 228. Platon, *Politeia*, 410a, 501a, 451a-b. TP, 306–317.

Hegels Verständnis des ersten Stands und des zweiten ist eng verbunden mit Hemsterhuis' und Jacobis Rahmen des Unterschiedes zwischen der einfachen Überzeugung des Gefühls und dem Beweis, mit dem man sich durch Bemühungen beschäftigen muss. Die Unterordnung zu den Ketten der unendlichen Reihe im zweiten Stand entspricht Jacobis kritischer Darstellung über die Reihe der Ursachen in E1p28 bzw. dem Zustand des Menschen, der im Mechanismus und Fatalismus verharrt. Hingegen entspricht die Aufhebung dieses Zwangs durch die Aussetzung der Todesgefahr Hemsterhuis' Konzept der Beschleunigung der Bewegung der Seele in seinem Dialog *Aristée* und Jacobis *Salto mortale*. Unter der Aufhebung des Zwangs versteht Hegel zwar nicht den Sprung zum Glauben, sondern den Sprung zur Freiheit. Aber Hegels Ausdruck, in dem die Aufhebung des Verhältnisses des Zwangs dialektisch ist, deutet an, dass Jacobis *Salto mortale* heimlich Hegels Dialektik beeinflusst hat.[102] Hegel gibt im *Naturrechts*-Aufsatz den sittlichen Eigenschaften des ersten Stands, der diese Dialektik durchführt, einen sehr affirmativen Ausdruck. Daraus lässt sich ersehen, dass er dabei die Heldentugend noch nicht im Zusammenhang mit der Terrorherrschaft von Robespierre erfasst hat, denn in den Jahren 1803–1806 kam Hegel zu einer anderen Schlussfolgerung: Wenn sich die Tugend mit Ernst und Schrecken verbindet, bringt sie die Terrorherrschaft und den Tod hervor.

2.4.4 Die Sittlichkeit in der *Phänomenologie des Geistes*

In Hölderlins *Grund zum Empedokles* sind zwei Extreme in der übermäßigen Innigkeit verbunden. Deswegen handelt es sich nicht um das Gleichgewicht, denn im Individuum Empedokles ist die Allgemeinheit bereits verwirklicht und Empedokles ist deswegen im Zustand der gegenseitigen Durchdringung. Wenn es aber sich in der Äußerlichkeit der absoluten Indifferenz um das umgekehrte Verhältnis handelt, sind beide Faktoren exklusiv. Deswegen verletzt die Überlegenheit der einen Pflicht die andere: z. B. in der Entgegensetzung der Pflichten der Familie und des Staats in Sophokles' *Antigone* handelt es sich nicht um die übermäßige Innigkeit, sondern vielmehr um die Verletzung der anderen Pflicht. In dieser exklusiven Beziehung wird keine entscheidende Lösung durch den Sieg der einen gegen die andere geleitet, sondern beide sind ins Gleichgewicht

102 Der Zusammenhang zwischen Jacobis *Salto mortale* und Hegels Dialektik ist einerseits anzunehmen, andererseits ist es ausreichend für Jacobi, wenn er mit dem *Salto mortale* zum ersten Prinzip des Glaubens und der Überzeugung springen kann. Hegel bringt hingegen die dialektische Folge wieder zur Reflexion, in diesem Sinne werden beide unterschieden. Nichtsdestoweniger scheint möglich zu sein, bei beiden die Dialektik mit dem Kreislauf zu finden. Über das Problem der Dialektik bei Jacobi vgl. Hammacher 1971, 144–155; Kahlefeld 2000, 8; Althof 2017, 166–179.

zu bringen. Die Entgegensetzung des Gesetzes des Menschen und des Gesetzes Gottes, die Hegel in »A. Der wahre Geist. Die Sittlichkeit« behandelt, beschreibt eine Seite der Äußerlichkeit der absoluten Indifferenz.

Antigone folgt dem göttlichen, unterirdischen Gesetz, das die Familienbande impliziert. Hingegen richtet sich Kreon nach dem menschlichen und am Tag liegenden Gesetz, in dem es um das Gemeinwesen geht. Jede Seite hat einerseits an sich recht, aber beide haben andererseits unterschiedliche Pflichten und müssen sich in einem Gleichgewicht befinden, in dem die eine Seite die andere nicht okkupieren darf.[103] Indem sich in Hegels Interpretation der Tragödie *Antigone* das Irdische zum Unterirdischen bewegt und das Unterirdische zum Irdischen, werden beide schließlich vereint.[104] Das sittliche Handeln wirft aber in seiner Einseitigkeit die Schuldfrage auf, die in dem Umstand begründet liegt, »nur die eine der Seiten des Wesens zu ergreifen, und gegen die andere sich negativ zu verhalten, d. h. sie zu verletzen« (GW9, 254).

In der Ödipus-Tragödie bricht das Unbekannte, die »lichtscheue Macht« (GW9, 255), hervor, *wenn Taten geschehen*. In der Antigone-Tragödie *kennt* Antigone dagegen mit ihrem sittlichen Bewusstsein bereits das Gesetz und die Macht, denen sie gegenübertritt.[105] In Hegels Zitat von Antigones Rede – »*weil wir leiden, anerkennen wir, daß wir gefehlt*« (GW9, 256) – wird aber ein anderes Verständnis des Schicksals ausgedrückt: Demnach erkennt man durch späteres Leiden, dass die eigene übermäßige Handlung eine Pflicht verletzt hat. Hegel stellt außerdem dar, dass die entgegengesetzten Mächte untergegangen sind, dass auf diese Weise das Gleichgewicht hergestellt und das Schicksal erfüllt worden ist. »Der Sieg der einen Macht und ihres Charakters, und das Unterliegen der anderen Seite wäre also nur der Teil und das unvollendete Werk, das unaufhaltsam zum Gleichgewichte beider fortschreitet« (ebd.).

Aus dem Vergleich der Darstellung des Untergangs und des Gleichgewichts beider Mächte mit dem Prozess vom Maßlosen zur absoluten Indifferenz ergibt sich, dass der Darstellung der Sittlichkeit in der *Phänomenologie des Geistes* bereits der Untergang der Übermäßigkeit und das Erreichen der absoluten Indifferenz eingeflochten sind. Dabei wird die absolute Indifferenz beider Mächte ausgedrückt als »die sittliche Substanz als die negative Macht, welche beide Seiten verschlingt, oder das allmächtige und gerechte *Schicksal*« (ebd.).

103 Vgl. GW9, 249 f.

104 Vgl. GW9, 251.

105 Vgl. GW9, 255.

2.5 Der Schritt von der Seinslogik zur Wesenslogik

2.5.1 Der Schritt von der Seinslogik zur Wesenslogik

Wie kann der Schritt der Seinslogik zur Wesenslogik in Hegels *Wissenschaft der Logik* interpretiert werden? Hegel setzt ans Ende der Seinslogik den Abschnitt »C. Übergang in das Wesen«. Aber Henrichs Interpretation nach gibt es keinen Übergang nicht nur innerhalb der Wesenslogik, sondern auch zwischen der Seinslogik und der Wesenslogik.[106] Sein und Nichts lassen sich unabhängig voneinander verstehen. Dagegen stehen aber das Positive und das Negative in einer untrennbaren Beziehung, in der das eine ohne das andere nicht verstanden werden kann.[107] In der Seinslogik kann man zwar auch eine solche Beziehung finden. So steht das Endliche in Beziehung mit dem Unendlichen und die Kontinuität verweist auf die Diskretion. Jedoch bestehen die Momente in der Wesenslogik ursprünglich in einer untrennbaren Beziehung zueinander. Im Hinblick auf diesen großen Unterschied stellt sich die Frage, wie der Schritt von der Seinslogik zur Wesenslogik zu vollziehen ist.

Ein Schlüsselbegriff für ein plausibles Argument ist der Begriff der absoluten Indifferenz. Hegel erklärt aber weder in der Seinslogik noch in der Wesenslogik ausführlich, wie sich diese absolute Indifferenz an den Schein anschließt. Dieses Kapitel versucht, diesen Schritt der absoluten Indifferenz zum Schein bzw. vom Maß zum Schein anhand Hegels Analyse bzw. seiner Kritik an den Sophisten zu erklären, in der die Rede von Protagoras' Homo-mensura-Satz ist: »Von allen Dingen ist das Maß der Mensch; von dem, was ist, daß es ist, – von dem, was nicht ist, daß es nicht ist.« (TW18, 429)[108]

2.5.2 Von der absoluten Indifferenz zum Schein

Die Seinslogik hat die absolute Indifferenz als ihren Umschlagspunkt zum Wesen. Hegel analysiert dort den Zusammenhang zwischen dieser absoluten Indifferenz und Spinozas Substanzbegriff. Dabei wird behauptet, dass »in beiden alle Bestimmungen des Seins wie überhaupt jede weitere konkrete Unterscheidung von Denken und Ausdehnung u. s. f. als verschwunden gesetzt werden« (GW21, 380). Bei Spinoza sind die denkende Substanz und die ausgedehnte Substanz ein und dieselbe Substanz, die bald unter diesem, bald unter jenem

106 Henrich zeigt auf, dass es keinen Übergang zwischen der Seinslogik und der Wesenslogik gibt, und dass die Wesenslogik ein Nachfolger der Seinslogik ist, der »alle die Charaktere einschließt« (Henrich 1978, 233).

107 Vgl. TW8, 235.

108 Vgl. Platon, *Theaitetos*, 152a; *Kratylos*, 385e-386a.

Attribut aufgefasst wird.[109] Ebenfalls wird bei Schelling auch die absolute Indifferenz zwischen dem Subjekt und dem Objekt aufgezeigt.[110] Andererseits entspricht Schellings Indifferenzbegriff nicht Spinozas Substanzbegriff, denn die Indifferenz ist »teils *mit dem Bedürfnis des Bestimmens* und *mit der Rücksicht* auf dasselbe verbunden« (GW21, 380 f.). Durch das Bestimmen werden Denken und Ausdehnung entgegengesetzt, aber gleichzeitig müssen die Bestimmten bei Schelling wieder mit der »Rücksicht« auf das, was sie abgestoßen hat, bezogen werden; d. h., die Beziehung zwischen dem Denken und der Ausdehnung muss wiederhergestellt werden. Bei Spinoza wird dagegen diese Rückkehr von den Attributen zur Substanz nicht angenommen.[111]

Sobald die quantitative Differenz in die absolute Indifferenz gelangt, wird das Maß aufgelöst. In der absoluten Indifferenz waren am Anfang das Subjekt als das Bestimmen und das Objekt als das Bestimmtwerden ein und dasselbe – analog zur Beziehung zwischen *natura naturans* und *natura naturata*.[112] Die Indifferenz stößt sich aber nun von sich selbst ab und wird zum »Vorausgesetztsein und unmittelbare[n] Sein« (GW21, 383), d. h. zum Subjekt als dem Wesentlichen und zum unmittelbaren Sein als dem Unwesentlichen.

In der Wesenslogik tritt das Wesen als »*die Wahrheit des Seins*« (GW11, 241) auf. Das Wesen liegt »*hinter* diesem Sein« (ebd.). Der Weg vom Sein zum Wesen wird als das »Hineingehen[]« (ebd.) in das Sein bezeichnet, denn dieser Weg ist eine Erinnerung bzw. das In-sich-Gehen als Reflexion.[113] So betrachtet ergreift Hegel das Wesen aus den vorangegangenen Begriffen. In diesem Sinne ähnelt sein Verfahren Platons Begriff der Tugend (Arete), wie dies im *Menon* formuliert ist.[114] Hegel erklärt den Begriff des Wesens etymologisch mit dem Wort »gewesen«: »Die Sprache hat im Zeitwort: *Sein*, das Wesen in der vergangenen Zeit: *gewesen*, behalten; denn das Wesen ist das vergangene, aber zeitlos vergangene Sein.« (GW11, 241) Nach Platons Unterscheidung zwischen dem stets Seienden

109 Vgl. E2p7s.

110 Vgl. AA1.10, 116.

111 Vgl. Kapitel 2.5.3.

112 Vgl. E1p29s. *Natura naturans* ist das, »was in sich selbst ist und durch sich selbst begriffen wird, also solche Attribute von Substanz, die eine ewige und unendliche Essenz ausdrücken, d. h. […] Gott, insofern er als freie Ursache angesehen wird.« (E1p29s) *Natura naturata* ist dagegen »all das, was aus der Notwendigkeit der Natur Gottes oder vielmehr der Natur irgendeines seiner Attribute folgt, d. h. alle Modi der Attribute Gottes, insofern sie als Dinge angesehen werden, die in Gott sind und ohne Gott weder sein noch begriffen werden können.« (ebd.)

113 »Erst indem das Wissen sich aus dem unmittelbaren Sein erinnert, durch diese Vermittlung findet es [das Wissen; M. S.] das Wesen. […] Aber dieser Gang ist die Bewegung des Seins selbst. Es zeigte sich an diesem, daß es durch seine Natur sich erinnert und durch dieses Insichgehen zum Wesen wird.« (GW11, 241)

114 Vgl. Platon, *Menon*, 81d.

und dem stets Werdenden ist das erstere durch verstandesmäßiges Denken zu erfassen, das letztere durch bloßes mit vernunftloser Sinneswahrnehmung verbundenes Meinen zu vermuten, ferner ist dieses stets Werdende nie wirklich seiend.[115] Diesem Unterschied nach sind das wahrhaft Seiende und das durch die nächste Ursache Werdende deutlich verschieden, trotzdem erscheint »das gemischte und gewordene Sein« (27b), das dem Koinon im *Philebos* entspricht, als das wahrhafte Sein, das durch das vollständige zeitliche Vergehen des Werdens die Zeit überwunden hat, und Hegels Begriff des Wesens lässt sich deswegen als dieses wahrhafte Sein verstehen.[116]

Am Anfang der Wesenslogik wird die absolute Indifferenz nicht direkt erwähnt, sondern Hegel blickt auf das Sein selbst zurück. Die absolute Indifferenz kann trotzdem als der Horizont des Seins selbst gelten, wie Schelling die absolute Indifferenz als »alles, was ist, selbst« (AA1.10, 127) betrachtet. In der Seinslogik handelte es sich weder um das relative Wissen noch um die Phänomenologie, worin der Unterschied zwischen Subjekt und Objekt, Bewusstsein und Gegenstand sowie Denken und Sein hervortritt. Wenn man Hegels frühes Fragment *Glauben und Sein* (1798) vor Augen hat, sind Sein und Vereinigung »gleichbedeutend« (TW1, 251) und »Sein kann nur geglaubt werden« (ebd.).[117] In diesem Sinn steht das Sein als die Indifferenz zwischen Subjekt und Objekt im Kontrast zum Schein in der Wesenslogik, indem das Sein zum Schein wird und es nicht mehr einfach geglaubt wird, sondern in der Trennung von Subjekt und Objekt skeptisch betrachtet wird. Die absolute Indifferenz ist noch nicht in der Sphäre des Gesetzten. Dieses Sein kann aber nicht mehr in der Einheit mit sich selbst bleiben, sondern die Gesetzten müssen von der absoluten Indifferenz abgestoßen werden. Der Schritt von der Seinslogik zur Wesenslogik zeigt auf diese Weise die Unmittelbarkeit des Seins und die Entfremdung von ihr auf. Indem das Sein als das Unmittelbare betrachtet wird, wird das Sein entfernt und geht in die Entfaltung von Reflexion und Wirklichkeit über.

115 Vgl. Platon, *Timaios*, 27d-28a.

116 Über die Interpretation über »das gemischte und gewordene Sein« (27b) vgl. Kapitel 3.1. Über das gewordene Werden im Kontext der Kritik Jacobis an Spinoza vgl. Kapitel 1.5.2.

117 Hegel sagt in *Glauben und Sein*: »Vereinigung und Sein sind gleichbedeutend; in jedem Satz drückt das Bindewort ›ist‹ die Vereinigung des Subjekts und Prädikats aus – ein Sein; Sein kann nur geglaubt werden; Glauben setzt ein Sein voraus [...].« (TW1, 251) Die daraus abgeleitete Darstellung erklärt hingegen das Sein als einen Horizont, an den man nicht glaubt; »[I]nwiefern kann etwas sein, von welchem es doch möglich wäre, daß wir es nicht glaubten? d. h. es ist etwas möglich, denkbar, das wir doch nicht glauben, d. h. das deswegen doch nicht notwendig ist [...].« (TW1, 252) Dies kann als eine platonische Kritik an der sophistischen Behauptung verstanden werden.

2.5.3 Hegels Interpretation über Protagoras' Homo-mensura-Satz und der Maßstab

Der Schritt von der Seins- zur Wesenslogik entspricht nicht nur dem von der absoluten Indifferenz zum Schein, sondern auch dem vom Maß zum Wesen. Dieser Schritt ist jedoch schwer verständlich, weil Hegel nicht deutlich erklärt, was »die *Auflösung des Maßes*« (GW21, 381) bedeutet. Zum besseren Verstehen wird Hegels Interpretation des Homo-mensura-Satzes herangezogen.

Der Homo-mensura-Satz lautet: »Von allen Dingen ist das Maß der Mensch; von dem, was ist, daß es ist, – von dem, was nicht ist, daß es nicht ist.« (TW18, 429)[118] Hegels Deutung zufolge lässt sich dieser Satz auf zwei verschiedene Weisen interpretieren. Die erste Deutung ist, dass »jeder nach seiner besonderen Partikularität, der zufällige Mensch, das Maß sein kann« (TW18, 430). Die zweite Deutung ist, dass »die selbstbewußte Vernunft im Menschen, der Mensch nach seiner vernünftigen Natur und seiner allgemeinen Substantialität das absolute Maß ist« (TW18, 430).[119] Hegel hält die erste für verkehrt und sagt, dass »bei ihnen [Sophisten; M. S.] noch nicht das Interesse des Subjekts nach seiner Besonderheit und das Interesse desselben nach seiner substantiellen Vernünftigkeit unterschieden sind« (TW18, 430). Es ist deswegen falsch, direkt aus Protagoras' Satz zu schlussfolgern, dass bei ihm die Zufälligkeit und die Relativität des Subjekts gerechtfertigt wären. Die Bedeutung dieses Satzes ist vielmehr so zu verstehen: dass das Seiende nicht allein, sondern für das Wissen ist, und dass die Wahrheit die Erscheinung für das Bewußtsein ist.[120] Hegel erkennt aber auch an, dass alles durch diese Subjektivität relativiert wird. Ob ein Wind kalt ist oder ob sechs Äpfel viel sind, ist ein relatives Problem. Dieses Problem kann man mit der anderen Behauptung von Protagoras zusammenführen, dass »es zwei einander entgegengesetzte Aussagen über jegliche Sache gebe«.[121] Hegel

118 Platon kritisiert im *Theaitetos* Protagoras' Homo-mensura-Satz. Dieser Kritik nach behauptet Protagoras, dass das, was für eine Person nur zu sein *scheint*, für dieselbe bereits richtig und wahr ist. Wenn das der Fall ist, braucht man aber nicht mehr um die Lehre zu bitten, dadurch wird die Legitimität der Lehrtätigkeit Protagoras' selbst untergraben. Und da zwischen den Menschen tatsächlich Überlegenheit und Unterlegenheit des Wissens bestehen, ist es nicht möglich zu sagen, dass das, was einer Person nur erscheint, für dieselbe wahr ist. Allerdings behält Sokrates sich vor, dass es schwierig ist, das, was jedem durch die Wahrnehmung erscheint, als unwahr abzutun, wenn es um die Wahrnehmung geht. Vgl. Platon, *Theaitetos*, 151e-152a, 161c-162d, 169d-171c, 178b-179d.

119 Über die Verwendung des Begriffs des absoluten Maßes an anderen Schriften vgl. Kapitel 2.2.4 und 4.3.

120 Vgl. TW18, 430 f.

121 »Er stellte zuerst die Behauptung auf, daß es zwei einander entgegengesetzte Aussagen über jegliche Sache gebe; mit Hilfe solcher Entgegensetzungen machte er auch seine Schlußfolge-

zählt diese Relativität des Denkens zu den »ersten Anfängen des reflektierenden Denkens« (TW18, 431).

Das Problem dieser sophistischen Dialektik wird aber bekanntlich von Platon aufgezeigt. Hegel behandelt dies an der Stelle über Platons Dialektik. Protagoras bringt Hegel zufolge die Gedanken nicht zusammen, dass alles einerseits das Eine und andererseits die Vielheit ist. Dies erweist sich aber für Platons Dialektik als defizient.

> Platon sagt hierüber: »Wenn jemand seine Freude daran hat, als ob er etwas Schweres gefunden hätte, daß er die Gedanken (τοὺς λόγους, die Gründe) von einer Bestimmung zur anderen herüber- und hinüberzieht, so hat er nichts Preiswürdiges getan«, ist im Irrtum; nämlich man zeigt Mangel, Negation am einen und geht zum anderen. (TW19, 71)[122]

Hegel erkennt in Platons Kritik an den Sophisten, besonders an Protagoras, eine Kritik an der äußeren Reflexion. Der Dialektik der sophistischen äußeren Reflexion nach ist es aufgrund des beurteilenden Subjekts immer richtig und kann nicht falsch sein, dass fünf Äpfel sowohl viel als auch wenig sind. Und je gebildeter eine Person ist, desto eher wird ihr Urteil als richtig angesehen. Deshalb entsteht der Zustand, dass nicht mehr darauf hingewiesen werden kann, dass eine hochgebildete Person lasterhaft oder verbrecherisch sei. Deswegen geht es bei Platon nicht um die Entfaltung der entgegengesetzten Aussage, sondern darum, in welcher Hinsicht dasselbe verschieden ist. [123]

rungen in seinen Lehrgesprächen, ein Verfahren, das er zuerst aufbrachte [...].« (Diogenes Laertios 1967, IX 51)

122 Vgl. Platon, *Sophistes* 259c-d.

123 Vgl. Platon, *Sophistes*, 259c-d. Hegel konstatiert über diese Stelle wie Folgendes: »Das Schwere und Wahrhafte ist dieses, zu zeigen, daß das, was das Andere (ἕτερον) ist, Dasselbe ist, und was Dasselbe ist (ταὐτὸν ὄν), ein Anderes ist, und zwar in einer und derselben Rücksicht; nach derselben Seite, daß das Eine ihnen geschehen ist (d. h. Demselben zu sein ein Anderes, und dem Anderen zu sein Dasselbe), wird auch die andere Bestimmung an ihnen aufgezeigt [...].« (TW19, 71 f.) Gadamer und Düsing weisen darauf hin, dass Hegels Interpretation an dieser Stelle ein Missverständnis ist, und dass Hegels Fehler der Deutung sich auf die Verwendung der lateinischen Übersetzung des Marsilio Ficino aus der Bipontiner Platon-Ausgabe zurückführen lässt. Vgl. GGW3, 18; Düsing 1980, 138 f. Gadamer konstatiert über diese Stelle: »In Wahrheit ist aber gesagt: Das Schwere und Wahrhafte ist, wenn Jemand sagt, dasselbe sei irgendwie auch verschieden, dem nachzugehen, in *welchem* Sinne und in *welcher* Hinsicht es das sei.« (GGW3, 18) Obwohl er so auf Hegels Fehldeutung hinweist, behauptet er, eine andere Stelle über die Dialektik im *Sophistes* (253d-e) berücksichtigend, dass in einer spekulativen Aussage »ein unauflösbarer Widerspruch des Einen und Vielen, der zugleich den ganzen Reichtum eines sachlichen Fortschreitens im Erkennen in sich birgt« (GGW3, 21), steckt, indem er gleichzeitig sich auf *Philebos* 15c bezieht. Düsing hingegen distanziert sich

Hegel hat erst in seiner späteren Zeit sein Augenmerk auf die Kritik an den Sophisten gerichtet. Aber er zeigt bereits in der *Phänomenologie des Geistes* die dialektische Bewegung auf, die durch die Prüfung des Maßstabs durchgeführt wird. Der Maßstab fungiert in der *Phänomenologie des Geistes* als eine Voraussetzung des Wissens. Seine Prüfung besteht im »*Verhalten* der *Wissenschaft* zu dem *erscheinenden* Wissen« (GW9, 58). Dies macht eine »dialektische Bewegung aus, welche das Bewußtsein an ihm selbst, sowohl an seinem Wissen als an seinem Gegenstande ausübt« (GW9, 60). Deswegen ist Hegels Theorie des Maßstabs nicht so einfach wie die Theorie des Protagoras. Der Maßstab ändert sich bei Hegel, wenn der Maßstab nicht in der Prüfung besteht.[124] Hegel schreibt: »Das Wesen oder der Maßstab fiele in uns, und dasjenige, was mit ihm verglichen, und über welches durch diese Vergleichung entschieden werden sollte, hätte ihn nicht notwendig anzuerkennen.« (GW9, 59)

Auf der Stufe der »sinnlichen Gewissheit« der *Phänomenologie des Geistes* wird klar, dass das unmittelbare Wissen durch das Allgemeine vermittelt wird. Auf diese Weise ergibt sich das Unmittelbare als unwesentlich, hingegen ergibt sich das Allgemeine, das die Vermittlung ist, als wesentlich.[125] Abschließend behauptet Hegel, dass das Wesen nicht in beiden, sondern im Ganzen besteht.

Im Abschnitt des Maßes ist aber nicht die Rede von der Prüfung des Maßstabs. Der Maßstab in der Seinslogik ist relativ und nur »ein Quantum, das als an sich bestimmte Einheit gegen äußerliche Anzahl willkürlich genommen wird« (GW21, 330). Hingegen hat der Begriff des Maßes, das in der absoluten Indifferenz kulminiert, nichts außerhalb seiner selbst, indem es das besondere Subjekt und das allgemeine Objekt absolut vereinigt. Der Maßstab in der *Phänomenologie des Geistes* ist dagegen veränderlich bei der Prüfung der Gegenstände. Die »Rücksicht« in der Wesenslogik, durch die das Unmittelbare als vermittelt betrachtet wird, ist für Hegel ein anderer Name für den Maßstab.[126] Der Maß-

von Gadamers Interpretation und argumentiert, dass Platon sowohl im *Parmenides* als auch in seinen späteren Werken Widersprüche vermeidet, und dass Hegel trotzdem den Widerspruch vielmehr als der Einheit desselben und des Verschiedenen immanent betrachtet und ihn notwendig zur Wahrheit gehören lässt. Dadurch weist er auf die Unvereinbarkeit zwischen Platon und Hegel hin. Vgl. Düsing 1980, 139 f., 108 f.

124 Vgl. GW9, 60.

125 Vgl. GW9, 66.

126 Hegel erklärt diese »Rücksicht« im Abschnitt »2. Die Verschiedenheit«. »[S]ie [Die Reflexion; M. S.] *trennt* sie [die Gleichheit und Ungleichheit; M. S.], indem sie sie auf *ein und dasselbe* beziehen durch die *Insofern*, *Seiten* und *Rücksichten*. [...] Durch diese ihre Trennung voneinander aber heben sie sich nur auf. Gerade was den Widerspruch und die Auflösung von ihnen abhalten soll, daß nämlich etwas einem anderen in *einer Rücksicht gleich*, *in einer anderen aber ungleich* sei, – dieses Auseinanderhalten der Gleichheit und Ungleichheit ist ihre Zerstörung.« (GW11, 269)

stab in der Seinslogik ist zwar ein Bestandteil des Maßes, aber das, was durch die Auflösung des Maßes, durch die Auflösung der absoluten Indifferenz zwischen Subjekt und Objekt, entsteht, ist auch ein Maßstab der Erkenntnis. Dieser Maßstab ist das Wesentliche. Der Maßstab wird in der Wesenslogik nicht mehr »Maßstab« genannt werden, weil dieser Terminus den seinslogischen Bestimmungen vorbehalten bleibt.

2.5.4 Das Wesentliche und das Unwesentliche sowie der Schein

»Erstes Kapitel, Der Schein« beginnt mit »A. Das Wesentliche und das Unwesentliche«. In ihm hat Hegel die obige Problematik vor Augen. Das Sein in der Seinslogik wird hier unwesentlich und das Wesen wird hingegen dem Unmittelbaren gegenüber wesentlich, denn das Sein ist nicht mehr eigenständig, sondern vermitteltes Sein. Die Vermittlung – vorgestellt als Wesen, sei es Subjekt, sei es Sprache, sei es ein Wissen – erzeugt das Unmittelbare und ermöglicht es. Insofern das Sein aber sich »zum Wesen nur überhaupt als ein Anderes verhält« (GW11, 244), bleibt beides in der Sphäre des Seins. Wenn das Wesen zur eigentlichen Sphäre vom Wesen zurückgebracht wird, muss das Wesen »die absolute Negativität des Seins« (GW11, 245) sein. Dies entspricht Hegels Fichte-Interpretation, insbesondere der Interpretation des absoluten Ich als »absolutes Nichts« (TW2, 352).[127] Dagegen wird das Unmittelbare in der Sphäre des Wesens zum Schein.

Im Unterkapitel »B. Der Schein« wird das Sein zum Schein, denn es wird klar, dass das Sein nun nur als vermittelt durch die Vermittlung des Wesens, also durch ein Subjekt, sich ergibt. Der Schein ist in diesem Sinne »die *reflektierte* Unmittelbarkeit« (GW11, 246). Hegel nennt Beispiele dieses Scheins, welche sich auf die Voraussetzung des vermittelnden Wissens beziehen; d. h. »das Phänomen des Skeptizismus« (ebd.) oder »die Erscheinung des Idealismus« (ebd.). Die absolute Indifferenz bzw. die Übereinstimmung des Subjekts und des Objekts wird deshalb in den Bereich des Skeptizismus und der Trennung versetzt. Hegel schreibt: »›*Es ist*‹, erlaubte sich Skeptizismus nicht zu sagen; der neuere Idealismus erlaubte sich nicht, die Erkenntnisse als ein Wissen vom Ding-an-sich anzusehen.« (ebd.) Diese Erkenntnisse des Seins durch das Subjekt bei dem Skeptizismus und dem Idealismus haben zwar auch Hegel zufolge Bestimmtheiten, aber ihrem Inhalt liegt »kein Ding oder Ding-an-sich« (GW11, 247) zugrunde.

127 Vgl. TW2, 394, 352. Unter dieser absoluten Negativität wird das absolute Ich verstanden, das dem Endlichen entgegengesetzt ist, deshalb wird das Wesen durch die Begriffe des Nichtseins, der Negativität und der Nichtigkeit bezeichnet. Vgl. GW11, 247.

Wie Schelling mit dem Terminus des Scheinprodukts ausgedrückt hat, hat das Wesen die Bestimmtheit als das Produzierte im Schein.[128] Der Schein als das Produkt ist aber bei genauerer Überlegung das Nichtsein des Produzierenden selbst. »Es ist die Unmittelbarkeit des *Nichtseins*, welche den Schein ausmacht [...].« (GW11, 247) Das Nichtsein des Wesens stammt aber eigentlich aus der absoluten Negativität des Wesens und aus der Inhaltlosigkeit desselben.[129] Auch wenn die absolute Negativität des Wesens den Fortschritt zur empirischen Unendlichkeit verursacht, hängt ihrem Fortschritt die Endlichkeit an. In diesem Sinn bezeichnet Hegel den Schein als Nichtsein auch als die Negativität. Die Nichtigkeit dieses Nichtseins, die Belanglosigkeit des Scheins, stammt auch aus dem Wesen.[130] Insofern das Sein aber die Gleichheit mit dem Wesen hat, stimmen das Wesen und das Sein überein.[131]

Als Momente des Wesens werden deshalb »die an sich seiende Negativität« (GW11, 248) und »die reflektierte Unmittelbarkeit« (ebd.) genannt. Diese Negativität ist eine »negative Beziehung auf sich, abstoßendes Negieren ihrer selbst« (ebd.). Deswegen ist der Schein als die reflektierte Unmittelbarkeit durch das Abstoßen von sich selbst das Erzeugte und er ist »das Unselbständige« (ebd.). Wenn aber die Unmittelbarkeit identisch mit der Negativität ist, kann der Schein als das Wesen selbst betrachtet werden.[132] Dann ist das Wesen »das Scheinen seiner in sich selbst« (GW11, 249). Die Unmittelbarkeit und das Wesen werden eins, und dadurch wird klar, dass das Wesen den Schein als seine Bewegung in der Form seines Scheinens enthält.

2.5.5 Die Reflexion als der der Unmittelbarkeit entfremdete Schein

Im Unterkapitel »C. Die Reflexion« ist der Schein identisch mit der Reflexion. Dabei wird er als der bezeichnet, der seiner Unmittelbarkeit entfremdet ist.[133] Hegel benutzt aber weder das Prädikatsnomen *entfremdet* noch das Nomen *Entfremdung*, um das Prinzip dieser Reflexion zu erklären. Hegel benutzt diese vielmehr im Abschnitt »Der sich entfremdete Geist. Die Bildung« in der *Phänomenologie des Geistes*. Der Darstellung der Entfremdung liegt die bereits genannte

128 Vgl. AA1.7, 67.

129 »[D]ies Nichtsein aber ist nichts anderes als die Negativität des Wesens an ihm selbst.« (GW11, 247)

130 »Seine *Nichtigkeit* an sich ist die negative Natur des Wesens selbst.« (GW11, 247)

131 »Das Sein hat sich im Wesen erhalten, insofern dieses an seiner unendlichen Negativität diese Gleichheit mit sich selbst hat [...].« (GW11, 247)

132 Vgl. GW11, 249.

133 Vgl. ebd.

Kritik an der Unmittelbarkeit und der Unbestimmtheit bei Jacobi zugrunde. »[D]as unmittelbar d. h. ohne Entfremdung an und für sich geltende Selbst ist ohne Substanz, und das Spiel jener tobenden Elemente« (GW9, 264). Das Individuum kann durch »Entfremdung des natürlichen Seins« (GW9, 267) Geltung und Wirklichkeit haben. Diese Stufe der Bildung ist »der Übergang sowohl der gedachten Substanz in die Wirklichkeit, als umgekehrt der bestimmten Individualität in die Wesentlichkeit« (GW9, 267).

Bildung und Entfremdung spielen eine wichtige Rolle für die Charakterisierung von Sophisten, deren Stellung die »*positive*[], eigentlich *wissenschaftliche*[] *Seite*« (TW18, 409) hat. Die Sophisten sind »Lehrer Griechenlands, durch welche die Bildung überhaupt in Griechenland zur Existenz kam« (TW18, 409). Bei dieser Bildung geht es nicht um das Glauben, sondern um das Untersuchen. Es ist wie die »Aufklärung« in neueren Zeiten, »den positiven Inhalt mit sich zu vergleichen, das vorher Konkrete des Glaubens aufzulösen, einerseits den Inhalt zu zersplittern, andererseits diese Einzelheiten, diese besonderen Gesichtspunkte und Seiten zu isolieren und für sich festzuhalten« (TW18, 410). Wie bei Protagoras der Mensch das Maß ist und bei Gorgias das Sein nicht ist, nehmen beide das Unmittelbare an sich nicht direkt an, sondern sie entfremden sich von der Unmittelbarkeit und finden ein Wesen nach anderen Kriterien.

In der Seinslogik wird das Sein durch die Voraussetzungslosigkeit charakterisiert. Im Fortgang der Seinslogik zeigt sich ferner, dass das Sein eigentlich ein Wesen als seinen Maßstab voraussetzt. So tritt die Trennung zwischen dem Wesentlichen und dem Unwesentlichen auf. Das Wesen enthält den sich selbst entfremdeten Schein im Scheinen als Bewegung und dieser Schein wird zur Reflexion. Die Bewegung der Reflexion wird zur »*Bewegung von Nichts zu Nichts* und *dadurch zu sich selbst zurück*« (GW11, 250).[134]

2.5.6 Die setzende, die äußere und die bestimmende Reflexion

In der Stufe der »setzenden Reflexion« ist die Reflexion die Bewegung vom Nichts zu Nichts bzw. ein Rückkehren. Dieses Rückkehren besteht aber aus Setzen und Voraussetzen, denn wenn der Schein als das Negative (das Gesetztsein, die Unmittelbarkeit) wieder negiert wird, kehrt es zu sich selbst zurück. Aus diesem Zusammenhang ergibt sich die Schlussfolgerung, dass die Unmittelbarkeit nicht unmittelbar ist, sondern dass das Gesetztsein im Kreislauf zwischen dem Gesetztsein und dem Setzenden liegt. Die Reflexion (in der Vor-

134 Dies ist ein nicht verständlicher Ausdruck. Da Fichte das Produkt der Anschauung das Nichts nennt, kann man vermuten, dass Hegel ebenfalls den Schein des Produktes als das Nichts versteht. Vgl. GA1.2, 382.

stellung als Rückkehr) nennt Hegel anfangs das Setzen, aber das Erzeugen des Gesetztseins muss das Erzeugende voraussetzen.

Durch die Voraussetzung als Aufheben der Voraussetzung wird wieder das Unmittelbare fokussiert. Hierbei geht es aber nicht um das Gesetztsein, sondern um Folgendes: »Die Reflexion also *findet* ein Unmittelbares *vor*, über das sie hinausgeht und aus dem sie die Rückkehr ist.« (GW11, 252) Während der Schein anfangs als von der Unmittelbarkeit entfremdet betrachtet wird, kehrt zwar die Reflexion zur Unmittelbarkeit zurück, aber diese Unmittelbarkeit ist keine einfache Unmittelbarkeit, sondern eine vermittelte. Denn wenn man etwas vorfindet, ist eine Distanz gegen dasselbe nötig: »Dieses Vorgefundene *wird* nur darin, dass es *verlassen* wird« (ebd.).

Die reflektierende Bewegung wird hier als »*absoluter Gegenstoß* in sich selbst« (ebd.) bezeichnet, weil sie die »Rückkehr in sich« (ebd.), den absoluten Kreislauf, motiviert, bei dem das Hinausgehen über das Unmittelbare das Ankommen bei dem Unmittelbaren ist. »Die Bewegung wendet sich als Fortgehen unmittelbar in ihr selbst um« (ebd.), heißt es bei Hegel. Dieses Unmittelbare, welches die Reflexion durch die Rückkehr in sich voraussetzt, ist aber das Gesetztsein.[135] In der setzenden Reflexion wird ein neuer Aspekt hineingebracht, der schließlich zur äußeren Reflexion führt, nämlich der Aspekt, dass eine Voraussetzung einer anderen gegenübersteht. Deswegen ist die Voraussetzung bestimmt und beschränkt, weshalb sie weder die absolute Voraussetzung noch das absolute Maß ist.

Die äußere Reflexion wird zuerst wie folgt erklärt: »die äußerliche oder reale Reflexion setzt sich als aufgehoben, als das Negative ihrer voraus.« (ebd.) Während die setzende Reflexion die Bewegung vom Nichts zum Nichts ist, setzt die äußere Reflexion ein Sein voraus und bezieht sich auf sich selbst als das »Nichtsein« (GW11, 253). Wie Hegel das Unendliche als die äußerliche Reflexion zum Beispiel nimmt – obwohl dies in der Sphäre des Wesens als Beispiel

135 Das Gesetztsein bei der setzenden Reflexion könnte man mithilfe von Aristoteles' Begriff ›Endoxa‹ aus der Topik verstehen. Aristoteles betrachtet Endoxa als eine einleuchtende Annahme, »die allen oder den meisten oder den Klugen so erscheinen, und bei diesen (letzteren) wieder entweder allen oder den meisten oder den angesehensten und namhaftesten«. (Aristoteles, *Topik*. 100b21–23) Hegel sieht zwar in der setzenden Reflexion keine Technik der Überzeugung, aber erkennt eine äußere Reflexion und die Dialektik in der Topik. »Das vierte sind die topischen Bücher (τοπικά) oder von den Örtern. Dies sind die Gesichtspunkte, die Aristoteles durchführt, woraus Sache betrachtet werden kann. [...] Es ist Dialektik, – äußere Reflexionsbestimmungen. Aristoteles sagt, es sei ein Instrument, Sätze und Schlüsse zu finden aus Wahrscheinlichem. – Solche Orte (τόποι) sind allgemein: α) Verschiedenheit; β) Ähnlichkeit; γ) Gegensatz; δ) Verhältnis; ε) Vergleichung.« (TW19, 235 f.) Kant unterscheidet die transzendentale Topik, die sich auf den Unterschied des Erkenntnisvermögens bezieht, von der logischen Topik, und dadurch kritisiert er Aristoteles' Dialektik als Topik. Vgl. Arndt 1994, 59 f.; Okochi 2008, 42.

nicht hinreichend ist –, wird die Äußerlichkeit (das Unendliche) vom Gegebenen immer in dieser äußeren Reflexion untersucht und gesetzt. Es ist auch möglich, dieses Beispiel ins Gegenteil zu verkehren; wenn das Unendliche vorausgesetzt ist, wird das Endliche außerhalb des Unendlichen vorausgesetzt. Dies ist die zweite Seite der äußeren Reflexion. Sie könnte einerseits als eine Frage verstanden werden, die bei der Überprüfung von einem einleuchtenden und wahrscheinlichen Satz gestellt wird, z. B. die Frage: »Ist auf Füßen gehendes zweibeiniges Sinnenwesen die Definition von Mensch oder ist sie nicht?«[136] Aber unter dieser äußeren Reflexion kann andererseits wie bei Protagoras verstanden werden, dass »es zwei einander entgegengesetzte Aussagen über jegliche Sache gebe«.[137] Hegel erkennt diese Wirkung der äußeren Reflexion in der Beziehung zwischen dem Unmittelbaren und der Reflexion. Die äußere Reflexion bezieht sich auf das Nichtsein als das Negative. Aber diese Reflexion setzt auch wieder das Unmittelbare voraus. Wenn man diese äußere Reflexion genau analysiert, werden das Unmittelbare und die Reflexion also zu ein und demselben.

Die bestimmende Reflexion, die aus der äußeren Reflexion abgeleitet wird, wird als »die Einheit der *setzenden* und der äußeren Reflexion« (GW11, 255) bezeichnet. In dieser Einheit entsteht ein »absolutes Voraussetzen« (GW11, 256). Die Voraussetzung durch die setzende Reflexion ist dieselbe, die von der anderen Perspektive aus auch möglich ist. Hingegen umfasst die bestimmende Reflexion das Voraussetzen und dasselbe des Negativen, die Unmittelbarkeit und die Reflexion. Deshalb wird die absolute Voraussetzung der bestimmenden Reflexion von der anderen Perspektive aus unmöglich. Die bestimmende Reflexion ist »die außer sich gekommene Reflexion« (GW11, 257), weil diese Reflexion sich selbst negiert und die Identität mit sich selbst verliert. Diese wird aber gleichzeitig als »in sich bleibendes Bestimmen« (ebd.) auch bezeichnet. Das Gesetztsein macht »die bestimmte Seite« (ebd.) der bestimmenden Reflexion aus und die Reflexion in sich macht die andere Seite der bestimmenden Reflexion aus, »die Beziehung dieser bestimmten Seiten« (ebd.). In dieser unendlichen Beziehung auf sich wird die Reflexionsbestimmung erfasst, die im Kapitel »Die Wesenheiten oder die Reflexions-Bestimmungen« die Formen der Identität, des Unterschiedes, der Verschiedenheit, des Gegensatzes und des Widerspruchs annimmt.

2.5.7 Der Verlust des Allgemeinheitsstatus des Maßes

Wir haben oben den Schritt von der absoluten Indifferenz *qua* Maß zum Schein im Hinblick auf Hegels Analyse bzw. Kritik an sophistischen Positionen inter-

136 Vgl. Aristoteles, *Topik*, 101b.

137 Vgl. Diogenes Laertios 1967, IX 51.

pretiert. Hegel hat sich am Ende der Seinslogik hauptsächlich mit dem Abstoßen der absoluten Indifferenz beschäftigt. Fraglich und problematisch blieben seine Aussagen zur Auflösung des Maßes. Wenn man aber Hegels Einschätzung über die sophistischen Positionen und Platons Kritik daran in Betracht zieht, kann man die Auflösung des Maßes als eine Brücke zwischen der Seinslogik und der Wesenslogik ziehen.[138] Diese Auflösung kann als ein Schritt zum Wesen verstanden werden, wo das Maß seine Allgemeinheit verliert, die unmittelbare Einheit des Seins nicht mehr akzeptiert und das Unmittelbare als das verstanden wird, was durch die Vermittlung als das Wesen des subjektiven und relativen Maßstabs entsteht.

Am Ende dieses Kapitels sollte die Implikation des Verlusts der Allgemeinheit des Maßes erklärt werden. Das letzte Wort des Maßes ist die absolute Indifferenz, unter welcher Hegel, obwohl er dies in der Seinslogik nicht deutlich aufgezeigt hat, die absolute Indifferenz des Subjekts und des Objekts versteht. Sie erinnert uns gleichzeitig an die absolute Selbstidentifizierung mit Henriette in Jacobis Roman *Woldemar*, die Vorstellung der übermäßigen Innigkeit in Hölder-

138 Stekeler-Weithofer versteht in seinem Kommentar von »C. Übergang in das Wesen« mit dem Beispiel vom Urmeter in Paris die Identität des Bestimmtseins mit sich als »*die bestmögliche Erfüllung des Maßes*« (Stekeler-Weithofer 2018, 271). Er konstatiert interessanterweise Folgendes: »Nichts ist ›*mehr Meter*‹ als der Urmeter; weniges ist ›*mehr Oper*‹ als Mozarts Don Giovanni. ›Dass jene Unmittelbarkeit durch diese Identität-mit-sich zu einem Vermittelten herabgesetzt ist‹ bedeutet durchaus auch, dass wir alle anderen Maßstäbe mit dem Urmeter und alle anderen Opern mit Don Giovanni vergleichen und in diesem Vergleich der scheinbar unmittelbare Maßstab selbst wieder gemessen wird: Das Urmeter soll über die Zeiten hinweg kürzer geworden sein. Spätere Opern, gerade die, welche sich bewusst mit Mozart messen, wie z. B. *Der Barbier von Sevilla* oder *Der Rosenkavalier*, sind entsprechend in Manchem oder Vielem ›*ausgebuffter*‹ als Mozarts große, ja geradezu vollkommene *opera buffa*.« (ebd.) Diese Zustände, dass der absolute Maßstab auch mit dem anderen Maßstab gemessen wird und die Absolutheit verliert, und dass etwas anderes ein neuer, absoluter Maßstab wird, erinnern uns an die Prüfung des Maßstabs in der *Phänomenologie des Geistes*. Stekeler-Weithofer deutet auch an, dass die Spaltung der absoluten Indifferenz die dieser Prüfung des Maßstabes gleiche Sache aufzeigt. Während er den Zusammenhang mit Aristoteles' *ousia* markiert, bietet die vorliegende Untersuchung die Tugend, die in der Durchdringung voneinander der einzelnen Subjektivität und der allgemeinen Objektivität besteht, bzw. den hochwertigen Menschen, der als Maß und Richtschnur gilt, als passendere Beispiele an. Der tugendhafte Mensch ist angemessener als Don Giovanni und Urmeter, weil in seiner Tugend die höhere Übereinstimmung von zwei Faktoren sich finden lässt, die beide vom Maßlosen getrieben werden, d. h. die einzelne Subjektivität und das objektive allgemeine Wohl. Eine Stelle in Hegels *Naturrechts*-Aufsatz drückt diesen Punkt sehr gut aus: »Von den Individualitäten der Bildungen, welche zwischen der einfachen Substanz in der Realität als reinem Äther und ihr als der Vermählung mit der absoluten Unendlichkeit liegen, kann keine die Form und qualitative Einheit [...] zur absoluten Indifferenz mit dem Wesen und der Substanz bringen, welche in der Sittlichkeit ist [...].« (TW2, 502)

lins *Grund zum Empedokles*, die intellektuelle Anschauung als ein Zustand des Todes, die in der selbstverlorenen Identität des Subjekts und des Objekts liegt, wie in Schellings *Philosophischen Briefen über Dogmatismus und Kritizismus*. Jede hat die Übermäßigkeit, deren Ursache in der unendlichen Bewegung des Subjekts liegt, und ist in diesem Sinne maßlos, wenn man sie von der Seite der Reflexion sieht. Daraus folgt notwendig, dass bewusst werden muss, dass die absolute Indifferenz nur eine Täuschung und ein Schein ist.[139] Andererseits kann diese absolute Indifferenz immer noch im Rahmen des Maßes bleiben, weil sie die Übereinstimmung der subjektiven Einzelheit und der objektiven Allgemeinheit im vernünftigen Menschen darstellt. D. h., die Art des vernünftigen Menschen als das Maß, die Hegel in Protagoras' Homo-mensura-Satz findet – die Jacobi zuvor als das Maß des hochwertigen, tugendhaften Menschen bei Aristoteles versteht –, kann das absolute Maß als Tugend aufzeigen. Das Subjekt fühlt Freude durch die Tugend in der absoluten Indifferenz mit dem Objekt. Deswegen ist die absolute Indifferenz von der Seite der Reflexion gesehen, die für Hegels spekulative Philosophie wesentlich ist, ein Unheil andeutendes Zeichen vor dem entscheidenden Zwiespalt und dem Bewusstsein der Täuschung. Aber sie ist an sich ein glücklicher Zustand, da sie noch nicht als Täuschung zu erkennen ist.

139 Franks Interpretation der romantischen Ironie deckt sich mit der Phase, dass der glückliche Zustand in der Tugend zur Erkenntnis der Täuschung übergeht. Er erklärt: »Die Ironie korrigiert lächelnd die falsche Wertschätzung einer partiellen Moral, die sich als allgemein geltend aufspreizt.« (Frank 2019, 150)

3. Die Rekonstruktion der Kategorien

3.1 Apeiron, Peras, Koinon und Aitia in Platons *Philebos*

Warum konnte der Begriff des Maßes der Dritte in der Seinslogik werden? Wie wir bereits im vorhergehenden Kapitel gesehen haben, lobt er zwar die Triplizität, die Kant aufgezeigt hat, aber er bedauert, dass Kant nicht auf »das Dritte der Qualität und Quantität« (GW21, 324) gekommen war. Aber, genau gesagt, hat Fichte früher als Hegel die Triplizität in Kants Kategoriengruppen, die Realität, die Negation und die Limitation, angewendet. Schelling hat bereits in seiner *Timaeus*-Handschrift (1794), d. h. im Vorfeld der Rezeption von Fichtes Wissenschaftslehre, Kants Triplizität und Begriffe bei Platons *Philebos*, Apeiron, Peras und Koinon (die Unbestimmtheit, die Grenze und das Gemisch beider) verbunden.[1] Die Rekonstruktion der Kategorien, die in Hegels Seinslogik unternommen wurde, erschien deshalb nicht plötzlich, sondern stammt aus diesem zeitgenössischen philosophischen Kontext.[2] Zuerst muss der Grundriss von Platons *Philebos* deshalb kurz beschrieben werden, der ein wichtiger Faktor hierbei ist.[3] Denn dieses Werk spielt eine wichtige Rolle im Unternehmen der Rekonstruktion der Kategorien bei Schelling und Hegel.

In diesem Werk werden es zwei Positionen kritisch dargestellt: die eine Position, die besagt, dass das Gute für alles Lebendige in der Lust und dem Ver-

1 Schellings *Timaeus*-Handschrift ist wegen seiner wichtigen Auseinandersetzung mit dem Anschluss an die Philosophien Platons und Kants von vielen Forschern diskutiert worden, obwohl sie eine Handschrift ist. Vgl. Henrich 1986, 85–88; Sandkaulen 1990, 19–21; Krings 1994, 117–155; Asmuth 2006, 47–74; Asanuma 2014, 31–55; Baum 2020, 200–217. Über Schellings *Timaeus*-Handschrift vgl. Kapitel 3.2.1.

2 Rosenkranz, Moretto u. a. haben bereits bemerkt, dass Hegel den *Philebos* akzeptiert hat und darauf basierend auf die Einheit der Qualität und der Quantität gekommen war. Vgl. Rosenkranz 1844, 105; Moretto 2000, 41 ff. Z. B. Rosenkranz konstatiert wie folgt: »Platon gebraucht für die bestimmte Einheit des Bestimmten und Unbestimmten, des πέρας und des ἄπειρον, im *Philebos* den Ausdruck μέτρον. Diesen hat Hegel erst späterhin zur Bezeichnung der Einheit der Qualität und Quantität angewendet. […] Neben Platon's Einfluß ist hier auch der Kantische bei Hegel noch sichtbar genug. Doch unterschied er sich von Kant dadurch, daß er den Begriff der Qualität dem der Quantität voranstellte und den Begriff der Quantität aus dem der Qualität dialektisch ableitete, während in der Kantischen Kategorientafel die Kategorien nur neben einander hingestellt waren.« (Rosenkranz 1844, 105) Rosenkranz' und Morettos Forschungen zeigen nur den Bezug zwischen Hegels Seinslogik und Platons *Philebos* bzw. Kants Kategorien auf und bemerken nicht, dass es in Hegels Zeit einen Zug der Diskussionen über die Deutung vom *Philebos* als Hintergrund dafür gab. Dieses Kapitel behandelt deshalb die zeitgenössischen Diskussionen über den *Philebos*.

3 Die deutsche Übersetzung vom *Philebos* von Hieronymus Müller und Friedrich Schleiermacher wird hier verwendet.

gnügen besteht, und die andere Position, die besagt, dass das Gute im Vernünftigsein, dem Erkennen und Sich-Erinnern besteht.[4] Sokrates sagt am Anfang der Diskussion, dass Gott von dem Seienden einiges als unbegrenzt gezeigt, anderes mit einer Grenze gezeigt habe, dass wir als die dritte das aus diesen beiden in eins Zusammengemischte setzen und dass der vierte Begriff die Ursache der Vermischung dieser beiden miteinander ist.[5] Bei diesem Verfahren über diese vier Begriffe denkt Platon daran, dass das Viele des Apeiron und des Peras in die Eins des Koinon gebracht wird (23e). Unter ἄπειρον (dem Unbegrenzten, der Unbestimmtheit) werden das Mehr und Minder wie die Kälte und Hitze verstanden, die sich auf die Begriffe der Ab- und Zunahme beziehen.[6] Πέρας (die Begrenzung, die Grenze) ist »die [Familie; M. S.] des Gleichen und Zwiefachen und jede, welche sonst noch macht, daß das Entgegengesetzte aufhört, sich ungleich zu verhalten, und welche durch Einbringung des Gleichmäßigen und Zusammenstimmenden eine Zahl hervorbringt« (25d-e). Als κοινόν (das Gemeinsame, Gemisch) »entstehen uns die geregelten Zeiten und alles, was nur schön ist, wenn das Unbegrenzte und das die Begrenzung in sich Habende vermischt werden« (26b).[7] Und über dieses Koinon wird auf die entscheidende Weise im Folgenden gesagt: »Unter dem dritten aber, sage nur, meinte ich, das gesamte Erzeugnis dieser beiden als eines setzend, die Erzeugung zum Sein durch die mit

4 Vgl. Platon, *Philebos*, 11b.

5 Vgl. Platon, *Philebos*, 23c-d.

6 Vgl. Platon, *Philebos*, 25c-d.

7 Gill fragt über das Koinon, ob das Gemisch alles gut sein muss, und resultiert auf dem Zusammenhang mit 64d-e basierend, dass das Gemisch nicht alles gut ist. Vgl. Gill 2019, 87. Sie weist als den mangelnden Punkt in der Unterscheidung von vier Begriffen auf die zweite Art der Messkunst in Platons *Politikos* hin. Während die erste Messkunst in der Beziehung aufeinander misst, ob etwas länger oder kürzer ist, misst die zweite Messkunst in der Beziehung auf das dritte, ob etwas länger oder kürzer ist, und bezieht sich auf »des Werdens notwendiges Wesen« (*Politikos*, 283d). Vgl. *Politikos*, 238c-287a. Gill konstatiert: »The fourfold division in the *Philebos* gives no indication that the cause uses more than the first art of measurement. [...] I suggest that the third thing is some *good* the measurer aims to achieve in a given situation. For instance, the right length for the Stranger's treatment of weaving is one sufficient to teach his interlocutor a divisional technique he can apply to the hard topic under investigation: statecraft. We might think of the third thing as the mixture aimed for, the best possible, given a wider situation.« (Gill 2019, 87 f.) Dass das Koinon im *Philebos* durch die zweite Messkunst ergänzt verstanden werden soll, wird von Frede, Mouroutsou und Barney auch aufgezeigt. Vgl. Frede 1997, 197; Mouroutsou 2010, 290; Barney 2021, 115. Diese Hinweise sind wichtig, wenn es um das Maß und die Angemessenheit in 64d-e geht. Die zweite Messkunst bezieht sich auf politische Schicklichkeit, Rechtzeitigkeit und Aristoteles' Mitte. Vgl. *Politikos*, 283d, 284e.

der Begrenzung sich ergebenden Maße.« (26d)[8] Die adäquate Mischung hängt vom Maß (Metron) und der Angemessenheit der Bestandteile ab.[9] Αἰτία als das Vierte ist die Ursache der Mischung und des Werdens, die Weisheit und Vernunft genannt werden kann.[10]

Die Frage, ob das Gute in der Lust oder im Vernünftigsein ist, wird durch die obige theoretische Ordnung so beantwortet, wie man nichts »Maßloseres als Lust und Ergötzung« (65d) noch »nichts Abgemeßneres als Vernunft und Erkenntnis« (ebd.) finden kann. Daraus resultiert, dass die Lust dem Unbegrenzten entspricht und Vernunft und Erkenntnis der Begrenzung und dass das Gemeinsame der beiden, »das gemischte Leben aus Lust und Vernunft« (27d), als vorherrschend erkannt wird. Der Gegensatz und das Gemisch der Lust und der Vernunft, der Unbestimmtheit und der Grenze, werden bei Schelling an die kantische bzw. reinholdische Vorstellungstheorie angeschlossen.

8 Für die Stelle über »die Erzeugung zum Sein durch die mit der Begrenzung sich ergebenden Maße« (26d) ist der folgende Übersetzungsvorschlag hinzugefügt: »das Werden zu einem aus den mit dem Begrenzten verbundenen Maßen gemachten Sein« (PW7, 447). Wenn man diese Stelle, auf welche die Deutungen sich konzentrieren, sieht, kann man verstehen, dass nicht allein der vierte Begriff Aitia, sondern auch der dritte Begriff Koinon sich auf die Erzeugung zum Sein bezieht und eine Rolle spielt. Aber ein Problem scheint versteckt zu sein, dass die Erzeugung zum Sein im Maß (26d) nicht unbedingt der Erklärung vom Koinon in 27b, nämlich der Seite vom Koinon als dem gemischten und gewordene Sein, entspricht. Mouroutsou sieht in dieser Doppelheit des Prozesses bzw. der Produktion und des Produktes im Koinon »Problematik, ob Platon in diesem Rahmen durch das Überbrücken der unüberwindlichen Kluft zwischen Sein und Werden die von ihm früher vertretene ›Zwei-Welten-Theorie‹ radikal modifiziert.« (Mouroutsou 2010, 298) Frede stellt über diese Erzeugung zum Sein und das gewordene Sein (Vgl. Platon, *Timaios*, 27d-28a) fest: »Daß Platon die Angehörigen des dritten Begriffs als ein ›Werden zum Sein‹ bzw. als gewordenes Sein bezeichnet, ist geradezu als Zeichen für eine metaphysische Revolution gewertet worden, weil Platon damit den Unterschied zwischen Werden und Sein entweder ganz aufgehoben oder doch als überbrückbar zu bezeichnen scheint. Konservative Interpreten bestreiten dagegen jede Verwischung der Grenzen zwischen Werden und Sein und warnen vor einer Überbewertung derartiger vereinzelter Wendungen. [...] Nun sollte man gewiß aus einer einzigen Formulierung nicht vorschnell revolutionäre Schlüsse ziehen. Wenn man diese Ausdrucksweise nicht überbewerten soll, so darf man sie jedoch auch nicht unterbewerten und einfach so tun, als sei sie nicht da.« (Frede 1997, 196) Wie Mouroutsou und Natorp in dieser »Erzeugung zum Sein« (26d) die feierliche Schöpfung und Geburt sehen, scheint die Doppelheit vom Koinon, dass es sowohl der Vermittler für die Erzeugung zum Sein als auch das gewordene Sein selbst ist, nämlich die Selbsterzeugung, die den Urheber als Urbild hat, Folgendes ermöglicht zu haben: Jacobis Deutung, die im Maß Koinon und Aitia beide sieht, und die Übereinstimmung des geordneten Geschöpfs mit dem die Ordnung bringenden Schöpfer bei Jacobi. Vgl. Kapitel 3.3. Vgl. Mouroutsou 2010, 300; Natorp 2004, 325.

9 Vgl. Platon, *Philebos*, 64d-e; Seeck 2014, 130.

10 Vgl. Platon, *Philebos*, 27b, 30c.

3.2 Schellings Rekonstruktion der Kategorien

3.2.1 Schellings *Timaeus*-Handschrift

Schelling fasst in seiner *Timaeus*-Handschrift die Begriffe von Apeiron und Peras im *Philebos* wie folgt zusammen.

> Die Hauptsäze Platos von der *Materie* sind nämlich diese:
> 1. Die UrMaterie, (die er auch unter der Categorie des απειρον darstellt) war jeder Form empfänglich, u. hatte schlechterdings keine *nothwendig*-bestimmte *ursprüngliche* Form. Sie erhält jede Form nur von außen.
> 2. die *allgemeine* Form, die sie von außen erhalten hat, ist *Einheit*, περας, wodurch alsdenn die einzelne Formen, die an ihr als Substrat wechseln, bestimmt sind.
> 3. Die Materie *besteht* nicht aus diesen *Formen*, sie ist z. B. nicht Feuer, nicht Waßer u.s.w. denn dieses ist nur durch die *Form* entstanden, die jene von außen her enthielt. (TH, 59)

Schelling versteht unter Apeiron den Begriff der Urmaterie und unter Peras die allgemeine Form respektive die Einheit. Schellings Schlussfolgerungen zufolge führt Platon »als Erscheinungen, die unter den Begriff des απειρον subsumirt werden müßen, […] insbesondere *Empfindungen*« (TH, 60) an. Er zitiert Platons Worte, dass das Mehr und Weniger dem Wärmeren und Kälteren innewohnen und dass es im Mehr und Weniger *eo ipso* kein Ende gibt.[11] Er schlussfolgert daraus:

> In diesen Worten sieht man ganz deutlich Spuren des Kantischen Grundsatzes der Qualität. Besonders drüken die lezte Worte deutlich genug die *Nothwendigkeit* aus mittelst welcher jede *Realität* in der Empfindung ins Unendliche fort continuirlich wachsen u. abnehmen kann. (TH, 60)

Der kantische Grundsatz der Qualität, von dem Schelling an dieser Stelle spricht, ist derjenige aus den Antizipationen der Wahrnehmung.[12] Das Prinzip ist, dass das Reale der Empfindung eine intensive Größe bzw. einen Grad besitzt, nämlich den »Grad des Einflusses auf den Sinn« (KrV, B208). Bei Kant kann die intensive Größe des Realen »kleiner oder größer sein« (KrV, B214) und es können »unendliche Stufen« (ebd.) in der intensiven Größe gefunden werden.

Der Kontext, in dem der Verweis auf Kant erscheint, zeigt deutlich, dass Schelling nicht bloß über Kant spricht, sondern mit seiner Interpretation von

11 Vgl. Platon, *Philebos*, 24 a-b.

12 Vgl. Anmerkungen der *Timaeus*-Handschrift, TH, 97.

Kant *auch* eine Entsprechung von Peras und der Kategorie der Quantität im Blick hat. So zitiert er Platons Begriff der Peras im *Philebos*. Allerdings bleibt *prima vista* unverständlich, warum Schelling den Begriff der Peras mit der Kategorie der Quantität gleichsetzt. Schelling sagt nur: »Vielmehr ist ihm [Platon; M. S.] ja jeder Gegenstand απειρον τι, verbunden mit dem περας, d. h. *Realität* durch *Quantität* bestimmt« (TH, 61). Schelling schreibt über das Gemeinsame (das Gemisch) als das Dritte und die Ursache als das Vierte:[13]

> Zu diesen 2. Formen aller Dinge (περας u. απειρον) fügt nun Plato noch 2. το κοινον d. h. das, was aus der Verbindung dieser beiden entsteht, u. το της αιτιας γενος die Categorie der Caußalität, durch welche beide (περας u. απειρον) in κοινον verbunden werden. Diese Formen betrachtet nun Plato als Formen aller existirenden Dinge, u. demnach auch als Formen, unter denen man sich den Ursprung der Welt denken müße. To κοινον ist ihm demnach nicht nur die gegenwärtige Welt, sondern es ist 1. Begriff, unter den die gegenwärtige Welt ihrer Materie u. ihrer Form nach subsumirt werden muß, το της αιτιας γενος ist ihm nicht nur die göttliche Caußalität bei der Weltordnung, sondern *Begriff* der Causalität, unter dem *jene* Causalität steht. (TH, 63)

Der »Begriff, unter den die gegenwärtige Welt ihrer Materie u. ihrer Form nach subsumirt werden muß« (ebd.), drückt tatsächlich bei Platon auch das aus, was die Bestandteile des Seins sein müssen.[14] Henrich missversteht die Bedeutung

13 Sandkaulen konstatiert in Bezug auf die Dialektik in Schellings neuem Konzept der Synthesis in den *Abhandlungen zur Erläuterung des Idealismus der Wissenschaftslehre*, dass die Kategorie der Aitia »obsolet« (Sandkaulen 1990, 21) wird, denn es werde, ihr folgend, bei Schelling sich um »den internen Selbstbestimmungsprozeß eines einzigen Subjekts« (ebd.) handeln. Vgl. AA 1, 109, 121. Ihre Schätzung über Platons Aitia ist einerseits richtig, denn Platon erklärt tatsächlich die Ursache, die das die Ordnung habende Koinon ermöglicht, nicht ausreichend im *Philebos* im Vergleich zum *Politikos*. Deswegen bleibt der Inhalt der Aitia im Umgang der *Philebos*-Deutung noch unklar. Wenn man andererseits die konkrete Ausfaltung im Geschäft der königlichen Zusammenwebung durch die zweite Messkunst im *Politikos* sieht, und wenn man Jacobis Auffassung von Koinon und Aitia sieht, könnte man darüber streiten, ob man in der Aitia den Selbstbestimmungsprozess des Subjektes von der Unbestimmtheit zur Bestimmtheit sehen kann. Insofern das Geschäft der königlichen Zusammenwebung selbst als das, was nicht den sich selbst reflektierenden Prozess, der sich in der Überprüfung des Maßstabes findet, enthielte, interpretiert wird, fehlt der Aitia der interne Selbstbestimmungsprozess, worauf Sandkaulen hinweist. Wenn aber das Geschäft der königlichen Zusammenwebung auf ein Gewebe, das aus tapferen Menschen und besonnenen Menschen besteht, abzielt, enthält der Prozess bereits die Reflexion über das Übermäßige, d. h. den Prototyp des internen Selbstbestimmungsprozesses. Vgl. Platon, *Politikos*, 311b. Kapitel 3.1, besonders Fußnote 7.

14 Vgl. Platon, *Philebos*, 16c. »Als eine wahre Gabe von den Göttern an die Menschen, wofür ich es wenigstens erkenne, ist einmal von den Göttern herabgeworfen worden durch irgendeinen

von Koinon in dieser Stelle, als entspräche das Koinon der Quantität: »Das Koinon erweist sich dann als die erste Kategorie, durch die eine Vermittlung von Einheit und qualitativer Mannigfaltigkeit zustande kommt. Sie wird als die Kategorie der Quantität identifiziert« (Henrich 1986, 87). Sein Missverständnis lässt sich vermutlich darauf zurückführen, dass er den Zusammenhang des Koinon mit dem Begriff »der Theilbarkeit (der Quantitätsfähigkeit überhaupt, nicht eben einer bestimmten Quantität.)« (GA1.2, 270) im dritten Grundsatz in Fichtes *Wissenschaftslehre* vorausgesetzt hat. Aber der Begriff vom Koinon bedeutet bei Schelling vielmehr die körperliche Welt, die die Ordnung und die Harmonie innehat. Er benutzt für diesen Begriff nicht das Wort des Maßes, sondern deutet bei der Erklärung von Aitia mit dem Wort der Weltordnung sein Verständnis des Koinon an.

Außerdem gibt sich Schelling sichtlich Mühe, Platons obige Formen und Reinholds Vorstellungstheorie miteinander zu verbinden. So führt Schelling aus, dass Platon unter den Ideen »alle reine[n] Begriffe des Vorstellungsvermögens« (TH, 23) versteht, dass »*die sichtbare Welt nichts als ein Nachbild der unsichtbaren sei*« (TH, 31), sodass »die ganze Natur, so wie sie uns erscheint, nicht nur ein Produkt unsrer *empirischen Receptivität*, sondern eigentlich ein Werk unsres Vorstellungsvermögens ist […].« (ebd.) Der Versuch, mit Reinholds Vorstellungstheorie die Weltschöpfung bei Platon zu erklären, fand aber bei Tennemann früher als bei Schelling statt.[15] Schelling übernimmt ihn und nimmt gleichzeitig einen anderen Standpunkt als Tennemann ein.

3.2.2 Tennemanns *Versuch, eine Stelle aus dem Timäus des Plato durch die Theorie des Vorstellungsvermögens zu erklären* und der Begriff des göttlichen Verstandes

Tennemann richtet in seinem *Versuch, eine Stelle aus dem Timäus des Plato durch die Theorie des Vorstellungsvermögens zu erklären* (1790) sein Augenmerk auf die Entstehung der Weltseele. Wie der Titel bereits deutlich aussagt, versucht Tennemann Platons Darstellung der Entstehung der Weltseele mit Reinholds Vor-

Prometheus, zugleich mit einem glanzvollsten Feuer, und die Alten, Besseren als wir und den Göttern Näherwohnenden haben uns diese Sage übergeben, aus Einem und Vielem sei alles, wovon jedesmal gesagt wird, daß es ist, und habe Bestimmung und Unbestimmtheit in sich verbunden«.

15 Vgl. TH, 28, 74, Sandkaulen 1990, 19; Baum 2020, 205; Masciarelli 2004, 272 f. Schelling hat im Herbst 1792 für sein Magisterexamen eine Arbeit unter dem Titel *Über die Möglichkeit einer Philosophie ohne Beinamen, nebst einigen Bemerkungen über Reinholdische Elementarphilosophie* verfasst, die aber nicht überliefert ist. Vgl. Henrich 2004, 1649.

stellungsvermögen zu erklären.[16] Tennemann zufolge zeigt Platon mit ταυτον (Identität) und θατερον (Verschiedenheit) die Bedingungen des Vorstellungsvermögens, der Seele als des vorstellenden Subjekts, auf.[17] Ταυτον ist »Einheit, die dem Mannichfaltigen, dem Veränderlichen entgegengesetzt ist, und als Vorstellung, das durch Spontanität an dem Stoff hervorgebrachte und in Einheit der Vorstellung zusammengesetzte«.[18] Hingegen zeigt θατερον »ein Mannichfaltiges, Veränderliches oder Verschiedenes«[19] an. Wenn beide vermischt werden, entsteht das Vorstellungsvermögen, die Seele.[20] Bei Tennemann entspricht Platons Weltseele der Seele des Menschen.[21] Er versteht unter beiden, die für die Entstehung des Vorstellungsvermögens gemischt werden, gleichzeitig das Verstandsvermögen und die Sinnlichkeit.[22] Er versteht außerdem das, was durch dieses Gemisch entsteht, als das Subjekt.[23]

Der Mensch ist aber nicht vom Anfang an auf diese Weise ausgebildet, sondern erhält durch die Entwicklung und die Erziehung das Verstandesvermögen.

16 Franz weist darauf hin, dass Tennemann die Kompatibilität von Platons Ideenlehre mit Kants und Reinholds Philosophien zu zeigen versuchte. Vgl. Franz 1996, 91. Die Weltseele muss im *Timaios* dem Weltkörper vorausgehen, sie durchläuft bis zu seinem Zustandekommen einen Prozess, in dem das Unteilbare und das Teilbare im Sein, Selben und Anderen (Verschiedenen) jeweils gemischt werden und diese, die gemischt wurden, alle zusammen zu einer einzigen Gestalt gegossen werden (35a-b). Diese Zusammenstellung wird nach dem mathematischen Verhältnis geteilt, und der Umlauf von der Natur des Selben und der Umlauf von der Natur des Anderen werden gebildet (36c). Über die Interpretation vom *Timaios* vgl. Cornford 1937, 59–66.

17 Diese Bedingungen des Vorstellungsvermögens sind Rezeptivität und Spontanität. Die Rezeptivität ist für den Stoff der Vorstellung verantwortlich, nämlich als »ein bloß sich leidend verhaltendes Vermögen« (TVV2, 271), und ihre Form besteht in der Mannigfaltigkeit, weil das in der Vorstellung Gegebene mannigfaltig ist (TVV2, 288). Die Spontanität bringt dagegen »an dem gegebenen Stoffe die Form der Vorstellung« (TVV2, 273) hervor. Diese Form besteht in der »Verbindung (der Synthesis) des gegebenen Mannigfaltigen überhaupt« (TVV2, 290). Onnasch zufolge geht es in Reinholds *Versuch* nicht um die Erläuterung und die Propagierung von Kants Philosophie von einer anderen Perspektive, sondern vielmehr darum, »diese Philosophie aus einem höherem, bzw. höchsten Prinzip zu rekonstruieren, um so ihre Richtigkeit […] auf neue Weise darzutun.« (Onnasch 2010, XI)

18 Vgl. Tennemann 1790, 41.

19 Vgl. ebd.

20 Vgl. Tennemann 1790, 45.

21 Vgl. Tennemann 1790, 53. Tennemanns Annahme der Entsprechung der Entstehung der Weltseele und des menschlichen Vorstellungsvermögens stimmt mit Platons Darstellung überein. Vgl. Platon, *Philebos*, 28a-30e; *Timaios*, 29a-b.

22 Vgl. Tennemann 1790, 47, 68.

23 Vgl. Tennemann 1790, 47.

Tennemann versucht dies nach Platons Darlegung der Entwicklung des Seelenvermögens zu erklären. Die Sinnlichkeit ist das erste Vermögen der Seele, später kommt das Verstandsvermögen zur Wirkung. Im Fall der Kinder hindert »der zu starke Zufluß von Eindrücken«[24] beide Vermögen an ihrer Wirksamkeit, deshalb wird der Stoff nicht aufgefasst und keine Vorstellung entsteht; d. h., die Seele kann »im Anfange ihrer Verbindung mit dem sterblichen Leib keinen Gebrauch von Vernunft machen«.[25] Indem beide Wirkungskreise im Verlauf der Zeit mehr Ruhe und Fertigkeit gewinnen, unterscheiden beide Vermögen das Sinnliche und Denkbare.[26] Dadurch machen sie den sterblichen Körper »zum vernünftigen Wesen«.[27]

In Tennemanns *Über den göttlichen Verstand aus der Platonischen Philosophie* (1791) geht es darum, dass Platons Nous als der göttliche Verstand bzw. die Ideen als der Begriff des göttlichen Verstandes keine Substanz, die ewig unbegreifbar ist, sondern »Prädicat einer Seele, das heißt eines an sich unbekannten Subjektes«[28] ist. Diese Kritik richtet sich an Plessing, der den Nous bzw. die Ideen als die Substanz erfasst.[29] Tennemann entfaltet sie, auf Reinholds Behauptung basierend, dass das Subjekt keine unbegreifbare Substanz ist, die außer dem logischen Substrat des Prädikates wäre.[30] In Bezug auf die Deutung vom *Philebos* in Schellings *Timaeus*-Handschrift geht es um die Stelle, an der Tennemann konstatiert, dass die Aitia Weisheit und Verstand sei. Tennemann zufolge ist »der Verstand, welcher mit der Seele vereinigt worden, der göttliche Bestandteil der ›Weltseele‹«[31], keine nicht erzeugte Substanz.

24 Tennemann 1790, 62.

25 Tennemann 1790, 64.

26 Vgl. ebd.

27 Vgl. ebd.

28 Tennemann 1791, 48.

29 Plessing hält den Nous und die Ideen für die Substanz. Vgl. Plessing 1786, 112. Er erklärt Peras (Grenze) für »[d]ie Ideen, als die Urwesen, durch deren Mittheilung alle Gattungen der Dinge bestehn und fortdauren.« (Plessing 1788, 53)

30 »Da das Subjekt sich nicht als bloßes Subjekt, sondern nur als Objekt vorstellen kann und es hierzu kein anderes Prädikat als das des *Vorstellenden* hat, so begreift es sich leicht, daß das Subjekt, in wieferne es außer dem logischen Substratum des Prädikates *vorstellend* noch etwas anders sein soll (als Substanz), sich selbst ewig unbegreiflich bleiben müsse. Das *Ich* ist sich, in wieferne darunter mehr als das bloße Vorstellende gedacht werden soll, in den Eigenschaften, die ihm als Substanz zukommen, ein natürliches Geheimnis.« (TVV, 328) Baum konstatiert, dass Reinholds Lehre von der Nichtsubstantialität des Ichs und des Verstandes als des Vorstellungsvermögens Kants Kritik der Paralogismen der rationalen Psychologie mit Locks Lehre von der Unerkennbarkeit aller Substanzen verbindet. Vgl. Baum 2020, 208.

31 Tennemann 1791, 53.

> Es ist weit vernünftiger, sagt er, anzunehmen, daß in dem Universum etwas Unendliches (Unbestimmtes aber Bestimmbares, oder: Materie) und etwas Bestimmendes (Idee oder: Vernunftbegriffe) anzutreffen sei; daß über beide noch eine weit vollkommenere Ursache erhaben ist, welche Jahr, Monate, Lage anordnet, Weisheit und Verstand mit allem Recht genennet wird. Weisheit und Verstand können aber nie ohne eine Seele sein. Wir werden also vernünftiger Weise annehmen, daß in dem Wesen des Jupiters eine königliche Seele und ein königlicher Verstand sei, weil er eine kraftvolle Ursache ist.[32]

Die Aitia (Ursache) als Weisheit und Verstand ist der Nous als Wirkung des Verstandes. Platon konstatiert, dass der Nous ein Prädikat der Göttlichkeit ist, daher hat der Nous Tennemann zufolge zwei Bedeutungen, die Wirkung und die Ursache der Göttlichkeit. Letztere ist der göttliche Verstand selbst.

Während es bei Tennemann um die Entstehung der Weltseele in Platons *Timaios* geht, handelt es sich bei Schelling um die Betrachtung der vier Begriffe in *Philebos*. Schelling behandelt nicht nur den *Philebos*, sondern beachtet auch Tennemanns Kritik an Plessing weiter. Dadurch richtet er sein Augenmerk auf Plessings Deutung, dass Peras »die Form, die intelligiblem Urwesen, oder die Ideen« (Plessing 1788, 56) ist, und dass der Körper durch die Mitteilung der Ideen von Peras zu Apeiron bzw. der Materie gebracht wird und das Apeiron entsteht. Plessings Deutung von Apeiron und Peras besagt, dass beides erst in der empirischen Existenz verbunden ist. Wenn Peras und Apeiron bei Plessing als die Ideen gelten würden, welche die Substanzen wären, ist beides im Vorstellungsvermögen getrennt, deshalb ist die Verbindung beider im Körper als empirischer Existenz möglich. Aber bei Schelling ist die Deutung, dass Apeiron, Peras und Koinon als Substanzen in der intelligiblen Welt gelten, nicht akzeptabel.

Schelling erkennt einerseits an, dass die Erkenntnis empirischer Existenz durch die Verbindung von zwei Quellen des Vorstellungsvermögens, der Rezeptivität und der Spontanität, zustande kommt, dass es aber andererseits möglich ist, beide Quellen getrennt voneinander zu analysieren. Seine Position unterscheidet sich von den Interpretationen Reinholds und Tennemanns, denn Reinholds Betonung liegt auf der Unvorstellbarkeit des bloßen Stoffes und der bloßen Form[33], und bei Tennemann sind im Vorstellungsvermögen die Rezeptivität der Sinnlichkeit und die Spontanität des Verstandsvermögens vereinigt.

Indem Schelling anführt, dass Platon selbst die Formen von Apeiron und Peras getrennt behandelt, unterstreicht er, dass beide Formen im Vorstellungsvermögen getrennt und vorstellbar sind, dass beide Formen »außer dem *Vorstellungsvermögen*« (TH, 68) verbunden sind und dass ihre Verbindung synonym

32 Tennemann 1791, 54 f. Vgl. Platon, *Philebos*, 30c.

33 Vgl. TVV2, 257.

mit der Rede von empirischer Existenz ist.[34] Dieser Punkt enthält wichtige Aspekte für Schellings späteres Verständnis von Materie und Form, ohne dass Schelling sie selbst in seiner *Timaeus*-Handschrift näher spezifiziert.

3.2.3 Schellings *Formschrift*

Schellings *Formschrift* ist, wie Henrich prominent hervorgehoben hat, ein wichtiger Text, wenn es um das Verständnis von Hegels Philosophie und Hölderlins Poesie geht. Im Vergleich zu anderen Werken von Hegel und Hölderlin ist diese sehr früh verfasst worden.[35]

Die *Formschrift* geht davon aus, dass es in Kants *Kritik der reinen Vernunft* kein Prinzip von »allen einzelnen Formen zu Grunde liegende[n] Urform selbst« (AA1.1, 265) gibt. Schelling führt aus, dass er durch Fichte und Maimon vom Problem der *Formschrift* überzeugt ist. Er erwähnt in diesem Zusammenhang Kants zweite Anmerkung über die Kategorientafel und verbindet Fichtes drei Grundsätze damit. Dies ist sein konkreter Rekonstruktionsversuch der Kategoriengruppen. Kants zweite Anmerkung über die Kategorientafel lautet wie folgt:

> Daß allerwärts eine gleiche Zahl der Kategorien jeder Klasse, nämlich drei sind, welches eben sowohl zum Nachdenken auffordert, da sonst alle Einteilung a priori durch Begriffe Dichotomie sein muß. Dazu kommt aber noch, daß die dritte Kategorie allenthalben aus der Verbindung der zweiten mit der ersten ihrer Klasse entspringt. (KrV, B111)

Schelling findet in diesen drei Kategorien eine Urform und zieht in Betracht, dass diese Stelle über Kants Kategorien »Bürge der Richtigkeit derjenigen Züge [ist; M. S.], mit welchen Fichte […] denselben [den Geist; M. S.] zu charakterisieren versucht hat.« (AA1.1, 291) Indem Schelling drei Grundsätze von Fichtes Wissenschaftslehre für die Urform hält, weist er dieser Urform den folgenden Ausdruck zu: »[D]iese Grundsätze [Fichtes; M. S.] enthalten die Urform aller Wissenschaft, die Form der Unbedingtheit, der Bedingtheit und der durch Unbedingtheit bestimmten Bedingtheit.« (AA1.1, 285)

34 Vgl. TH, 70. »Pleßing hat wohl gefühlt, daß man diese 2. Formen sich nur im *Vorstellungs-Vermögen* als getrennt denken könne – allein nach seinem System muß er sie, wenn er consequent seyn will, auch außer demselben (in der intelligibeln Welt) als objektiv getrennt denken können. Daher schreibt sich wahrscheinlich auch der S. 57. Vorgetragene Satz: das απειρον ist erst durch Mitteilung des περας entstanden – Gut! wenn von *empirischer* Existenz die Rede ist, denn da sind beide nur in Verbindung mit 1nander [sic] vorhaden.« (TH, 70)

35 Vgl. Henrich 2004, 1551–1699.

Wie zu erkennen ist, rücken in der *Formschrift* die platonischen Prinzipien der *Timaeus*-Handschrift in den Hintergrund. Während im platonischen Rahmen die unbestimmte Qualität, die begrenzende Quantität und die Einheit beider gezeigt werden, steht in der *Formschrift* die Auseinandersetzung mit Fichte im Vordergrund – und eine Engführung seiner Theorie mit den platonischen Prinzipien ist deshalb nicht zu erkennen.

3.3 Jacobis Deutung vom *Philebos*

In Jacobis Aufsatz *Über eine Weissagung Lichtenbergs* (1801) wurde der Begriff des Maßes Gott als Urheber und Geist genannt.[36] Im Vorfeld dieser Kennzeichnung zeigt Jacobi in einer Zugabe »An Erhard O**« von *Eduard Allwills Briefsammlung* (1792) seine Deutung des *Philebos* auf.[37] Jacobi versteht das Koinon deutlich als das Maß, aber dieses Verständnis lässt sich weder bei Tennemann noch bei Schelling finden. Das Endliche als Peras wird in seiner Deutung als »Nichtsein« (JW6.1, 237) verstanden, indem eine negative Bedeutung als das beschränkende Peras gegeben wird.[38] Koinon und Aitia werden wie folgt erklärt:

> Kühn weist er [Platon; M. S.], in der Reihe der Dinge, dem Unendlichen die Unterste; dem *Maass*, welches das Endliche mit dem Unendlichen vereinigt, und *wirkliche* Dinge zuerst ans Licht bringt, die Oberste Stelle an. Er setzt einen *Gott* voraus, der ein *Geist*, ein *besonnenes* persönliches Wesen ist, als den Urheber aller Dinge, *durch* die *Vollkommenheit seines Willens.* (JW6.1, 237)

36 Vgl. Kapitel 2.3.5.

37 Jacobi zeigt seine kurze Deutung in der Kladde No. 4 auch auf, die zwischen 29. März 1791 bis mindestens 31. März 1792 geschrieben wurde. Vgl. JN1.1.1, 107–110, 119.

38 Jacobi konstatiert wie Folgendes: »Ein finsteres Geheimniß liegt eben schwer auf uns allen: das Geheimniß des Nichtseyns, des Daseyns durch Vergänglichkeit, des Vermögens mit und durch lauter Unvermögen – das Geheimniß des Endlichen. Unendliches scheint der Stoff; Endlichkeit die Form der Dinge zu seyn. Also wäre Nichtseyn – wenn die Begriffe von Endlichkeit und Nichtseyn in einander fließen – die Möglichkeit; Nichtseyn wäre die nächste Ursache der Natur und ihres Inhalts!« (JW6.1, 237) Jacobi versucht hier nicht bloße Deutung von Platons *Philebos*, sondern versucht die Endlichkeit vom Peras im Zusammenhang mit Spinozas folgendem Satz in Ep. 50 zu verstehen: »Diese Bestimmung gehört nicht zu dem Ding in dessen Sein, sondern ist im Gegenteil dessen Nichtsein« (Ep. 50). Dieser Satz Spinozas liegt direkt vor dem bekannten Satz, auf den Hegel sich beruft: »*Omnis determinatio est negatio.*« (GW21, 101, vgl. Ep. 50; E1p8s). Jacobi versucht das Peras deshalb im Zusammenhang mit Spinozas Begriff der Bestimmung als Nichtseins und mit der unendlichen Kette der Wirkungen der Einzeldinge in E1p28 zu verstehen.

Das Maß, das das Endliche und das Unendliche vereinigt, ist Koinon, Gott als der Urheber aller Dinge, der von Platon vorausgesetzt wird, ist Aitia. Wie an der vorangehenden Stelle aufgezeigt wurde, ist Aitia nicht nur die Ursache des Gemisches, sondern auch der göttliche Verstand. Jacobi versteht auch Aitia als Gott, als den Geist. Zu dieser Stelle fügt er eine Fußnote hinzu, worin er Apeiron und Peras im *Philebos* erklärt. In dieser Fußnote wird konstatiert, dass dem Unendlichen nicht das Endliche entgegengesetzt ist, sondern »das Ewige, Allein Wahre und Wirkliche« (ebd.).

> Dem Unendlichen setzt er entgegen – nicht das Endliche, sondern – das *Ewige, Allein Wahre* und *Wirkliche*, durch welches alle Dinge sind und erkannt werden, in so fern sie erkannt werden können und ein wirkliches Daseyn besitzen. (ebd.)

Unter diesem Ewigen lässt sich Aitia als die Ursache bzw. der göttliche Verstand verstehen. Am Ende der Fußnote nennt Jacobi wieder das Maß als das Erste, dabei fügt er den Begriff der Ursache (Aitia) in das Maß (Koinon) ein: »Darum muß in der Reihe der Wesen als das Oberste und Erste gesetzt werden: *Maaß*; ein in und durch sich selbst bestimmtes, *unerzeugtes Bestimmendes.*« (ebd.)[39] Platon nennt als das Erste »das Maß, das Abgemessene und Zeitige«.[40] Indem Jacobi dieses Maß als das, was dem Begriff von Aitia auch entspricht, ansieht, versteht er den Begriff des Maßes nicht als nur bestimmt wie den Körper, sondern als das, was die ursprüngliche Ursache als der göttliche Verstand selbst ist und nur durch sich selbst bestimmt ist.[41] Dieses Maß bzw. das unerzeugte Bestimmende ist bei Jacobi als »ein Ewiges« (JW6.1, 239) ein Gegenstand des Glaubens.

> Darum glaube Du – entscheidet mein Verstand – an ein *Ewiges*, das nicht blos ein Unendliches der Erscheinungen, ein Lückenbüßer ohnmächtiger Fantasie, sondern in der That das *Erste* und der *Anfang* ist; glaube Du an ein *in sich Lebendiges*, welches das *Gute* und die *Wahrheit selbst* – an einen allmächtigen *Gott, der ein Geist* und Dein *Schöpfer* ist. (ebd.)

39 Die von Mouroutsou festgestellte Doppelheit des Prozesses und des Produktes im Maß ist vermutlich bereits bei Jacobi auch verstanden. Vgl. Mouroutsou 2010, 298, Kapitel 3.1.

40 Vgl. Platon, *Philebos*, 65a.

41 Die Stelle über das Erste in Kleukers deutscher Übersetzung vom *Philebos*, die Jacobi befragt haben soll, lautet wie folgt: »So verkündige denn, Protarch, überall, den Abwesenden durch abgesandte Boten, und den Gegenwärtigen in eigener Sprache, daß die Wollust weder das erste noch zweite Gut sei; sondern daß erste Gut in dem (richtigen) Maaße, im Abgemessenen, und im Schicklichen, und in allen den Eigenschaften befindlich sey, die man mit der ewigen Natur als vewandt ansehen muß.« (Kleuker 1778, 497 [479; M. S.])

Im Aufsatz *Über eine Weissagung Lichtenbergs* ist Gott, der das Maß gibt, als das Maß selbst verstanden. An dieser Stelle kann man einen Zusammenfluss von Koinon und Aitia sehen. Jacobis Verständnis vom Maß bleibt aber nicht nur im Rahmen der Deutung des *Philebos*, sondern ist auch mit seinem Begriff der Liebe verbunden. In *An Schlosser über dessen Fortsetzung des Platonischen Gastmahls* kann die Liebe als ein anderes Wort für Gott als Urheber und Maß verstanden werden.[42] Wenn das Leben innerhalb des Gegenstandes der Liebe die Liebe selbst ist, wird die Liebe Gottes zum Menschen mit der Menschwerdung Gottes ausgedrückt. Es ist die Verwirklichung des absoluten Maßes und des Urbilds.

3.4 Hegels Rekonstruktion der Kategorien

3.4.1 Hegels Interpretation vom *Philebos*

Hegel zeigt seine Deutung von Platons *Philebos* in den *Vorlesungen über die Geschichte der Philosophie* auf. Hegel versteht unter Apeiron und Peras den Gegensatz des Unendlichen und des Endlichen, des Unbegrenzten und des Begrenzenden. Über Koinon führt er Folgendes aus:

> Platon betrachtet dies weiter (das Unendliche ist das, an sich zum Endlichen überzugehen, was der Materie bedarf, um sich zu realisieren, – oder das Endliche, indem es sich setzt, so ist es ein Unterschiedenes, ist ein Anderes, als das Begrenzte ist; das Unendliche ist das Formlose; die freie Form als Tätigkeit ist das Endliche). Durch die Einheit dieser beiden entsteht nun z. B. Gesundheit, Wärme, Kälte, Trockenheit, Feuchtigkeit, ebenso die Harmonie der Musik von hohen und tiefen Tönen, von schnellerer und langsamerer Bewegung, überhaupt entsteht alles Schöne und Vollkommene durch die Einheit solcher Gegensätze. Gesundheit, Schönheit usf. ist so ein Erzeugtes, insofern dazu die Gegensätze verwandt sind; es erscheint so als ein Vermischtes von diesen. Statt der Individualität gebrauchen die Alten häufig: Vermischung, Teilnahme usf. Für uns sind dies unbestimmte, ungenaue Ausdrücke. (TW19, 78)

Die Beispiele wie Gesundheit oder Harmonie, die Hegel an dieser Stelle aufzählt und durch welche die Verbindung von Apeiron und Peras entsteht, entspricht den verschiedenen Bedeutungsebenen, die im Abschnitt des Maßes der Seinslogik ausgeführt werden. Zu ihnen gehören z. B. besondere Spezifikationen der

42 »Liebe ist vorbildende schöpferische Kraft, d. h. nicht schaffend nach einem Ideal, sondern schaffend das Ideal. Darum ist Gott selbst das absolute Maß, das Urbild von allem.« (JW5.1, 244)

Vermehrung oder Verminderung der Temperatur[43], die Harmonie der einzelnen Töne in den Wahlverwandtschaften[44], die Veränderung der Geschwindigkeit der Himmelskörper in der elliptischen Bewegung.[45] Diese Parallelen lassen eine Entsprechung zwischen Koinon und Hegels Begriff des Maßes vermuten. Aber Hegel hat für die Erklärung von Peras den Begriff des Maßes benutzt, deshalb wurde der Begriff des Maßes nicht dem Koinon beigemessen.[46]

Außerdem schreibt Hegel über das vierte Folgendes:

> Aber Platon sagt: Das, was so erzeugt wird, setzt voraus ein solches, wodurch das Dritte gemacht wird, die Ursache; dies ist vortrefflicher als die, durch deren Wirksamkeit ein solches entsteht. So haben wir vier Bestimmungen: [...] das Vierte ist die Ursache, und diese ist an ihr eben die Einheit der Unterschiedenen, die Subjektivität, Macht, Gewalt über die Gegensätze, das die Kraft hat, die Gegensätze in sich zu ertragen. Das Mächtige, Kräftige, Geistige ist das, was den Gegensatz in sich ertragen kann; der Geist kann den höchsten Widerspruch ertragen [...]. Diese Ursache ist nun der νους, der der Welt vorsteht; die Schönheit der Welt in Luft, Feuer, Wasser und allgemein in den Lebendigen ist durch ihn hervorgekommen. Das Absolute ist also das, was in *einer* Einheit endlich und unendlich ist. (TW19, 78)

Während Koinon das Gemisch bzw. die Einheit von Apeiron und Peras ist, ist Aitia die Ursache des Gemischs. Deshalb wird sie als Nous respektive als Geist verstanden, der Gegensätze in sich einzuschließen vermag. Der Nous ist bei Tennemann der göttliche Verstand, bei Schelling die göttliche Kausalität, bei Jacobi das Ewige, d. h. das Erste, der Anfang, ein in sich lebendiger, allmächtiger Gott, der ein Geist und Schöpfer ist. Hegel sieht in Aitia den Begriff des Geistes, deswegen ist seine Deutung Jacobis ähnlich. Aber in Hegels Deutung von Aitia ist die Eigenschaft des Geistes, den höchsten Widerspruch zu ertragen, was von anderen Interpreten nicht aufgezeigt wird. Bei Platon stehen Apeiron und Peras nicht unbedingt im logischen Widerspruch, sondern beides kann problemlos vermischt werden. Was Tennemann betrifft, so scheint Hegel seine Deutung von Platon mit der Theorie des Vorstellungsvermögens gekannt zu haben, da er Peras als »die freie Form als Tätigkeit« (ebd.) verstanden hat. Aber weder die Sinnlichkeit noch das Verstandesvermögen als die Bedingungen des Vorstellungsvermö-

43 Vgl. GW21, 335 f.

44 Vgl. GW21, 352 f.

45 Vgl. GW21, 377 f.

46 »So haben wir vier Bestimmungen: erstens das Unbegrenzte, Unbestimmte; zweitens das Begrenzte, Maß, Bestimmung, Grenze, wozu die Weisheit gehört; das Dritte ist das Gemischte aus beiden, das nur Entstandene; das Vierte ist die Ursache [...].« (TW19, 78 f.)

gens sind als Widerspruch verstanden. Bei Jacobi geht es um »*Maaß*; ein in und durch sich selbst bestimmtes, *unerzeugtes Bestimmendes*« (JW6.1, 237), deshalb bleibt ein Problem des Maßes, d. h., das der Produktion und des Produkts.[47] Hingegen hat Hegel vielmehr der Deutung des Nous eine neue Bedeutung des Geistes hinzu, Widersprüche zu ertragen, d. h. die dialektische Bewegung zu treiben.

3.4.2 Hegels Rekonstruktion der Kategorien (1801/02)

In der *Timaeus*-Handschrift und in der *Formschrift* ging es um den Rekonstruktionsversuch der Kategorien. Aber seit Fichtes *Begriffsschrift* und der *Grundlage der gesammten Wissenschaftslehre* ist das Problem der Begründung der Wissenschaft für Schelling sowie Hegel in den Fokus ihrer theoretischen Bemühungen gerückt. Hegels zentrales Anliegen in der *Differenzschrift* ist, das Verständnis des Anfangs der Wissenschaft, wie es besonders Reinhold und Fichte im Blick haben, zu kritisieren. Wegen dieser Problemstellung steht der Versuch der Rekonstruktion der Kategorien in seiner *Differenzschrift* noch nicht im Zentrum der Diskussion. Auch wenn es indirekt um die Kategorien geht, stehen sie nur im Zusammenhang mit drei Grundsätzen Fichtes und den ihnen von Fichte selbst zugeordneten Kategorien.

Fichtes erster Grundsatz lautet: »*Das Ich sezt ursprünglich sein eigenes Seyn*« (GA1.2, 261). Daraus erschließt sich »die *Kategorie der Realität*« (ebd.). Der zweite Grundsatz lautet: »*ein Nicht-Ich* [...] *wird dem Ich schlechthin entgegengesezt*« (GA1.2, 266). Daraus erschließt sich »die *Kategorie der Negation*« (GA1.2, 267). Der dritte Grundsatz lautet: »*Ich setze im Ich dem theilbaren Ich ein theilbares Nicht-Ich entgegen*« (GA1.2, 272). Die Realität wird in diesem letzten Grundsatz durch die Negation zum Teil aufgehoben und der Begriff der Schranke wird gesetzt. In diesem Begriff der Schranke liegt der Begriff der »*Theilbarkeit* (der *Quantitätsfähigkeit* überhaupt, nicht eben einer bestimmten Quantität.)« (GA1.2, 270). Aus der Begrenzung des einen durch das andere ergibt sich schließlich »die Kategorie der *Bestimmung* (Begrenzung, bei Kant Limitation)« (GA1.2, 282).

Hegel vergleicht, basierend auf dem Zusammenhang der drei Grundsätze und der dazugehörigen Kategorien, Fichtes und Schellings Philosophie miteinander und sympathisiert mit der Letzteren. Bei Schelling und Hegel sind das Subjekt und das Objekt »ein Subjekt-Objekt« (TW2, 97). Die Entgegensetzung des Subjekts und des Objekts wird »eine reelle Entgegensetzung« (ebd.) genannt. »[B]eide sind im Absoluten gesetzt« und ihre Realität findet »allein durch die Identität beider« (ebd.) statt. Die reelle Entgegensetzung ist »Werk der Vernunft, welche die Entgegengesetzten nicht bloß in der Form des Erkennens, son-

47 Vgl. Kapitel 3.1, besonders Fußnote 8.

dern auch in der Form des Seins, Identität und Nichtidentität identisch setzt« (TW2, 98). Dagegen bilden bei Fichte das Subjekt und das Objekt keine reellen Entgegensetzungen, sondern »eine ideelle Entgegensetzung« (ebd.), die »Werk der Reflexion« (ebd.) ist. Wenn die Entgegensetzung ideell und absolut ist, bleibt die Identität »ein bloß formales Prinzip« (TW2, 99). Hegel äußert über die drei Grundsätze Fichtes Folgendes:

> Sind nicht beide Subjekt-Objekt, so ist die Entgegensetzung ideell und das Prinzip der Identität formal. Bei einer formalen Identität und einer ideellen Entgegensetzung ist keine andere als unvollständige Synthese möglich, d. h. die Identität, insofern sie die Entgegengesetzten synthesiert, ist selbst nur ein Quantum, und die Differenz ist qualitativ, nach Art der Kategorien, bei welchen die erste z. B. Realität in der dritten, wie die zweite, nur quantitativ gesetzt ist. Umgekehrt aber, wenn die Entgegensetzung reell ist, ist sie nur quantitativ; das Prinzip ist ideell und reell zugleich, es ist die einzige Qualität, und das Absolute, das sich aus der quantitativen Differenz rekonstruiert, ist kein Quantum, sondern Totalität. (TW2, 99 f.)

Die erste Hälfte des Zitats, die ideelle Entgegensetzung, adressiert Fichtes Position, die letzte dagegen, die reelle Entgegensetzung, Schellings bzw. Hegels eigene Position.[48] Mit Blick auf Erstere erklärt Hegel, dass die Identität, insofern sie die Entgegensetzten synthetisiert, *nur ein Quantum* ist. Hegel orientiert sich an Fichtes drittem Grundsatz – »*Ich setze im Ich dem theilbaren Ich ein theilbares Nicht-Ich entgegen*« (GA1.2, 272) –, nämlich an der Theilbarkeit und der Quantitätsfähigkeit, die den Entgegengesetzten Schranken setzt. Diese ideelle Entgegensetzung ist aber Hegels eigener Interpretation zufolge nur *qualitativ*, weil bei Fichte »Subjekt = Objekt aus dieser Identität heraustritt und sich zu derselben nicht mehr wiederherzustellen vermag« (TW2, 94) und die Identität »aufgegeben« (ebd.) ist. Für Hegel gilt deshalb, dass die ideelle Entgegensetzung bei Fichte nur eine »unvollständige Synthese« (TW2, 299) ermöglicht. Er findet hingegen in der reellen Entgegensetzung die vollständige Synthese und sucht die theoretische Unterstützung dafür in Platons *Timaios*. Auf dieser Grundlage kommt er zum Schluss, dass das Mittlere als der Indifferenzpunkt der Transzendentalphilosophie und der Naturphilosophie durch die Reflexion seine Produkte hervorbringt: das Ich und die Natur, wie Fläche als das Mittlere die Linie und den Würfel hervorbringt.[49] Insofern er sich in dieser Schrift wesentlich mit

48 Diese reelle Entgegensetzung setzt Kants Unterscheidung voraus, zwischen der logischen Entgegensetzung durch Widerspruch und der realen Entgegensetzung ohne Widerspruch im *Versuch, den Begriff der negativen Größe in die Weltweisheit einzuführen*. Vgl. KA2, 171.

49 Hegel nimmt ein konkretes Beispiel für die reelle Entgegensetzung aus Platons *Timaios*: »Platon drückt die reelle Entgegensetzung durch die absolute Identität so aus: ›Das wahrhaft schöne

dem Problem der Differenz zwischen Fichte und Schelling beschäftigt, erreicht er noch nicht den Entwurf der Rekonstruktion der Kategorien.

In Troxlers Nachschrift von Hegels Vorlesungen (1801/02) werden aber die Entstehung der Kategorien der Qualität, Quantität und Relation als »Bestimmtheiten« (GW23.1, 6) dargestellt.[50]

Was die Kategorie der Qualität betrifft, wird die Identität der Qualität als die des Endlichen und des Unendlichen ausgesprochen, wie in der ersten Stufe der Unendlichkeit in der *Wissenschaft der Logik*. In dieser Nachschrift wird die Kategorie der Qualität wie folgt erklärt:

> Sie [Die Qualität; M. S.] bleibt allso immer an sich endlich, obgleich sie sich in der Reflexion als unendlich sezt dadurch, daß sie sich an die Stelle des Absoluten setzt; sie sucht sich wieder dadurch mit jenem [dem Unendlichen; M. S.] zu identisiren, daß sie sich in unendliche Grade abtheilt. (ebd.)

Die Qualität teilt sich unmittelbar unbestimmt in die unendlichen Grade, nämlich in die unendlichen Stufen nach dem Unendlichen ab, wie Hemsterhuis verschiedene Grade der Homogenität zwischen Gott und Menschen annimmt, indem er durch die Überzeugung des Gefühls diese Homogenität für sicherer hält als die Arbeit, für die man viel Zeit braucht. Tatsächlich seien diese unendlichen Grade der Qualität Hegel zufolge weder in der Vernunft noch in dem wissenschaftlichen Vermögen.[51] Die Kategorien der Qualität und der Quantität werden wie folgt nahtlos erklärt: »Je mehr diese sich auf solchen Bahnen erweitern, desto eher werden sie sich selbst stürzen.« (ebd.)

Was die Kategorie der Quantität betrifft, ist sie »reine Nichtidentität« (GW23.1, 6). Der Grund dafür ist der folgende: »Sie [Quantität; M. S.] ist ent-

Band ist das, welches sich selbst und die Verbundenen eins macht. Denn wenn von irgend drei Zahlen oder Massen oder Kräften das Mittlere, was das Erste für dasselbe ist, eben das für das Letzte ist, und umgekehrt, was das Letzte für das Mittlere ist, das Mittlere eben dies für das Erste ist, – und dann das Mittlere zum Ersten und Letzten geworden, das Erste und Letzte aber umgekehrt, beide zum Mittleren geworden sind, so werden sie notwendig alle dasselbe sein; die aber dasselbe gegeneinander sind, sind alle eins.‹« (TW2, 97) Vgl. Platon, *Timaios*, 31c-32a.

50 In Troxlers Nachschrift steht aber eigentlich: »Als Bestimmtheiten gehen allso die Kategorien: Quantität, Qualität, Relation hervor.« (GW23.1, 6) Da in der gleichen Nachschrift danach trotzdem die tatsächliche Reihenfolge der Kategorien, Qualität, Quantität und Relation ist, lässt die erste Reihenfolge der Kategorien sich als falsch geordnet verstehen, wegen Troxlers Vorurteil, das von Kants Kategoriengruppen beeinflusst ist.

51 »Diese Grade bestimmen aber keine Differenz des Objektiven. Da sie nicht in der Vernunft sind, werden sie nicht wie bis dahin als Dimensionen in Wissenschaften beybehalten werden können, wie bis dahin in Physik und Rechtslehre – objektiv in sittlicher Naturlehre geschah.« (GW23.1, 6)

weder ein unendliches Sezen, und ebendarum hebt sie sich auf, oder Sezen eines Einzelnen im Gegensaze gegen ein andres, und allso nicht das Identische« (GW23.1, 6 f.) Diese Nichtidentität, die Hegel in der Kategorie der Quantität findet, nimmt deutlich die Form den Prozesses des schlechten Unendlichen an, das man durch die unendliche Arbeit und Bemühung auch nicht überwinden kann. Die Kategorie der Quantität wird außerdem im Zusammenhang mit der Reflexion und dem Zahlensystem wie folgt verstanden:

> Sie steht ganz nur unter der Reflexion, und drückt sich durch das Zahlensystem aus. Es ist nur eine unendliche Widerholbarkeit der Einheit. Wie sich 10 dazu verhält ist ungewiß, indem ein eigner Maasstab darin zu liegen scheint. Die Pythagoreer suchten auch diese Form der Vernunft zu unterwerfen. (GW23.1, 7)

Die Kategorie der Quantität ist mit dem Zahlensystem durch die wissenschaftliche Reflexion verbunden, in dem das Prinzip weder endlich noch einzeln, sondern die abstrakte Einheit ist. Deshalb gelten einzelne Zahlen als die Wiederholung der Einheit.[52] Die Zahl 10 steht Hegel zufolge in irgendeinem Verhältnis zur Einheit, aber wie dieses Viele sich zu dem Einen verhält, ist nicht klar, dabei erwähnt er den Maßstab, der im Verhältnis zwischen dem Einen und dem Vielen zu liegen scheint. Wie in *Glauben und Sein* der Vergleich der Widersprechenden bzw. der widersprechenden Glieder in den Antinomien als das galt, was erst bei dem Maßstab möglich ist, muss auch hier die Beziehung der Einheit und der Vielheit der Zahl beim Maßstab erfasst werden.[53] Aber es bleibt Hegel zufolge weiteren mathematischen Untersuchungen überlassen, um herauszufinden, von welcher Einheit und von welchem Maßstab diese Zahl hervorgebracht wird.

Was die Kategorie der Relation betrifft, wird Qualität in Quantität gesetzt.[54] Über dieses Setzen der Qualität in Quantität wird keine ausführlichere Erklärung gegeben, aber in der Erklärung des Begriffs der Reflexion selbst wird gesagt, dass wir »die Materie als das Indifferente zwischen Identität und Nichtidentität, als Synthese von beyden« (GW23.1, 7 f.) setzten. Aus dieser Nachschrift lässt sich verstehen, dass Hegel versucht, eine dialektische Bewegung darzustellen, welche in den Kategorien als den Denkbestimmungen selbst innewohnt. Wie er tatsächlich das Dritte, das durch die Vereinigung der Entgegengesetzten hervorgebracht wird, als »dialectisch« (GW23.1, 3) versteht, lässt sich in Troxlers Nachschrift die Verwendung der Dialektik feststellen.

52 Hegel setzt hier nicht nur das Zahlensystem allein, sondern auch die in Platons *Parmenides* 130e-131e und *Philebos* 15b-16a entwickelte Thematik des Widerspruchs des Einen und des Vielen voraus.

53 Vgl. TW1, 251, Kapitel 2.2.2.

54 Vgl. GW23.1, 7.

4. Von der Unendlichkeit zum Maß (1804–1811)

4.1 Die Doppelsinnigkeit der numerischen Eins im Jenaer Systementwurf II (1804/05)

In der Untersuchung der Genese des fundamentalen Aufbaus der Seinslogik ist der Abschnitt »I. Einfache Beziehung« im Jenaer Systementwurf II (1804/05) wichtig, weil sie die Vorform der Seinslogik sichtbar macht. Der Abschnitt »I. Einfache Beziehung« besteht aus der Qualität, der Quantität (die numerische Eins, die Vielheit der numerischen Eins, die Allheit), dem Quantum (kontinuierliche Größe, diskrete Größe, Grad, Zahl) und der Unendlichkeit. Über den Abschnitt der einfachen Beziehung handelt es sich in dieser Untersuchung um eine Vorform des Aufbaus für die Kategorien des Seins, um die andere Darstellung der Quantität und um die Verwendung des Begriffs des absoluten Maßes.

Im Abschnitt der Quantität sind erstens »numerisches Eins«, »Vielheit der numerischen Eins« und »Allheit« gelistet. Diese drei Begriffe entsprechen den kantischen Kategorien der Quantität: Einheit, Vielheit und Allheit.[1] Hegel leitet sie der Reihe nach ab. Aus dieser Triplizität der Quantität entsteht der Begriff des Quantums.

Hegel stellt am Ende seiner Auseinandersetzung mit dem Begriff des Quantums dar, wie das Quantum ohne Grenze aus sich hinausgeht. Aber davor erklärt er die Doppelsinnigkeit der numerischen Eins: Diese Doppelsinnigkeit der numerischen Eins ist, »negatives ausschließendes [d. h. Vielheit] zu sein, aber als Einheit zugleich positive Einheit zu sein« (GW7, 14). Hegel bezeichnet dieses Verhältnis in einer Randbemerkung als »absolutes Maaß« (ebd.). Diese Randbemerkung lässt vermuten, dass das Quantum ein Platzhalter für den Begriff des Maßes gewesen sein könnte.[2]

4.2 Die einfache Beziehung: Qualität, Quantität, Quantum und Unendlichkeit

Die Motivation, an dieser Stelle aufs Neue den Jenaer Systementwurf II (1804/05) zu behandeln, liegt in der Annahme begründet, dass die Randbemerkung »absolutes Maaß« (GW7, 14) der Stelle über die Doppelsinnigkeit der numerischen Eins hinzugefügt wurde. So lässt sich auch vermuten, dass dies als Keim für den

1 Vgl. KrV, A80/B106.

2 Jedoch ist das Quantum, wie später gesehen, ein Moment, das vielmehr sich an das schlechte Unendliche anschließt. In diesem Sinne will Hegel keineswegs beim Jenaer Systementwurf II das Quantum mit dem Maß verbinden, schließlich geht es um die Veränderung von der Unendlichkeit zum Maß als dem dritten Moment.

Abschnitt des Maßes in der *Wissenschaft der Logik* verstanden werden kann. In jedem Fall muss aufgezeigt werden, was diese Doppelsinnigkeit der numerischen Eins bedeutet und was »die einfache Beziehung« im Jenaer Systementwurf II (1804/05) ist.

Im Abschnitt »I. Einfache Beziehung« fehlt es an einigen Bögen von Abschnitt A und C, wie man bereits dem Inhaltverzeichnis entnehmen kann. Aber welche Begriffe unter A sowie C abgehandelt werden, ist aus dem Kontext ersichtlich und kann teilweise nachträglich durch Interpretation rekonstruiert werden. Während die Seinslogik aus Qualität, Quantität und Maß besteht, besteht der Abschnitt der einfachen Beziehung im Jenaer Systementwurf II aus vier Momenten.

Die Vermutung, dass die Qualität unter dem Abschnitt A gesetzt werden muss, liegt sehr nah. Wegen des Fehlens einiger Bögen beginnt die Darstellung der Qualität mit der Erklärung der Beziehung zwischen der Einheit und den Entgegengesetzten abrupt wie folgt:

> seyende sind. Das eine der entgegengesetzten ist nothwendig die Einheit selbst; aber diese Einheit ist ebendadurch nicht die absolute, und indem sie zugleich nicht bloß als ein entgegengesetztes, sondern an sich selbst seyn soll, so kann sie als Einheit ihrer selbst und des ihr entgegengesetzten nur Gräntze seyn; denn als Einheit beyder hörte sie auf, selbst ein entgegengesetztes zu seyn. (GW7, 3)

Die Einheit wird nicht nur in der Beziehung auf ein Entgegengesetztes gedacht, sondern sie kann für sich und in ihrer Selbstständigkeit betrachtet werden. Die Einheit macht die Einheit dieser doppelten Einheiten zu einer Grenze und hört auf, ein Entgegengesetztes zu sein.

Diese Konstruktion der doppelten Einheit wird als die Entgegensetzung der »*Thätigkeiten*, der *ideellen* und *reelen*« (ebd.) und weiter als die Entgegensetzung »der *Attraktiv-* und *Repulsivkrafft*« (GW7, 4) verstanden. In jedem Fall sind die Entgegengesetzten an sich nichts. Es ist sinnlos, dass es nur die Einheit gibt, dass es nur die ideelle Tätigkeit gibt, dass es nur die Attraktivkraft gibt. Jedes von ihnen steht in Beziehung zum Entgegengesetzten. Kant betrachtet »*Anziehungskraft*« und »*Zurückstoßungskraft*« (MAdN, 41) als die Kräfte, aus welchen die Materie konstruiert wird.[3] Hegel schreibt – beeinflusst von diesem

3 Der Grundgedanke Kants, »die Materie aus diesen zwei entgegengesetzten Bestimmungen als ihren Grundkräften zu erkennen« (GW21, 169), wird in der Anmerkung für »c. Die Beziehung der Repulsion und Attraktion« im Abschnitt der Qualität in der Seinslogik einerseits hochgeschätzt. Andererseits wird kritisiert, dass Kant »*die Vorstellung der Materie*« (GW21, 167; GW21, 172) voraussetzt. Zwei Kräfte werden von Kant analysiert, es ist in diesem Sinne nicht die Konstruktion der Materie. Die eine Bestimmung geht Hegel zufolge zur anderen über in der Erklärung von beiden Kräften, der Unterschied zwischen den Kräften wird des-

Gedanken –, dass die Materie ein Gleichgewicht sei: »Die Materie ist schlechthin nur jenes Eins, oder ihr absolutes Gleichgewicht, in welchem sie weder entgegengesetzte noch Kräfte, und außer welchem sie ebenso wenig sind« (GW7, 4). Jedoch ist das Gleichgewicht der Kräfte, welche ihre unterschiedlichen Richtungen haben, »nicht die wahre Einheit« (GW7, 5), sondern es handelt sich um die Grenze von beiden, »das Nichts der entgegengesetzten, *und* das Seyn derselben« (ebd.).

In seiner zweiten Erklärung der Qualität argumentiert Hegel für die These, dass die Qualität in der Grenze realisiert wird.[4] Die Bestimmtheiten, welche die Grenze zwischen beiden haben, werden hier als »Realität und Negation« (ebd.) ausgedrückt. Die Beziehung der einen Bestimmung auf die andere Bestimmung ist »das Nichts der Qualitäten, die andere [ist; M.S.] das Seyn derselben« (ebd.). »[I]n der Beziehung aber sind sie Nichts« (GW7, 6). So ergibt sich die These: »Die Beziehung des Nichts der Qualitäten auf ihr Bestehen ist aber eine solche, welche diß Seyn ausschließt eine Negation die sich auf sich selbst bezieht« (ebd.). Diese Grenze, welche eine negative Beziehung ist, wird die »wahre Qualität« (ebd.), »Synthese, Einheit in welcher zugleich beyde bestehen« (ebd.), genannt.

Der Abschnitt »B. Quantität« besteht aus »a. numerisches Eins«, »b. Vielheit der numerischen Eins« und »c. Allheit«. In »a. numerisches Eins« wird der Begriff der numerischen Eins wie folgt erläutert:

> Die Quantität ist ihrem Begriff nach unmittelbar eine negirende Beziehung auf sich selbst. Was diese Negation aus sich ausschließt ist das Bestehen der Qualitäten als unterschiedener, das Viele Seyn. Diese einfache sich rein auf sich selbst beziehende Einheit, welche alles Viele aus sich ausschließt, von sich negirt, ist das *numerische* Eins […]. (GW7, 7)

Diese numerische Eins ist die negative Einheit, welche die Vielheit ausschließt. Die Vielheit, die durch die numerische Eins ausgeschlossen wird, wird das »Seyn der Qualitäten« (GW7, 8) genannt. Da die Qualitäten »ohne Negation gesetzt sind« (ebd.), ist ihr Sein das positive Sein. Diese Vielheit ist außerdem »die *Ausdehnung*« (GW7, 9), an der »nichts negatives gesetzt ist« (ebd.). Die numerische Eins bestimmt sich als »Gränze durch den Gegensatz der beyden absoluten Qualitäten« (ebd.). Die Grenze wird ein »Begriff« (ebd.) von beiden Qua-

wegen verwischt, obwohl die Eigenschaften von beiden Kräften am Anfang bestimmt sind. Aber im Jenaer Systementwurf II gibt es nicht diese ausführliche Kritik. Über Schellings Kritik der Konstruktion der Materie Kants in den *Ideen zu einer Philosophie der Natur* (1797) vgl. GW21, 171 f.; AA1.5, 208; Bonsiepen 1997, 279.

4 Vgl. GW7, 5.

litäten oder »Quantität« (ebd.).[5] Die gemeinschaftliche Einheit der Qualitäten wird »positive Einheit« genannt und ist gleichzeitig »die Möglichkeit der Vielheit« (ebd.).

In »b. Vielheit des numerischen Eins« geht es um die Vielheit, die durch die obige numerische Eins ausgeschlossen wird. »[D]ie negative Einheit« wird als »ein ebenso Vieles«, als Vielheit, »als Menge der numerischen Eins« (GW7, 10), ausgedrückt. Die Beziehung dieser Menge hat drei unterschiedliche Einheiten: 1. »die positive Einheit[,] das gemeinschafftliche, ruhige Medium derselben«, 2. »ein durch und durch negatives Beziehen, ein absolutes Entfliehen, eine Repulsion aller Teile gegeneinander«, 3. »das Gleichgewicht« der beiden, »eine unterschiedene Einheit, an der ebenso die Unterscheidung von positiver und negativer Einheit verschwindet« (ebd.).

In der Anmerkung von »b. Vielheit der numerischen Eins« wird Folgendes ausgesagt: »die negierende Einfachheit desselben [Eins; M. S.] soll gerade seine Sichselbstgleichheit erhalten, indem sie das Andersseyn von sich ausschließt« (ebd.). »Diese Sichselbstgleichheit ist die absolute Quantität« (ebd.).[6]

Im Abschnitt »c. Allheit«[7] wird der Begriff der Allheit mit dem Begriff der »Sichselbstgleichheit« erklärt. Die Sich-selbst-Gleichheit »entspringt aus der Vielheit des numerischen Eins« (GW7, 11) und ist als »das Nichts dieser bestimmten Vielheit« (ebd.) gesetzt. Indem die numerische Eins in ihr »Gegentheil[,] das Viele Eins übergegangen, und hiemit diesem gleich ist« (ebd.), wird die Eins nun »*Allheit*« (ebd.) genannt. Sie ist »die Gleichheit dieses Eins und des Vielen, der negativen und positiven Einheit« (ebd.).

Der Text von »c. Allheit« bricht in der Mitte ab.[8] Der folgende Text beginnt mit dem Inhalt über den Grad im Abschnitt »C. Quantum«. Aber auch er bleibt fragmentarisch. Ihm folgt die Darstellung der kontinuierlichen Größe, der diskreten Größe und der Beziehung der numerischen Eins und der Vielen.

5 »Indem das numerische Eins sich als Gränze durch den Gegensatz der beyden absoluten Qualitäten bestimmte, und nur als die Einheit derselben ist, aber als für sich seyend, als die Totalität ihr Aufgehobenseyn ist, so daß sie selbst ihr Begriff werden, und nur sind als dem Begriff der Quantität entgegengesetzte […]« (GW7, 9).

6 Der Begriff der Sich-selbst-Gleichheit ist wichtig für die Bezeichnung der Kontinuität in »A. Die reine Quantität« der *Wissenschaft der Logik*. Die Quantität ist das aufgehobene Fürsichsein, dabei wird die Kontinuität der Quantität aus der Attraktion hergeleitet, die Diskretion der Quantität wird aus der Repulsion hergeleitet. Die »einfache, sich selbst gleiche Beziehung auf sich« der Kontinuität ist »Sichselbstgleichheit des Außereinanderseins, das Sich-Fortsetzen der unterschiedenen Eins in ihre von ihnen Unterschiedene« (GW21, 167 f.).

7 Hegel weist im Abschnitt der Quantität der *Wissenschaft der Logik* diesem begrifflichen Zusammenhang keine zentrale Rolle zu, sondern die Begriffe von Einheit und Vielheit ersetzen ihn. Der Begriff des Fürsichseins wird später im Kapitel 4.4 behandelt.

8 Vgl. GW7, 12.

> In dem Quantum ist das bezogenseyn überhaupt numerisches Eins, und die Vielen bezogenen ebenso; in der Zahl ist dieser Begriff des Quantums nicht die Form eines anderen, sondern die Vielen sind jedes ein numerisches Eins; und das Ganze ebenso, denn das numerische Eins hat die Doppelsinnigkeit an sich, negatives ausschliessendes zu seyn, aber als Einheit zugleich positive Einheit zu seyn, oder die Beziehung der Vielen numerischen Eins. (GW7, 14)

Bei der Erklärung der Doppelsinnigkeit der numerischen Eins hinterlässt Hegel eine Notiz als Randbemerkung: »absolutes Maaß« (ebd.).[9]

In der anderen Randbemerkung für die folgende dritte Entfaltung der Erklärung des Quantums steht nur »*Dialektik des Quantums*« (ebd.) geschrieben. Sie bedeutet erstens, dass »das Ganze als Eins und die Theile als Viele Eins in Wahrheit auseinanderfallen, und nicht bezogen sind« (ebd.) und »gleichgültig gegeneinander« (ebd.) werden. Dies schließt sich zweitens daran an, dass das Quantum demjenigen gleicht, »was es aus sich ausschließt« (ebd.), und dass das Quantum wesentlich die Grenze ungültig macht und ab- und zunimmt. Dies wird »der absolute Widerspruch, oder die Unendlichkeit« (ebd.) genannt.[10]

In »D. Unendlichkeit« wird die »unter die Gräntze resumirte Allheit [...] ein Beziehen der Einheit und Vielheit, welches zugleich sich auf ein Nichtbeziehen der Einheit und Vielheit bezieht, und es von sich ausschließt« (GW7, 29). Dieses Beziehen des Beziehens auf das Nichtbeziehen bedeutet hier, dass eine Grenze keine Grenze ist.[11] Es ist deshalb »an ihm selbst absoluter Widerspruch, Unend-

9 Vgl. Kapitel 4.3.

10 »Das Quantum setzt sich demjenigen gleich, was es aus sich ausschließt, und schließt es also in Wahrheit nicht aus; und insofern es betrachtet wird, als ein für sich selbstseyendes, aus welchem anderes ausgeschlossen sey, so ist ebenso an ihm selbst die positive Einheit, oder die Nichtbegränzung, das nicht ausgeschlossenseyn; das ins unendliche über die Gränze hinausgehen, und das unendliche sich in sich theilen, ist beydem ein und ebendasselbe, daß die an ihm gesetzte Gränze, Bestimmtheit, keine Gränze oder Bestimmtheit ist; es ist im Quantum der absolute Widerspruch, oder die Unendlichkeit gesetzt« (ebd.). Dass die Grenze des Quantums keine Grenze ist und das Quantum deshalb unendlich über die Grenze hinausgeht, entspricht »c. Die Veränderung des Quantums« (GW21, 217f.) der *Wissenschaft der Logik*. »c. Die Veränderung des Quantums« liegt vor »C. Die quantitative Unendlichkeit«, und dies wird wie folgt dargestellt: »Das Quantum schickt sich also selbst über sich hinaus; dieses Andere, zu dem es wird, ist zunächst selbst ein Quantum; aber ebenso als eine nicht seiende, sondern sich über sich selbst hinaustreibende Grenze. Die in diesem Hinausgehen wieder entstandene Grenze ist also schlechthin nur eine solche, die sich wieder aufhebt und zu einer ferneren schickt und *so fort ins Unendliche*.« (GW21, 218)

11 Das sehr ähnliche Motiv lässt sich in Zwillings Aufsatz »Über das Alles« finden. Vgl. Zwilling 1986, 63 ff. In diesem Aufsatz ist das Alles der Weg »als ein[] progressive[r] Wechsel der Reflexionen« (Zwilling 1986, 63). Das Absolute wird durch die Reflexion relativ, da das Alles nur »durch eine notwendige Auf-einander-Beziehung des Etwas und des Nichts besteht« (Zwilling

lichkeit« (ebd.). Die Qualität, die Quantität und das Quantum sind alle der »Begriff der ganzen Sphäre« (ebd.). Jedes von ihnen ist einerseits »als Unendlichkeit erkannt« (ebd.). Andererseits ist »diese Darstellung der Unendlichkeit [...] eine unreine« (ebd.), vielmehr »die schlechte Unendlichkeit« (ebd.). Diese »kann nur das Bestreben, sie selbst zu seyn, aber nicht in Wahrheit sich selbst ausdrücken, denn ihr Wesen ist das absolute Aufheben der Bestimmtheit« (ebd.).

Die schlechte Unendlichkeit wird von der wahrhaften Unendlichkeit unterschieden. Sie lässt sich in die Unendlichkeit an der Qualität und an der Quantität einteilen. An der Qualität hat die Unendlichkeit zwei Seiten: Auf der ersten Seite ist sie »als sich rein auf sich selbst beziehend« (GW7, 30) und auf der zweiten Seite »die Beziehung auf anderes, die Vielheit« (ebd.). Letzteres erscheint als »eine unbestimmte Menge von Qualitäten« (ebd.) und wird auch als »reine Unbestimmtheit« (ebd.) bezeichnet. An der Quantität wird die unendliche Menge einerseits begrenzt, wodurch sie ein Quantum wird. Andererseits geht das Quantum über diese Grenze hinaus. Dies ist »ein Abwechseln des Setzens und des Aufhebens der Gräntze« (ebd.). »[D]ie Bestimmtheiten, oder Gräntzen« (GW7, 31) setzen die Einheit »als ein Jenseits« (ebd.) außer sich und beziehen sich notwendig auf das Jenseits.

In der Erklärung der wahrhaften Unendlichkeit wird Folgendes ausgesagt: »Die wahrhafte Unendlichkeit ist die realisirte Forderung, daß die Bestimmtheit sich aufhebt; a–A=0« (GW7, 33).[12] Die Bewegung der Unendlichkeit als der absolute Widerspruch wird in diesem Kontext als »die reine absolute Bewegung« (GW7, 34) bezeichnet. Diese Erklärung wird in der Umschreibung mittels der doppelten Negation leichter verständlich: »Die Unendlichkeit ist in dieser Unmittelbarkeit, des andersseyn und des andersseyn dieses anders, oder wieder das erste seyns, der *duplicis negationis*, die wieder *affirmatio* ist [...]« (ebd.). Diese affirmative Beziehung der doppelten Negation wird als das Einfache und als die Unendlichkeit verstanden. Beides ist absolut bezogen und absolut eins. Es handelt sich dabei weder um das Hinausgehen von sich selbst noch um Glieder des Gegensatzes, sondern »die absolute Unruhe, sich selbst aufzuheben« (ebd.).

4.3 Die Doppelsinnigkeit der numerischen Eins und das absolute Maß

Wir haben oben den Abschnitt »I. die einfache Beziehung« im Jenaer Systementwurf II gesehen. Im gegenwärtigen Kapitel muss das Problem des Zusam-

1986, 65). »[D]ie Betrachtung der Beziehung auf ihrer höchsten Stufe« ist »Beziehung mit der Nichtbeziehung«, »die allgemeinste Beziehung oder Kategorie der Beziehung überhaupt, genau betrachtet, die Unendlichkeit selbsten« (ebd.).

12 Über den Ausdruck »a–A=0« vgl. Kapitel 1.5.2, besonders Fußnote 137.

menhangs zwischen der Doppelsinnigkeit der numerischen Eins und dem absoluten Maß in den Fokus gerückt werden, wie es von Hegel in »C. Quantum« ausformuliert wurde. Von Anfang an ist dabei zu beachten, dass diese Doppelsinnigkeit der numerischen Eins nicht mit derjenigen verwechselt wird, wie sie an der Stelle über die numerische Eins in »B. Quantität« erwähnt wird, wo »das numerische Eins«, »die Vielheit des numerischen Eins« und »die Allheit« entfaltet werden. Der Abschnitt, von dem hier die Rede ist, lautet: »C. Quantum«. In der Darstellung über die Doppelsinnigkeit wird ausgeführt:

> In dem Quantum ist das bezogenseyn überhaupt numerisches Eins, und die Vielen bezogenen ebenso; in der Zahl ist dieser Begriff des Quantums nicht die Form eines andern, sondern die Vielen sind jedes ein numerisches Eins; und das Ganze ebenso, denn das numerische Eins[1] hat die Doppelsinnigkeit an sich, negatives ausschliessendes zu seyn, aber als Einheit zugleich positive Einheit zu seyn, oder die Beziehung der Vielen numerischen Eins.
> [1] Am Rande: absolutes Maaß (GW7, 14)

Wenn man sich an die erste Definition der numerischen Eins in »B. Quantität« erinnert, war sie die »einfache sich rein auf sich selbst beziehende Einheit, welche alles Viele aus sich ausschließt, von sich negirt« (GW7, 7). Dagegen wird die Doppelsinnigkeit der numerischen Eins erstens durch die negative Einheit, die das Andere ausschließt, und zweitens durch die positive Einheit als die Beziehung der Vielen charakterisiert. Am Textrand hinterlässt Hegel die Phrase »absolutes Maaß«.[13]

Aufgrund der Tatsache, dass der Ausdruck des Maßes von Hegel selbst niemals anstelle von der Logik im Jenaer Systementwurf II gebraucht wird, ist diese Randbemerkung bei der Untersuchung des Zustandekommens des Maßbegriffs wichtig und erwähnenswert.[14]

13 Wie in Kapitel 3.4.2 aufgezeigt ist, ging es in der Erklärung der Kategorie der Quantität in Troxlers Nachschriften um die Beziehung des Eins und des Vielen und um den Begriff des Maßstabs. Im Jenaer Systementwurf II handelt es auch sich um die Doppelsinnigkeit der ausschließenden Einheit und der einschließenden Einheit in der numerischen Eins. Über das Problem der Überwindung des Gegensatzes zwischen dem, was als identisches, zeitloses wahres Sein angesehen werden kann, und dem zeitlichen, erzeugten und unwahren Sein unter dem Begriff des Maßes vgl. Kapitel 3.1 und Kapitel 3.3.

14 Der Begriff des Maßstabs wird aber in der Logik im Jenaer Systementwurf II (1804/05) benutzt. »Das Eins, der Maßstab, ist an sich ein durchaus Unbestimmtes, und es ist ebenso absolut unmöglich den höchsten oder niedrigsten Grad für ein intensiv, als das Größte oder Kleinste für ein extensiv Großes anzugeben, denn was als Eins gesetzt ist, ist dadurch, daß das Eins Einheit ist, selbst ein Vielfaches und der Verminderung so wie der Vermehrung fähig [...].« (GW7, 24) »Die Möglichkeit, den kleinsten Grad oder die kleinste extensive Größe, eine Größe als absoluten Maßstab zu haben, [wird] wohl darum geglaubt, weil die Größe selbst als

Die Datierung dieser Randbemerkung ist nicht zweifelsfrei feststellbar.[15] Wenn sie aber in die Zeit der Abfassung dieses Systementwurfs fiele, wäre dies eine große Ausnahme, weil Hegel zu dieser Zeit nicht den Begriff des Maßes, sondern den Begriff des Maßstabs an verschiedenen Stellen in seiner Logik verwendete.

4.4 Das Fürsichsein (1808/09) und das Maß (1810/11)

Nach dem Jenaer Systementwurf II lässt sich im Diktat für die Logik für die Oberklasse des Gymnasiums (1808/09) der Aufbau der Seinslogik vor der *Wissenschaft der Logik* beobachten. Interessanterweise ist in diesem Diktat der Begriff vom Fürsichsein nicht in den Begriff der Qualität, sondern in den Begriff der Quantität wie folgt eingearbeitet:

Ontologische Logik
- 1. Seyn.
  - A. Qualität.
    - a.) Seyn (§. 11)
    - b.) Dasein (§§. 12–16)
    - c.) Die Veränderung (§§. 17–18)
  - B. Quantität.
    - a.) Fürsichsein (§§. 19–22)
    - b.) Quantum (§§. 23–26)
  - C. c. Unendlichkeit (§. 27)

Vorher muss betont werden, dass die Doppelsinnigkeit der numerischen Eins im Jenaer Systementwurf II in diesem Diktat die Form des Fürsichseins annimmt. Das Kapitel »a. Für sich seyn« besteht aus vier kurzen Paragrafen, den §§ 19–22. In § 19 hat das Fürsichsein erstens zwei Seiten des Unterschiedes: den Unterschied von sich selbst und die Beziehung auf sich.[16] In § 20 und § 21 wird Folgendes ausgesagt:

solche ganz vernichtet werden kann, und die vernichtete Größe, wenn das Vernichten nicht aufgefaßt ist, immer noch für eine Größe gehalten wird.« (GW7, 25) In der Naturphilosophie von diesem Entwurf wird auch der Begriff des Maßes benutzt. Vgl. GW7, 207 f. Aber dieser Maßbegriff ist im Anliegen an die Einführung des Maßes in die *Wissenschaft der Logik* nicht wichtig, deshalb wird er hier nicht behandelt.

15 Der editorische Bericht besagt; »Was die Überarbeitung, d. h. wahrscheinlich später hinzugesetzte Randbemerkungen betrifft, so ist von ihnen hauptsächlich die Logik betroffen. Vor allem die späteren Passagen der Logik, genauer: das Kapitel C. Der Schluß und der Abschnitt III. Proportion bis in die ersten Seiten von c.« Vgl. GW10.1, 356.

16 Vgl. GW10.1, 64.

§. 20. Das für sich Seyende ist das numerische *Eins*, es ist einfach, nur auf sich bezogen, und das Andere von ihm ausgeschloßen. Sein Andersseyn ist die *Vielheit.*

§. 21. Die Vielen sind jedes daßelbe, sie sind daher Eins. Aber das Eins ist eben so sehr die Vielheit. Denn sein Ausschließen ist Setzen seines Gegentheils, oder es setzt sich dadurch als Vielheit. Jenes Werden ist die *Attraction*, dieses die *Repulsion.* (GW10.1, 64)

In § 20 geht es darum, dass die Vielheit von der Eins ausgeschlossen wird. In § 21 steht geschrieben, dass das ausgeschlossene Viele erstens dasselbe ist und dass das Ausschließen das Setzen des Eins in die Vielheit ist. Der erste Prozess in § 21, bei dem die Vielen zu Einem zusammengebracht werden, wird als Attraction, der zweite Prozess, bei dem das Ausschließen der Eins sich als die Vielheit setzt, wird als Repulsion bezeichnet. Aus der Attraktion und der Repulsion ergeben sich zwei weitere Seiten: »das Außersichseyn des Eins, oder sein sich Setzen als Vielheit, *Discretion*« (ebd.) und »die sich selbst Beziehung der Vielen, oder ihre *Continuität*« (ebd.). Beide Seiten werden schließlich in den Zustand der »Ruhe« (ebd.) als der reinen Quantität gebracht.

Der soeben skizzierte Prozess des Fürsichseins entspricht dem Prozess im Kapitel der Quantität im Jenaer Systementwurf II. Die numerische Eins geht in die Vielen als den Entgegengesetzten über und gleicht ihnen. Das Einssein in der Gleichheit des Einen und des Vielen wird Allheit genannt. Aber der Ablauf der numerischen Eins, der Vielheit und der Allheit ist im Jenaer Systementwurf II als die Entfaltung der Quantität ausgeführt, nicht als der Prozess des Fürsichseins. Darüber hinaus gab es im Jenaer Systementwurf II keine systematische Darstellung des Fürsichseins. Deswegen zeigt das Fürsichsein im Diktat der Logik für die Oberklasse des Gymnasiums (1808/09) eine vorhergehende Form des Fürsichseins im Abschnitt der Qualität in der *Wissenschaft der Logik* auf.[17]

Am Ende muss der letzte Paragraf (§ 32) vom Maß im Manuskript der Logik für die Mittelklasse (1810/11) berücksichtigt werden. Hegel hat erst in diesem Manuskript den Begriff des Maßes in die Seinslogik eingearbeitet. Deshalb kann

17 Hegel zeigt in der *Wissenschaft der Logik* das Fürsichsein in drei Stufen auf: »Das Fürsichsein ist *erstens* unmittelbar Fürsichseiendes, *Eins. Zweitens* geht das Eins in die *Vielheit der Eins* über, – *Repulsion*, welches Anderssein des Eins sich in der Identität desselben aufhebt, *Attraktion.* Drittens die Wechselbestimmung der Repulsion und Attraktion, in welcher sie in das Gleichgewicht zusammensinken, und die Qualität, die in sich im Fürsichsein auf ihre Spitze trieb, in *Quantität* übergeht.« (GW21, 144) Die Erklärung zum Begriff des Fürsichseins selbst ist die folgende: »[...] wir sagen, daß etwas für sich ist, insofern als es das Anderssein, seine Beziehung und Gemeinschaft mit Anderem aufhebt, sie zurückgestoßen, davon abstrahiert hat. Das Andere ist in ihm nur als ein Aufgehobenes, als *sein Moment*; das Fürsichsein besteht darin, über die Schranke, über sein Anderssein so hinausgegangen zu sein, daß es als die Negation die unendliche Rückkehr in sich ist.« (GW21, 145)

dort der sehr schlichte Inhalt vom Maßbegriff beobachtet werden. »Indem das Maß einer Sache verändert wird, verändert sich die Sache selbst, und etwas verschwindet durch Überschreiten seines Maßes, über dasselbe zunehmend oder abnehmend.« (GW10.1, 158) Dieses Hinausgehen über das Maß entspricht dem Maßlosen in der *Wissenschaft der Logik*, aber die Darstellung der absoluten Indifferenz fehlt vollständig an der Stelle.

Fazit

In der obigen Untersuchung wurden der Frage nachgegangen, warum der dritte Abschnitt der Seinslogik das Maß geworden ist und welchen Verlauf das Projekt der Einarbeitung des Maßes in die Seinslogik genommen hat. Diese Frage wurde besonders unter dem Aspekt über den Zusammenhang der Begriffe der Unendlichkeit und des Maßes und über die Rekonstruktion der Kategorien gestellt. Am Ende ist zu betrachten, warum nicht der Unendlichkeitsbegriff, sondern der Begriff des Maßes den Platz des letzten Abschnitts in der Seinslogik einnahm. Wie gesehen, lässt sich die bedeutendste Definition des Unendlichkeitsbegriffs schließlich als die Rückkehr des Unendlichen bzw. des Endlichen zu sich zusammenfassen. Diese Rückkehr zu sich selbst ist das Resultat der Reflexion zur unbeschränkten Wechselbestimmung des Unendlichen und des Endlichen, d. h., dass sowohl das Endliche als auch das Unendliche an ihnen beiden das andere hat, ohne zum anderen hinauszugehen. Dieses Resultat der Unendlichkeit ist mit Hegels scharfer Kritik am Selbstverlust und Selbstvergessen, mit anderen Worten, mit der Aufklärung der Bedeutsamkeit der Selbstheit verbunden. So ist zu verstehen, dass das Maß, das der Unendlichkeitsbegriff selbst hat, ein wesentliches Thema ist. Das Unendliche hat zwar Hegel zufolge einerseits in der wahren Unendlichkeit an ihm das andere, auf diese Weise hat jedoch auch das Endliche an ihm das andere, deshalb greift der Verweis gegenüber dem Hinausgehen von sich selbst nicht bis in das Hinausgehen innerhalb jedes Begriffs ein. Die Eigenart dieses Begriffs liegt aber in seinem Nachdruck auf der Rückkehr zu sich selbst. In diesem Sinne scheint es Hegels Interesse an dem Maß anzudeuten, als wäre der Begriff des Maßes zum Unendlichkeitsbegriff hinübergeströmt. Der Begriff der Rückkehr zu sich selbst, der mit der Kritik am Selbstverlust im anderen verbunden ist, bereitete sich ohne Widerspruch für den Abschnitt des Maßes in Hegels Seinslogik vor.

Es ging Hegel nichtsdestoweniger in seiner frühen Zeit um die Unendlichkeit, weil das unendliche Streben nach der Vereinigung des Subjekts und Objekts damals ein wichtiges Thema war und Hegel auch auf die sich mit Schelling überschneidende Weise durch die Bewegung des Geistes versucht hat, den Prozess der Rückkehr zur ursprünglichen Einheit darzustellen. In der *Phänomenologie des Geistes* wird dieses Projekt durch die Darstellung der Erfahrung des Bewusstseins weiterentwickelt. In diesem Werk hob sich das Modell des Maßstabs; d. h., das Bewusstsein hat den Maßstab in sich, der der wissenschaftlichen Perspektive entspricht. Das Bewusstsein muss aber das Wissen als den Maßstab verändern, wenn der Begriff dem Gegenstand nicht entspricht, deshalb bildet die Reihe dieser Veränderungen das Ganze der Erfahrung des Bewusstseins, worin der Maßstab vom absoluten in den relativen stürzt und der neu erworbene Maßstab auch wiederum den gleichen Weg geht. Unter dem Begriff des absoluten Maßstabs, den Hegel an wenigen Stellen aufzeigt, lässt sich die Übereinstimmung der einzelnen Subjektivität und der allgemeinen Objektivität verstehen, als das andere Wort vom absoluten Maßstab gab es den Begriff der absoluten Indifferenz. In der *Wissenschaft der Logik* verliert das absolute Maß auch wie in der *Phänomenologie des Geistes* durch die Reflexion die Allgemeinheit und erreicht die Einsicht, dass diese Vereinigung nur Schein und Täuschung war.

Was den Begriffen der Unendlichkeit und des Maßes gemeinsam ist, ist ein kritischer Aspekt, dass das unbefangene Streben nach Einheit des Subjekts und Objekts und die Verwirklichung der Einheit bis zum Horizont durchgezogen wird, dass diese Einheit nur eine Täuschung der Anmaßung und des Eigendünkels war. Sie ist in seiner politischen Kritik darin verwurzelt, dass die Tugend, worin die Einzelheit und die Allgemeinheit erfolgreich eng verbunden sind, in der Französischen Revolution mit den Schrecken auf vermessene Weise zusammengeknüpft wird, und dass dadurch die politische Verfassung zugrunde gehen musste.

Jacobi kritisiert die Französische Revolution auf Basis der Identifizierung der revolutionären Ideologie und der rationalen Vernunftphilosophie, aber Hegel verwandelt sie zur Kritik an Schellings absoluter Indifferenz, die als die absolute Vernunft gilt, und zeigt den von Jacobi abweichenden Standpunkt auf, dass das absolute Maß als die heroische Tugend auch Schranken gegen sich selbst haben muss. Indem Jacobi hingegen den Standpunkt aufzeigt, dass die Wahl und der Entschluss vorhergehen müssen, auch wenn man nicht die erhabene Heldentugend, sondern die Gehorsamkeit auswählt, akzeptiert er schließlich das Hemsterhuis' Konzept der Homogenität des Menschen und Gottes auf die Weise, die mit dem ersten Prinzip des unmittelbaren Wissens und des Verstands kompatibel ist. Hegel erkennt, dass diese Tugend in den vorstaatlichen Zuständen wichtig ist und dass sie gleichzeitig die Kritik nicht vermeiden kann, weil er die Bedeutsamkeit hindurch erkennt, durch die Reflexion die Grenze von sich selbst zu wissen und dadurch sich selbst zu wissen.

Es gibt zwar bei Jacobi auch die Phase, worin der Begriff des Maßes sich vorschiebt, aber er ist, wie gesehen, nicht das Maß, das man unter der bloßen Mitte zwischen zwei Extremen bei Aristoteles versteht, sondern die Vereinigung von Koinon und Aitia im *Philebos*, worin vielmehr der göttliche Verstand gefunden wird und die Schranke als Peras zurücktritt. Jacobi scheint zwar den Umschlag zum platonischen Maß durchzuführen, aber sein Begriff liegt nach wie vor wesentlich in der Untrennbarkeit der Göttlichkeit und der Menschlichkeit. Jacobis Begriff des Maßes hat trotzdem Hegels Einsatz des Maßes in der Seinslogik und die Darstellung des Zusammenhangs dieses Maßes mit der absoluten Indifferenz vorbereitet. Hegel hat vor diesem Hintergrund den Weg des Begriffs des maßlosen Maßes bis hin zum Scheitern beschrieben.

Siglen

Hegels Texte

B	Hoffmeister, Johannes (Hrsg.) 1969, *Briefe von und an Hegel*, 3. Auflage, Hamburg.

GW	Hegel, G. W. F. 1968 ff., *Gesammelte Werke*, in Verbindung mit der Deutschen Forschungsgemeinschaft, hrsg. von der Rheinisch-Westfälischen Akademie der Wissenschaften, Hamburg.

OrP	Hegel, G. W. F. 1986, *Dissertatio Philosophica de Orbitis Planetarum*, übersetzt von Wolfgang Neuser, Weinheim.

TW	Hegel, G. W. F. 1969–1971, *Werke in zwanzig Bänden*, auf der Grundlage der Werke von 1832–1845 neu edierte Ausgabe, hrsg. von E. Moldenhauer und K. M. Michel, Frankfurt am Main. (Theorie Werkausgabe)

Andere Texte

AA	Schelling, F. W. J. 1976 ff., *Werke*, Historisch-Kritische Ausgabe, hrsg. von T. Buchheim, J. Hennigfeld, W.G. Jacobs, J. Jantzen u. S. Peetz, Stuttgart.

DK	Diels, Hermann und Kranz, Walther (Hrsg.) 1951/52, *Die Fragmente der Vorsokratiker*, 3 Bände, 6. Auflage, Berlin.

E	Spinoza, Baruch de 2015, *Ethik in geometrischer Ordnung*, herausgegeben und übersetzt von Wolfgang Bartuschat, 4. Auflage, Hamburg.

EP	Spinoza, Baruch de 2017, *Briefwechsel*, neu übersetzt, mit einer Einleitung und Anmerkungen, hrsg. von Wolfgang Bartuschat, Hamburg.

FHA	Herder, J. G. 1985–2000, *Johann Gottfried Herder Werke*, 10 Bände, verschiedene Herausgeber, Frankfurt a. M.

GA	Fichte, J. G. 1962–2012, *Gesamtausgabe der Bayerischen Akademie der Wissenschaften*, hrsg. von Erich Fuchs, Hans Gliwitzky, Reinhard Lauth und Peter K. Schneider, Stuttgart.

GGW	Gadamer, H. G. 1975–2010, *Gesammelte Werke*, Tübingen.

JAB	Jacobi, F. H. 1825–1827, *Friedrich Heinrich Jacobi's auserlesener Briefwechsel*, hrsg. von Friedrich Roth, 2 Bände, Leipzig.

JN	Jacobi, F. H. 2020 ff., *Die Denkbücher: Friedrich Heinrich Jacobis*, hrsg. von Sophia Victoria Krebs, Stuttgart-Bad Cannstatt.

JW	Jacobi, F. H. 1998 ff., *Werke*, hrsg. von Klaus Hammacher und Walter Jaeschke, Hamburg.

KA	Kant, I. 1900 ff., *Kant's gesammelte Schriften*, hrsg. vom Königlich Preußische Akademie der Wissenschaften, Berlin.
KpV	Kant, I. 2003, *Kritik der praktischen Vernunft*, hrsg. von Horst D. Brandt und Heiner F. Klemme, Hamburg.
KrV	Kant, I. 1998, *Kritik der reinen Vernunft*, nach der ersten und zweiten Originalausgabe hrsg. von Jens Timmermann, Hamburg.
MAdN	Kant, I. 1997, *Metaphysische Anfangsgründe der Naturwissenschaft*, mit einer Einleitung, hrsg. von Konstantin Pollok, Hamburg.
OP	Hemsterhuis, François 2015, *François Hemsterhuis: Œuvres philosophiques Édition: critiques*, hrsg. von Jacob van Sluis, Leiden; Boston.
PPC	Pascal, Blaise 1954, *Œuvres complètes*. Texte établi, présenté et annoté par Jacques Chevalier, Paris. (Pascal Pensées Chevalier, Angabe des Fragments)
PW	Platon 2005, *Werke in acht Bänden, Griechisch und Deutsch*, 5. Auflage, Darmstadt.
SNA	Schiller, J. C. F. 1943 ff., *Schillers Werke*. Nationalausgabe, begründet von Julius Petersen, fortgeführt von Lieselotte Blumenthal, Benno von Wiese, Siegfried Seidel, hrsg. im Auftrag der Klassik Stiftung Weimar und des Schiller-Nationalmuseums in Marbach von Norbert Oellers, 40 Bände, Weimar.
StA	Hölderlin, F. 1946–1977, *Sämtliche Werke*. Große Stuttgarter Hölderlin-Ausgabe, hrsg. von Friedrich Beißner, Stuttgart.
TH	Schelling, F. W. J. 1994, *»Timaeus« (1794)*, hrsg. von Hartmut Buchner, Stuttgart.
TJ	Hegel, G. W. F. 1907, *Hegels theologische Jugendschriften*, hrsg. von Herman Nohl, Tübingen.
TP	Spinoza, Baruch de 2012, *Theologisch-politischer Traktat*, neu übersetzt, hrsg, mit Einleitung und Anmerkungen versehen von Wolfgang Bartuschat, Hamburg.
TVV	Reinhold, K. L. 2010–2012, *Versuch einer neuen Theorie des menschlichen Vorstellungsvermögens*, hrsg. von Ernst-Otto Onnasch, 2 Bände, Hamburg.

Literatur

Althof, Daniel 2017, *System und Systemkritik: Hegels Metaphysik absoluter Negativität und Jacobis Sprung*, Bonn; Boston.

Aristoteles 1948, *Topik*, neu übersetzt und mit einer Einleitung und erklärenden Anmerkungen versehen von Eugen Rolfes, Hamburg.

Aristoteles 1979, *Magna Moralia*, übersetzt und kommentiert von Franz Dirlmeier, in: *Werke in Deutscher Übersetzung*, begründet von Ernst Grumach, hrsg. von Hellmut Flashar, Bd. 8, 4. Auflage, Darmstadt.

Aristoteles 1984, *Kategorien*, übersetzt und erläutert von Klaus Oehler, in: *Werke in Deutscher Übersetzung*, begründet von Ernst Grumach, hrsg. von Hellmut Flashar, Bd. 1, Teil 1, Darmstadt.

Aristoteles 2003, *Metaphysik*, übersetzt und eingeleitet von Thomas Alexander Szlezák, Berlin.

Aristoteles 2014, *Nikomachische Ethik*, in: *Werke in Deutscher Übersetzung*, Bd. 6, übersetzt von Ernst Grumach, hrsg. von Hermut Flashar, Berlin.

Aristoteles 2019, Historia Animalium: Buch VIII und IX, in: *Aristoteles Werke in Deutscher Übersetzung*, Bd. 16, übersetzt und erläutert von Stefan Schnieders, Berlin; Boston.

Arndt, Andreas 1994, *Dialektik und Reflexion: zur Rekonstruktion des Vernunftbegriffs*, Hamburg.

Asanuma, Kouki 2014, *Hiu no tetsugaku: Schelling-tetsugaku no honshitsu to seisei* (*Das Denken des Nichtseins: Das Wesen und Werden der Philosophie Schellings*), Tokyo.

Asmuth, Christoph 2006, *Interpretation – Transformation: das Platonbild bei Fichte, Schelling, Hegel, Schleiermacher und Schopenhauer und das Legitimationsproblem der Philosophiegeschichte*, Göttingen.

Barney, Rachel 2021, Plato on Normative Measurement: 283b1–287b3, in: *Plato's Statesman: A Philosophical Discussion*, ed. Panagiotis Dimas et al., Oxford, 115–135.

Baum, Manfred 1976, Zur Vorgeschichte des hegelschen Unendlichkeitsbegriffs, in: *Hegel-Studien*, Bd. 11, hrsg. von Friedhelm Nicolin und Otto Pöggeler, Bonn, 89–124.

Baum, Manfred 2020, Die Anfänge der Schellingschen Naturphilosophie, in: *Kleine Schriften 3: Arbeiten zu Hegel und verwandten Themen*, hrsg. von Allegra de Laurentiis und Jefferey Edwards, Berlin; Boston, 200–217.

Behler, Ernst 1988, Vom Verhältnis von Hegel und Friedrich Schlegel in der Theorie der Unendlichkeit, in: *Kodikas/Code, Ars Semeiotica*, Bd. 11, No. 1/2, Tübingen, 127–147.

Bonsiepen, Wolfgang 1985, Hegels Raum-Zeit-Lehre: Dargestellt anhand zweier Vorlesungs-Nachschriften, in: *Hegel-Studien*, Bd. 20, hrsg. von Friedhelm Nicolin und Otto Pöggeler Bonn, 9–78.

Bonsiepen, Wolfgang 1997, *Die Begründung einer Naturphilosophie bei Kant, Schelling, Fries und Hegel: Mathematische versus spekulative Naturphilosophie*, Frankfurt a. M.

Bormann, Karl 1971, *Parmenides: Untersuchungen zu den Fragmenten*, Hamburg.

Burda, Jacob 2019, *Das gute Unendliche in der deutschen Frühromantik*, 2019, Berlin u.a..

Cassirer, Ernst 1994, *Das Erkenntnisproblem in der Philosophie und Wissenschaft der neueren Zeit*, Bd. 1, Darmstadt.

Cornford, Francis Macdonald 1937, *Plato's Cosmology: the Timaeus of Plato*, London.

Dahlke, Karin 2008, *Äußerste Freiheit. Wahnsinn/Sublimierung/Poetik des Tragischen der Moderne. Lektüren zu Hölderlins Grund zum Empedokles und zu den Anmerkungen zum Oedipus und zur Antigonä*, Würzburg.

De Vogel, Conelia 1985, Selbstliebe bei Platon und Aristoteles und der Charakter der aristotelischen Ethik, in: *Aristoteles – Werk und Wirkung: Aristoteles und seine Schule*, Berlin, 393–426.

Diodorus Siculus 1933, *Library of History*, translated by Charles Henry Oldfather et al., Cambridge MA.

Diogenes Laertius 1967, *Leben und Meinungen berühmter Philosophen.* Buch I-X. Aus dem Griechischen übersetzt von Otto Apelt, unter Mitarbeit von Hans Günter Zekl. 2 Bände, Hamburg.

Dobbek, Wilhelm 1961, Die Kategorie der Mitte in der Kunstphilosophie J. G. Herders, in: *Worte und Werte: Bruno Markwardt zum 60. Geburtstag*, hrsg. von Gustav Erdmann, Berlin, 70–78.

Drees, Martin 1995, *Alexis* im *Hyperion*? Bemerkungen zu Hölderlins Hemsterhuis-Rezeption, in: *Frans Hemsterhuis (1721–1790): Quellen, Philosophie und Rezeption ...; Symposia in Leiden und Münster zum 200. Todestag des niederländischen Philosophen*, hrsg. von Marcel F. Fresco, Münster u.a., 527–543.

Düsing, Klaus 1980, Ontologie und Dialektik bei Plato und Hegel, in: *Hegel-Studien*, Bd. 15, hrsg. von Friedhelm Nicolin und Otto Päggeler, Hamburg, 95–150.

Düsing, Klaus 1983, *Hegel und die Geschichte der Philosophie: Ontologie und Dialektik in Antike und Neuzeit*, Darmstadt.

Düsing, Klaus 1995, *Das Problem der Subjektivität in Hegels Logik: Systematische und entwicklungsgeschichtliche Untersuchungen zum Prinzip des Idealismus und zur Dialektik*, Bonn.

Düsing, Wolfgang 1997, Der Nemesisbegriff bei Herder und Schiller, In: *Herder und die Philosophie des deutschen Idealismus. Fichte-Studien-Supplementa,* Bd. 8, hrsg. von Marion Heinz, Amsterdam; Atlanta, 235–255.

Enders, Carl 1913, *Friedrich Schlegel: Die Quellen seines Wesens und Werdens*, Leipzig.

Ferguson, Adam 1782, *An Essay on the History of Civil Society*, by Adam Ferguson, LL. D. Professor of Moral Philosophy in the University of Edinburg, the fifth version, London MDCCLXXXII [1782].

Fichte, J. G. 1925, *Briefwechsel*, Bd. 1, hrsg. von Hans Schulz, Leipzig.

Frank, Manfred 2019, Replik zur Dissertation Jacob Burdas: Über gute und schlechte Unendlichkeit in der Frühromantik, in: *Das gute Unendliche in der deutschen Frühromantik*, 2019, Berlin u.a., 131–150.

Franz, Michael 1996, *Schellings Tübinger Platon-Studien*, Göttingen.

Frede, Dorothea 1997, *Platon: Philebos: Übersetzung und Kommentar*, Göttingen.

Fresco, Marcel F. 1995, Frans Hemsterhuis: ein niederländischer Philosoph von europäischer Bedeutung, in: *Frans Hemsterhuis (1721–1790): Quellen, Philosophie und Rezeption ...; Symposia in Leiden und Münster zum 200. Todestag des niederländischen Philosophen*, hrsg. von Marcel F. Fresco, Münster u.a., 35–61.

Fröhlich, Günter 2013, Die aristotelische Eudaimonia und der Doppelsinn vom guten Leben, in: *Archiv für Begriffsgeschichte*, Bd. 54, 21–44.

Gaier, Ulrich 2005, Herders systematologische Theologie, in: *Aspekte seines Lebenswerkes [Tagung, die vom 18. bis 20. Dezember 2003 anläßlich des 200. Todestages von Johann Gottfried Herder im Goethe-Nationalmuseum in Weimar stattfand]*, Berlin; New York, 203–218.

Gigon, Olof 1945, *Der Ursprung der griechschen Philosophie: Von Hesiod bis Parmenides*, Basel.

Gill, Mary Louise 2019, The Fourfold Division of Beings: Philebus 23b-27c, in: *Plato's Philebus: A Philosophical Discussion*, ed. Panos Dimas et al., Oxford, 71–89.

Giovanni, George di Giovanni 1994, *The Main Philosophical Writings and the Novel Allwill: Friedrich Heinrich Jacobi*, translated from the German, with an Introductory Study, Notes, and Bibliography by George di Giovanni, Montreal.

Götz, Carmen 1995, Friedrich Heinrich Jacobi und die französische Revolution, in: *Düsseldorfer Jahrbuch: Beiträge zur Geschichte des Niederrheins*, Bd. 66, hrsg. von Düsseldorfer Geschichtesverein, Düsseldorf, 191–220.

Götz, Carmen 2008, *Friedrich Heinrich Jacobi im Kontext der Aufklärung: Diskurse zwischen Philosophie, Medizin und Literatur*, Hamburg.

Grove, Peter 2000, »Vereinigungsphilosophie« beim frühen Schleiermacher und bei Herder, in: *200 Jahre »Reden über die Religion«: Akten des 1. Internationalen Kongresses der Schleiermacher-Gesellschaft, Halle, 14.-17. März 1999 Anhang (Schleiermacher-Archiv)*, hrsg. von Ulrich Barth und Johann Joachim Spalding, Berlin; New York, 328–343.

Halbig, Christoph 2021, Jacobi über Tugend, Gesetz und Vollkommenheit, in: *Jacobi und Kant*, hrsg. von Birgit Sandkaulen und Walter Jaeschke, Hamburg, 229–247.

Halfwassen, Jens 2016, Hegel und die negative Theologie, in: *Hegels »Lehre vom Wesen«*, hrsg. von Andreas Arndt und Günter Kruck, Berlin; Boston, 109–128.

Hammacher, Klaus 1971, Jacobi und das Problem der Dialektik, in: *Friedrich Heinrich Jacobi: Philosoph und Literat der Goethezeit; Beiträge einer Tagung in Düsseldorf (16.-19. 10. 1969) aus Anlaß seines 150. Todestages und Berichte*, hrsg. von Klaus Hammacher, Frankfurt a. M., 119–155.

Hammacher, Klaus 1990, Jacobis Romantheorie, in: *Früher Idealismus und Frühromantik*, Hamburg, hrsg. von Walter Jaeschke, Hamburg, 174–189.

Hammacher, Klaus 1995a, Gegenwelten der Aufklärung: Der niederländische Philosoph Frans Hemsterhuis, in: *Frans Hemsterhuis (1721–1790): Quellen, Philosophie und Rezeption ...; Symposia in Leiden und Münster zum 200. Todestag des niederländischen Philosophen*, hrsg. von Marcel F. Fresco, Münster u.a., 611–628.

Hammacher, Klaus 1995b, Hemsterhuis und Jacobi, in: *Frans Hemsterhuis (1721–1790): Quellen, Philosophie und Rezeption ...; Symposia in Leiden und Münster zum 200. Todestag des niederländischen Philosophen*, hrsg. von Marcel F. Fresco, Münster u.a., 491–505.

Hammacher, Klaus 1997, Platon bei Jacobi, in: *Platon in der abendländischen Geistesgeschichte: Neue Forschung zum Platonismus*, hrsg. von Theo Kobusch und Burkhard Mojsisch, Darmstadt, 183–192.

Heinz, Marion 1995, Genuß, Liebe und Erkenntnis: Zur frühen Hemsterhuis-Rezeption Herders, in: *Frans Hemsterhuis (1721–1790): Quellen, Philosophie und Rezeption ...; Symposia in Leiden und Münster zum 200. Todestag des niederländischen Philosophen*, hrsg. von Marcel F. Fresco, Münster u.a., 35–61.

Helvétius, Claude-Adrien 1787, *Discurs über den Geist des Menschen*, 2. Auflage, Liegnitz; Leipzig.

Hemsterhuis, François 1924, *Alexis II ou du Militaire*, in: *François Hemsterhuis: le Socrate hollandais*, hrsg. von Emile Boulan, Groningue, 111–140.

Henrich, Dieter 1978, Hegels Logik der Reflexion, Neue Fassung, in: *Die Wissenschaft der Logik und die Logik der Reflexion*, hrsg. von Dieter Henrich, Hegel-Studien, Beiheft 18, Bonn, 203–324.

Henrich, Dieter 1986, Der Weg des spekulativen Idealismus, in: *Jacob Zwillings Nachlaß*, hrsg. von Henrich und Jamme, Hegel-Studien, Beiheft 28, Bonn, 77–96.

Henrich, Dieter 2004, *Grundlegung aus dem Ich: Untersuchungen zur Vorgeschichte des Idealismus Tübingen – Jena (1790–1794)*, Bd. 2, Frankfurt a. M.

Henrich, Dieter 2010, *Hegel im Kontext*, Berlin (Neuausgabe. Die erste Auflage, Frankfurt a. M. 1971)

Hesiod 2012, *Theogonie: Werke und Tage: Griechisch – Deutsch*, hrsg. und übersetzt von Albert von Schirnding, 5. Auflage, Berlin.

Hölderlin 1922, *Sämtliche Werke*, Historisch-Kritische Ausgabe, Bd. 3, Berlin.

Jacobi, F. H. 2020, *Die Denkbücher Friedrich Heinrich Jacobis*, hrsg. von Sophia Victoria Krebs, Stuttgart-Bad Cannstatt.

Jacobs, Wilhelm G. 1998, Schelling im Deutschen Idealismus: Interaktionen und Kontroversen, in: *F. W. J. Schelling*, hrsg. von Hans Jörg Sandkühler, Stuttgart; Weimar, 66–81.

Jaeschke, Walter 2010, *Hegel-Handbuch: Leben – Werk – Schule*, Stuttgart.

Jamme, Christoph 1980, Platon, Hegel und der Mythos: Zu den Hintergründen eines Diktums aus der Vorrede zur »Phänomenologie des Geistes«, in: *Hegel-Studien*, Bd. 15, Hamburg, 151–169.

Jamme, Christoph 1983, *»Ein ungelehrtes Buch«: die philosophische Gemeinschaft zwischen Hölderlin und Hegel in Frankfurt 1797–1800*, Bonn.

Kahlefeld, Susanna 2000, *Dialektik und Sprung in Jacobis Philosophie*, Würzburg.

Kirk, Geoffrey S./Raven, John E./Schofield, Malcolm 2001, *Die Vorsokratischen Philosophen: Einführung, Texte und Kommentare*, übers. von Karlheinz Hülser, Stuttgart; Weimar.

Klaucke, Andreas 1990, Hegels Lagrange-Rezeption, in: *Konzepte des mathematisch Unendlichen im 19. Jahrhundert*, hrsg. von Gert König, Göttingen, 130–151.

Kleuker, Johan Friedrich 1778, *Werke des Plato*, Bd. 1, Lemgo.

Knoll, Manuel 2017, *Antike griechische Philosophie*, Berlin; Boston.

Koch, Anton Friedrich 2002, Dasein und Fürsichsein (Die Logik der Quantität), in: *G. W F. Hegel: Wissenschaft der Logik*, hrsg. von Anton Friedrich Koch und Friedrike Schick, Berlin, 27–49.

Koch, Anton Friedrich 2018, Das Sein. Erster Abschnitt: Die Qualität, in: *Kommentar zu Hegels Wissenschaft der Logik*, hrsg. von Michael Quante und Nadine Mooren, Hegel-Studien, Beiheft 67, Hamburg, 43–144.

Krings, Hermann 1994, Genesis und Materie: Zur Bedeutung der »Timaeus«-Handschrift für Schellings Naturphilosophie, in: *F. W. J. Schelling »Timaeus.« (1794)*, hrsg. von Hartmut Buchner, Stuttgart-Bad Cannstatt, 117–155.

Kuliniak, Radosław 2014, *Johann Heinrich Lambert und Kants Reform der Metaphysik*, übersetzt von Tomasz Małyszek, Dresden.

Lambert, Johann Heinrich 1771, *Anlage zur Architectonic*. Bd. 1. Riga.

Leinkauf, Thomas 2017, Deutsche Klassik und deutscher Idealismus/Platon-Philologie im 19. Jahrhundert, in: *Platon-Handbuch; Leben – Werk – Wirkung*, hrsg. von Christoph Horn, Jörn Müller und Joachim Söder, Stuttgart, 488–513.

Lepenies, Wolfgang 2007, Eine Moral aus irdischer Ordnungsliebe: Linnés *Nemesis Divina*, in: *Carl von Linné. Nemesis Divina*, hrsg. von Wolfgang Lepenies und Lars Gustafsson, Zürich, 321–358.

Lovejoy, Arthur O. 1966, *The Great Chain of Being*, Cambridge, Mass..

Machiavelli, Niccolò 1922, *Discorsi: politische Betrachtungen über die alte und die italienische Geschichte*, Friedrich von Oppeln-Bronikowski, Berlin.

Martin, Christian Georg 2012, *Ontologie der Selbstbestimmung: eine operationale Rekonstruktion von Hegels »Wissenschaft der Logik«*, Tübingen.

Masciarelli, Pasqualino 2004, Zwischen Geschichte des Pantheismus und Theorie des Vorstellungsvermögens: Beiträge zum platonischen Pythagoreismus zur Zeit von Schellings frühen Schriften, in: *Das antike Denken in der Philosophie Schellings*, hrsg. von Rainer Adolphi u. a., Stuttgart-Bad Cannstatt, 237–273.

McPhee, Peter 2012, *Robespierre: A Revolutionary Life*, New Haven, Conn. u.a..

Melica, Claudia 2007, Longing for Unity: Hemsterhuis and Hegel, in: *Bulletin of the Hegel Society of Great Britain* 55–56, 143–167.

Michler, Werner 2015, *Kulturen der Gattung: Poetik im Kontext, 1750–1950*, Göttingen.

Mitchell, Andrew J. 2022, Hemsterhuis and Mediation, in: *Symphilosophie: International Journal of Philosophical Romanticism* 4, 89–110.

Moenkemeyer, Heinz 1975, *François Hemsterhuis*, Boston.

Montaigne, Michel Eyquem de 1946, *Essais: Livre premier. Chapitres XXVI à LVII*, Texte établi, présenté par Jean Plattard, Paris.

Moretto, Antonio 2000, Das Maß: Die Problematik des Übergangs vom Sein zum Wesen, in: *Mit und gegen Hegel: Von der Gegenstandslosigkeit der absoluten Reflexion zur Begriffslosigkeit der Gegenwart*, hrsg. von Andreas Knahl, Jan Müller, Michael Städtler u. a., Lüneburg, 32–58.

Mouroutsou, Georgia 2010, *Die Metapher der Mischung in den platonischen Dialogen Sophistes und Philebos*, Sankt Augustin.

Müller, Carl Werner 1965, *Gleiches zu Gleichem: Ein Prinzip frühgriechischen Denkens*, Wiesbaden.

Natorp, Paul 2004, *Platos Ideenlehre: Eine Einführung in den Idealismus*, Hamburg.

Nikolaus von Cues 1949, *Der Laie über den Geist: Idiota de mente*, hrsg. von Martin Honecker, Hamburg.

Okochi, Taiju 2008, *Ontologie und Reflexionsbestimmungen: zur Genealogie der Wesenslogik Hegels*, Würzburg.

Onnasch, Ernst-Otto 2010, Einleitung, in: *Versuch einer neuen Theorie des menschlichen Vorstellungsvermögens*, hrsg. von Ernst-Otto Onnasch, Hamburg, XI-CXXXIII.

Peez, Siegbert 2001, Voraussetzungen und Status der intellektuellen Anschauung in Schellings System des transzendentalen Idealismus, in: *System als Wirklichkeit: 200 Jahre Schellings »System des transzendentalen Idealismus«*, hrsg. von Christian Danz, Würzburg, 23–39.

Peperzak, Adriaan Th. 2017, Hegels Pflichten- und Tugendlehre: Eine Analyse und Interpretation der Grundlinien der Philosophie des Rechts, §§ 142–156, in: *G. W. F. Hegel: Grundlinien der Philosophie des Rechts*, hrsg. von Ludwig Siep, Berlin; Boston, 149–168.

Philipsen, Peter-Ulrich 2000, Nichts als Kontexte: Dekonstruktion als schlechte Unendlichkeit?, in: *Hegels Seinslogik: Interpretationen und Perspektiven*, hrsg. von Andreas Arndt und Christian Iber, Berlin, 186–201.

Platon 1809, *Platons Werke*, übersetzt von Friedrich Daniel Ernst Schleiermacher, Teil 2, Bd. 3, Berlin.

Platon 1977–1990, *Werke in acht Bänden, Griechisch und Deutsch*, hrsg. von Gunther Eigler, Darmstadt.

Plessing, Friedrich Victor Leberecht 1786, Untersuchungen über die Platonischen Ideen, in wie fern sie sowohl immaterielle Substanzen als auch reine Vernunftbegriffe vorstellen, in: *Denkwürdigkeiten in der philosophischen Welt*, Leipzig, 110–190.

Plessing, Friedrich Victor Leberecht 1788, *Versuche zur Aufklärung der Philosophie des ältesten Alterthums*, Leibzig.

Polledri, Elena 2002, *»... immer bestehet ein Maas«: der Begriff des Maßes in Hölderlins Werk*, Würzburg.

Rapp, Christof 2007, *Vorsokratiker*, München.

Robespierre, Maximilien 1974, 5. Februar 1794: Über die Prinzipien der politischen Moral, in: *Reden der Französischen Revolution*, hrsg. und übersetzt von Peter Fischer, München, 341–362.

Rosenkranz, Karl 1844, *Georg Wilhelm Friedrich Hegels Leben*, Berlin.

Sanada, Misa 2020, Der Anfang der Wissenschaft und ihre Voraussetzungslosigkeit: Die Vorgeschichte der Kritik am unmittelbaren Wissen in der Enzyklopädie, in: *Hegels enzyklopädisches System und sein Erbe*, hrsg. von Myriam Gerhard u.a., Berlin, 52–58.

Sandkaulen, Birgit 2012, »Ewige Zeit«: Die Ontologie Spinozas in der Diskussion zwischen Jacobi und Hegel, in: *Ontologia e temporalità: Spinoza e i suoi lettori moderni*, hrsg. von Giuseppe D'Anna und Vittorio Morfino, Milano; Udine 2012, 239–252.

Sandkaulen, Birgit 2019, *Jacobis Philosophie: über den Widerspruch zwischen System und Freiheit*, Hamburg.

Schlosser, Johann Georg 1796, *Fortsetzung des Platonischen Gesprächs von der Liebe*, Hannover.

Schrader, Wolfgang H. 1980, Einleitung, in: *Ein Brief über den Enthusiasmus: Die Moralisten*, übersetzt von Max Frischeisen-Köhler, hrsg. von Wolfgang H. Schrader, Hamburg, VII-XXXIII.

Seeck, Gustav Adolf 2014, *Platons Philebos: ein kritischer Kommentar*, München.

Shaftesbury, Anthony Ashley Cooper, Third Earl of 1999, *Characteristics of Men, Manners, Opinions, Times*, ed. by Lawrence E. Klein, Cambridge et al.

Skemp, Joseph B. 1952, *Plato's Statesman: A Translation of the Politicus of Plato with Introductory Essays and Footnotes*, London.

Snow, Dale E. 1996, Jacobi's Critique of the Enlightenment, in: *What is Enlightenment?: Eighteenth-Century Answers and Twentieth-Century Questions*, hrsg. von James Schmidt, Berkeley, California et al., 306–316.

Spinoza, Benedictus de 1925, *Opera*, hrsg. von Gebhardt, Bd. 4, Heidelberg.

Stekeler-Weithofer, Pirmin 2002, Die Kategorie der Quantität, in: *G. W. F. Hegel*

Wissenschaft der Logik, hrsg. von Anton Friedrich Koch und Friedrike Schick, Berlin, 51–73.
Stekeler-Weithofer, Pirmin 2018, Das Sein. Dritter Abschnitt. Das Maass, in: *Kommentar zu Hegels Wissenschaft der Logik*, hrsg. von Michael Quante und Nadine Mooren, Hegel-Studien, Beiheft 67, Hamburg, 219–273.
Tennemann W. G.1790, *Versuch, eine Stelle aus dem Timäus des Plato durch die Theorie des Vorstellungsvermögens zu erklären*, in: Johann Heinrich Abicht, *Neues philosophisches Magazin, Erläuterungen und Anwendungen des Kantischen Systems bestimmt*, Leipzig.
Tennemann W. G. 1791, Über den göttlichen Verstand aus der Platonischen Philosophie, in: *Memorabilien: Eine philosophisch-theologische Zeitschrift der Geschichte und Philosophie der Religionen dem Bibelstudium und der morgenländischen Literatur gewidmet*, hrsg. von H. E. G. Paulus, Stück 1, Leipzig, 34–64.
Terpstra, Jan Ulbe 1957, *Friedrich Heinrich Jacobis »Allwill«*, Groningen; Djakarta.
Völkel, Frank 2000, Im Zeichen der Französischen Revolution: Philosophie und Poesie im Ausgang von Tübinger Stift, in: *Metaphysik der praktischen Welt: Perspektiven im Anschluß an Hegel und Heidegger: Festgabe für Otto Pöggeler*, hrsg. von Andreas Großmann und Christoph Jamme, Amsterdam; Atlanta, 96–120.
Whistler, Daniel 2022, Hemsterhuis in Germany: An Introduction, in: *Symphilosophie: International Journal of Philosophical Romanticism* 4, 47–87.
Wolff, Michael 1986, Hegel und Cauchy, in: *Hegel und die Naturwissenschaften*, hrsg. von Rolf-Peter Horstmann and Michael John Petry, Stuttgart, 197–263.
Ziche, Paul, 1994, *Christoph Friedrich von Pfleiderer, Physik: Naturlehre nach Klügel: Nachschrift einer Tübinger Vorlesung von 1804*, hrsg. von Paul Ziche, Stuttgart.
Ziche, Paul 1996, *Mathematische und naturwissenschaftliche Modelle in der Philosophie Schellings und Hegels*, Stuttgart.
Zwilling, Jacob 1986, Über das Alles, in: *Jacob Zwillings Nachlaß in Rekonstruktion: mit Beiträgen zur Geschichte des spekulativen Denkens*, hrsg. von Dieter Henrich und Christoph Jamme, Hegel-Studien, Beiheft 28, Bonn, 63–65.